영국 협동조합 운동

The Co-operative Movement
in Great Britain

일러두기

- 이 책은 비어트리스 웹의 『The Co-operative Movement in Great Britain』(1891)을 우리말로 옮긴 것이다.

- 결혼 전 저작이므로 비어트리스 포터Beatrice Potter로 발표되었지만, 이 책에서는 대중에게 더 많이 알려진 이름인 비어트리스 웹 Beatrice Webb으로 저자명을 표기한다.

- 옮긴이의 주는 [옮긴이]라고 표시했으며, 따로 표시하지 않은 것은 모두 저자 주다.

영국 협동조합 운동

The Co-operative Movement
in Great Britain

비어트리스 웹 지음 | 박성희 옮김

차례

서문 6

1장 협동 이념 11
2장 결사체 정신 47
3장 협동조합 매장 81
4장 연합 111
5장 생산자 결사체 149
    1부 역사 149
    2부 현재의 생산자 결사체 173
6장 국가 안의 국가 211
7장 이상과 현실 249
8장 결론 271

부록 290

Ⅰ. 생산자 결사체 분류표 290

Ⅱ. D.F. 슐로스Schloss의 편지 발췌 298

Ⅲ. 1889년 지역별 인구 100명당 협동조합 매출
.... 299

Ⅳ. 협동조합 운동 비교 발전 308

옮긴이의 글 320

서문

이 책의 목적은 민주적 결사체의 한 형태인 영국 협동조합 운동의 기원과 성장을 개괄하는 것이다. 19세기 영국 노동계급의 역사는 산업민주주의Industrial Democracy를 향한 광범위한 운동이었으며, 협동조합 운동은 그중 한 줄기다. 따라서 산업혁명이 초래한 19세기 초반 노동계급 상황과 거기서 생겨난 결사체 정신의 이념 전반에 대한 개괄은 필수적이다. 도입부 1, 2장에서는 협동 이념과 결사체 정신을 다루고, 영국 협동조합 운동의 역사는 56페이지에서 초기 제분협동조합과 공동 작업장Union Shops 이야기로 시작한다.

이 책의 근거 자료를 검토해주고 귀한 정보를 제공해준 벤자민 존스Benjamin Jones(도매협동조합 런던지부 매니저)와 Y. C. 그레이Gray(협동조합연합회 사무국장)의 친절함에 감사드린다. 설문에 기꺼이 답변해 준 여러 협동조합 사무국장에게도 큰 도움을 받았다.

프레드릭 올드만Frederick Oldman은 '협동조합 운동 발전 비교'에 관한 표를 준비했을 뿐만 아니라 협동조합연합회의 화이트헤드Whitehead가 제공해준 수치를 근거로 부록의 인구 백 명당 협동조합 매출 자료를 만들었다.

비어트리스 웹

1891년 5월 8일

1장
협동 이념

영국 협동조합 운동

협동 이념Co-operative Idea은 초기 영국 사회주의자들을 고무했고 협동조합 운동의 원동력이 되었던 신념이다. 협동 이념이 순전히 영국에서 기원했다는 사실은 영국인으로서는 뿌듯한 일이다. 협동 산업시스템 co-operative system of industry에 대한 신념은 체계적 교육을 받지 못한 로버트 오언의 정신에서, 그리고 1770년 이후 중간계급과 노동계급의 에너지를 집중시키면서 그들의 활동을 자극하고 지배했던 엄청난 산업혁명과 상업혁명을 지켜본 영국인의 마음에서 생겨났다. 사회적 격변으로 인한 최초의 변화는 19세기 초 15년간 뚜렷이 나타났다. 공유지commons에 접한 농가들이 목초지와 밀밭 사이에 드문드문 흩어져 있던 시골은 크고 작은 도시와 교외가 빽빽하게 발달한 지역으로 변했고, 중간층과 소소유자, 소자본가는 부자와 빈민이라는 적대적 집단으로 갈라졌다. (19세기 초에 벌어졌던 또 다른 커다란 사건인) 나폴레옹 전쟁은 1815년 영국의 승리로 끝났다. 같은 해 말 토리 내각이 파리조약에 서명한 후 나폴레옹은 세인트 헬레나 섬으로 유배되었고, 영국은 확고한 제해권制海權을 갖게 되었다. 외국의 침공에 대한 공포는 사라졌지만, 내전은 임박한 듯했다. 굶주린 노동자 무리가 공장 도시를 행진했으며, 고임금 숙련공들 사이에 선동과 음모에 찬 비밀조직들이 놀라운 속도로 퍼져나갔다. 해외에서 승리한 내각은 1817년 초 인신보호법Habeas Corpus Act을 중지시키고, 의회에서 적의에 찬 탄압법을 통과시켰다. 이는 사실상 영국이 내전 상태임을 선언하는 것이었다. 계층에 상관없이 생각 있는 사람이라면 누구나 이러한 사건들로부터 충격을 받았으며, 관심을 국제 정치에서 국내 문제로 돌리게 되었다.

산업혁명이 가져온 변화는 다방면에서 다양한 형태로 나타났다. 사람들은 각자 관점에서 문제에 접근했고, 자신이 주목하고 선택한 사실에 따라 변화 전체를 선, 악으로 규정했다. 다양한 의견이 있었지만, 산업혁명으로 인한 변화에 만족하느냐 혹은 반감을 갖느냐에 따라 대체로 두 가지 견해로 귀결되었다. 하나는 보편적 경쟁universal competition의 교리고, 다른 하나는 경쟁을 대체하는 협동시스템co-operative system에 대한 신념이다. 서로 경합하는 연구자들의 주장에 귀를 기울여 그 실제를 검토하고 이론을 분석해 보자.

우선 정치경제학자는 대체로 인구와 부의 증가에 관련된 광범위한 사실에 주목했다. 1760년에 6백만이었던 영국 인구는 1820년 천4백만으로 늘어났다. 세관 통계를 보면 1760년 수입액은 천만 파운드, 수출액은 천5백만 파운드였는데, 1820년에는 수입액이 3천백만 파운드, 수출액이 4천백만 파운드가 되었다. 두 세대 만에 영국의 인구는 2배, 교역은 3배로 늘어났다. 정치인은 국력의 신장을 이야기했다. 영국이 같은 시기 25년간 국제전에 참여해, 정복 혁명의 종교적 열망에 고취된 2천6백만 프랑스 국민 선두에 선 당대 최고 군사 천재 나폴레옹에 맞서 유럽을 지키는 데 영국의 부가 결정적 역할을 했음을 보고서와 통계를 들어 강조했다. 영국은 국채 소유권자에게 매년 3천2백만 파운드를 내주면서, 자신과 동맹국의 군비 확충을 위해 아낌없이 지출했다. 그래서 엄청난 세금이 영국 산업과 상업에 부과되었지만, 영국은 세계 시장을 독점하면서 넘치는 부와 인구로 바다 건너 '위대한 영국' 건설을 준비했다는 것이다.

상인과 공장주는 산업혁명의 장점에 대한 보다 개인적이고 구체적인 증거를 가지고 있었다. 그는 맨체스터 뒷거리의 작은 상점을 기억했다. 아버지는 아일랜드 실과 면화를 대리인에게 맡겨 직공織工의 집으로 급하게 보냈다. 아침에 면화 옷 보따리를 들고 상점에 도착한 생산업자는 밥을 먹으며 잡담을 나누기 위해 아버지와 함께 길 건너 선술집으로 갔다. 곡물, 건초, 토마토 수확 감소나 런던 기업의 면제품 수주 기회 등이 그들의 공동 관심사였다. 그동안 자신은 조수와 함께 런던, 브리스톨 Bristol, 노르위치Norwich, 체스터Chester 장터에 보낼 물품을 포장하고 상표를 붙이며 오후를 보냈다. 이제는 5백 명 노동자를 고용해 밤낮으로 마음껏 가동할 수 있는 대규모 공장을 갖게 된 공장주는 어린 시절 초라했던 기억을 현재 상황과 비교하면서 자부심을 느꼈다. 상인에게는 전국, 아니 전 세계에서 찾아오는 대리인과 화주貨主를 기다리는 샘플이 쌓여있는 창고가 있었다. 공장주와 상인은 이전의 지저분한 어음기입장을 기억하면서 지금 잘 관리되고 있는 원장元帳과 비교했다. 공장주는 자기 공장 방직기 한 대가 1760년 시골집 방직기의 200배를 생산한다는 계산을 하면서 변화를 실감했다. 무역업자는 외국과 식민지 상점에 보낼 청구서 더미를 보며 즐거워했다. 전문 직원이 분류해 놓거나 은행에서 할인받은 청구서는 지난날 무지한 점원이 작성한 영수증과는 확연히 달랐다. 노동 생산성 2백 배 증가, 식민지 산업 정복이 가져온 가시적 변화는 공장주와 상인의 삶이었다. 그들은 농장과 새로 만든 대정원으로 둘러싸인 좋은 주택에서 즐겁게 살았다. 고객을 초대해 주기적으로 공장과 창고를 방문하고 오래된 고급 와인을 즐겼다. 주식시장 시세를 세심히 살피며 금융회사와 해외광산에 투자했다. 그들은 주州 귀족들의 사회적 독점에 대항하면서 자유보유농freeholder의 주州 선거권 획득을 위해 급진파 후보에게 상당한 돈을 댔다. 그리고 세상의 온갖 좋은 것을 개인적으로 누릴 뿐만 아니라 국가 번영에 공헌한다는 자부심도 있었다. 매컬로치Macculloch의 저서[1]에 나오는 "이러한 놀라운 결과를 이룬 기술과 재능은 국력의 주요한 원천이며, 영국을 지금처럼 위대하게 만드는 데 크게 기여했다."라는 내용처럼 자신들이 그러한 공헌을 했다고 진심으로 주장했다. 그들은 이런 고상한 감정에 고무되어 1820년 자유무역과 불간섭을 위한 상인 청원Merchants' Petition을 서둘러 하원에 제출했다. 이 청원서에는 보편적 경쟁의 교리가 간결한 명제로 표현되어 있다.

> "가장 싸게 사서 가장 비싸게 판다는 격언은 상인의 거래 철칙이며, 이는 전국의 모든 거래에 최고 규칙으로 엄격하게 적용된다."

경제전문가, 정치인, 공장주와 상인의 이러한 견해는 각자의 관점에서는 정당하다. 영국에게 산업혁명은 국가의 생존과 성장을 뜻했고, 외국의 침략과 통제로부터의 자유, 세계의 공장이 되는 자유, 교역의 자유, 영국민과 영어가 전 세계에 퍼지는 자유를 의미했다. 산업혁명이 가져온 미덕은 이것만이 아니었다. 산업혁명을 밑

---

[1] [옮긴이] J. R. 맥컬로치가 1832년에 출간한 『A Dictionary, Practical, Theoretical and Historical, of Commerce and Commercial Navigation』을 말한다.

받침하는 원리는 보편적 경쟁 교리였다. 모든 사람이 자기 이익을 자유롭게 추구할 때, 공동의 복리가 가장 효율적으로 증진된다는 확고한 신념이었다. 이는 모든 사람이 행위 결과에 따르는 고통을 각자 감수해야 한다는 명제를 정당화했다. 이러한 단순하고도 강력한 이념 덕분에 신흥 중간계급은 개인의 자유에 대한 속박과 지주의 수익 독점을 무너뜨릴 수 있었다. 경쟁의 교리는 지주들이 장악한 의회가 기업 활동을 옥죄면서 국가의 활력을 떨어뜨린다는 명분을 제공했다. 얼마 전까지 중간계급은 자신의 활동을 간섭하는 규제만 공격했다. 그래서 면綿제품 과세, 원재료 관세, 견습법, 임금·가격 고정률 제도는 없어졌지만, 노동자 단결, 숙련공 이민, 숙련공을 위한 경쟁 시장이 형성되는 기계 수출은 여전히 범죄였다. 노동자의 자유를 억압하면서 가혹하게 만들어진 노동 시장에서 노동자는 노동을 팔아야 했고, 기생적 지주 계급을 지원하는 과중한 세금이 붙은 식품을 사야만 했다. 그러나 이후에 일어난 사건들을 눈여겨보면 중간계급 개혁가들이 경쟁 이념에 충실했음을 알 수 있다. 단결금지법과 숙련공이민금지법, 기계수출금지법은 노동자 지도자가 아니라 소수의 중간계급 경제전문가 덕분에 폐지되었고, 식품에 대한 과중한 세금이 철폐된 것은 대규모 생산업체의 이해관계 때문이었다. 경쟁이념은 단순한 논리가 갖는 강력한 마법으로 무책임한 권력의 손아귀에서 사회적 권리가 하나씩 풀려나도록 했으며, 민주주의 도래를 위한 길을 닦았다. 자유방임 laissez-faire은 국민의 의지와 욕구를 조금도 대표하지 않는 정부에게 가장 안전한 정책이었음을 민주주의자만이 아니라 사회주의자도 인정할 것이다.

하지만 산업혁명이 가져온 변화에는 또 다른 면이 있었다. 자본가가 기계와 자동 동력 도입과 함께 노동자를 고용하면서, 새로운 생산방식과 생산계급이 나타났다. 과거 영국의 전형적인 생산업자는 손수 작업했으며, 가족의 도움을 받거나 가끔 소수의 견습공과 숙련공을 고용했다. 고용된 견습공은 적절한 과정을 거쳐 숙련공이 되었고, 숙련공은 고용주가 되었다. 고용주와 피고용인 간에 영구적인 구분은 존재하지 않았다. 모든 생산과정은 생산업자의 집에서 진행되었고, 그는 생산수단과 자신이 만든 생산품을 모두 소유했다. 그리고 그와 그의 가족, 숙련공, 견습공은 노동의 결실을 함께 나누었다. 가까운 이웃의 수요는 쉽게 확인할 수 있었고, 소규모 생산을 하는 수공업자와 소수의 노동자는 그에 맞춰 공급했다. 대규모 과잉생산은 일어날 수 없었다. 당시 생산업자는 대체로 땅을 조금 소유하거나 임차하고 있었다. 자신이 만든 제품을 시장에서 제값으로 팔 수 없을 때는 방추와 베틀을 놔두고 가족과 함께 농장과 채소밭이 있는 땅으로 갔다. 자기 제품에 대한 수요가 늘어나 제값에 팔 수 있을 때까지 농사를 지어 먹으며 자연 속에서 건강하고 안락하게 지냈다. 18세기 생산자 집단은 민족 명절에 열리는 거칠고 야만적인 오락 말고는 매일매일 노동하는 일상 이외에 거의 관심이 없었고, 문명화된 생활 기술에 대해 잘 몰랐다. 그들의 농업은 변변치 못했고 이후 같은 땅에서 자본주의 경작 시스템으로 뽑아내는 양에 비해 매우 적은 양을 생산했다. 농업이든 제조업이든 그들의 노동은 상품의 양으로 측정되는 국가의 부에 거의 보탬이 되지 않았다. 그러나 그들은 후손들에게 원기 왕성한 몸과 정직하고 건강한 품성을 물려주었고, 공동체를 위해 진정한 인간적 활력을 비축하는 역할을 했다.

18세기 내내 사회 상황은 서서히 변화했다. 장기간의 평화, 통신수단 발달, 식민지 시장 개척, 철과 석탄 연계 사용 등은 자본가가 출현하는 배경이 되었다. 이들은 노동과 상품의 교환을 통한 수익으로 자본을 증식하려 했다. 초기 직물 산업 자본가는 원자재를 생산자에게 제공하고, 완제품을 원거리 시장에 팔아 수익을 남겼다. 다른 산업 자본가는 작업장에 사람을 모아 생산도구를 제공하며 숙련도에 따라 일을 분담시켰고, 모든 노동자가 최고의 작업 속도와 기술에 도달했다. 자본가는 이렇게 만들어진 노동자 협동체co-operating body of workmen로부터 나오는 생산품 전체를 가져가면서, 노동자에게 개별 노동자로 벌던 소득 수준의 금액을 임금으로 지급했다. 개량된 생산도구를 사용하고 분업화·전문화로 노동자 기술과 속도가 발전하면서, 자본가는 확실하게 수익을 낼 수 있었다. 더구나 초기 자본가들은 전국적인 정치적·상업적 계획으로 개방되는 시장에서 발생하는 모든 이익을 거두었다. 기계 시대 이전에 자본가는 생산도구와 생계 수단에서 생산자를 부분적으로 분리해 내는 데 성공했다. 그러나 자본가는 반중세적 규제를 받는 제한된 회원으로 구성된 노동자 조직을 상대해야만 했다. 그리고 성인 노동자는 여전히 주요한 생산수단이었다. 그때까지는 노동자가 노동의 대가로 자신과 가족을 위한 생활비를 자본가로부터 넉넉하게 받아낼 수 있었다.

기계가 도입되고 사람 대신 자동 동력을 사용하면서, 노동자는 완전히 자본가에게 의존하게 되었다.

이제 성인 노동자는 가장 중요한 생산수단이 아니었다. 자동화 기계가 그 자리를 차지하면서 인간의 양손은 부속물이 되었다. 육체노동자가 아니라 생산업자가 공장을 소유하고 관리했다. 노동자의 육체와 영혼은 공동체 정신을 빼앗겼으며, 이제 노동자는 자신이 통제할 수 없는 기계를 조작하는 단순한 '손'이 되었다. 영국 중산층은 사회적 야망과 여태껏 몰랐던 사치의 쾌락에 고무되었고, 이득을 향한 탐욕과 부에 대한 열정이 그들의 생각과 감정을 지배했다. 물질적 부의 생산이라는 위대한 목적을 달성하기 위해 발명과 개발 정신, 증대된 상인계급의 힘, 국가의 정치적 필요가 하나의 힘으로 집중되어 움직였다.

    이제 자본가와 노동자 사이에는 현금 지급이 유일한 연결고리가 되었다. 공장을 거의 방문하지 않는 자본가에게 남자·여자·어린이 노동은 최대한 싸게 구매하는 상품이었고, 용광로 불을 때는 코크스처럼 기계 마모를 최소화하며 소모되는 상품이었다. 초기 면방적기는 어린이의 '부드럽고 온순한 손'이 일하기 좋게 단순하고 작게 제작되었다. 역직기는 여성의 힘으로 충분히 다룰 수 있었기 때문에 상대적으로 임금이 낮은 여성을 사용했다. 기계는 비싼데 빠르게 가치가 하락한다는 명분으로 장시간 노동을 '바람직한 것'으로 만들었다. 어린아이들은 새벽부터 침대에서 끌려 나왔고, 관리자의 채찍이 두려워 육체적 고갈과 정신적 피로를 견디며 하루에 12~15시간 일했다. 공장 조직 전체가 전제적인 공장 벨소리에 따라 일하고, 먹고, 잠잤다. 보편적 경쟁의 교리에 따르자면 이는 '자신에게 주어진 특질과 환경 때문에 발생한 결과를 스스로 책임지고 견디는 것'에 불과했다. 신용으로 원재료를 구매하고 새로운 원거리 시장에 제품을 공급하면서 근대 산업은 미친 듯이 질주했다. (높은 임금으로 인구 증가를 촉진하면서) 유용한 모든 노동력을 빨아들이다가, 금방 자신이 창출한 노동력을 실업자 대열로 내팽개쳤다. 임금을 고정하거나 견습공 수를 제한하는 중세적 규제는 하나씩 하나씩 폐지되거나 실효성을 잃었다. 개악된 구빈법은 자본가에게 빈민 어린이들을 원료로 제공했으며, 그들을 너무 일찍 나이 든 노동자 형상을 가진 인간 폐물로 전락시켰다.

빠르게, 조용히 거대한 빈민의 무리가 형성되었다. 이들은 아내와 어린아이에게 일자리를 빼앗긴 아버지와 아들이었다. 그리고 불황이 끝난 뒤 성별, 나이 구분 없이 대거 채용되어 기계를 지키게 된 노동자에게 일거리를 빼앗긴 수공업자들이었다. 이들은 굶주림과 무지로 회복 불능에 빠져 무기력해졌다. 자본가는 이렇게 늘어난 프롤레타리아트를 수단 삼아 경기가 안정적인 시기에 평균 임금을 개인이 겨우 생존할 수 있는 수준으로 낮추었고, 가족 모두가 공장에서 일하도록 강제할 수 있었다. 여기서 인구가 영구적으로 생존 수단을 압박한다는 끔찍한 맬서스 법칙이 나왔고, 시장주의 경제학자들은 이 법칙을 신성한 정의에 관한 영원한 섭리라며 반복적으로 떠들어 댔다.

랭커셔Lancashire와 요크셔Yorkshire[2] 공장 지대, 북부·중부의 광산과 도자기 생산지에 거주하는 노동자가 늘어나면서, 자본가는 노동자의 노동만이 아니라 지출도 같이 통제하는 아이디어를 고안했다. 자본가는 이제 지주와 소매상인이 되어 집세와 식료품 가격을 정해

---

2) [옮긴이] 요크셔는 잉글랜드 북부에 있었던 행정 구역이다. 영국의 행정 구역 가운데 가장 컸다. 현재는 여러 개의 주로 나뉘어 있다.

놓고, 노동자 주급에서 모두 공제했다. 그들이 자랑스럽게 떠들어대는 '사람과 사람 간 계약의 자유'는 이런 것이었다. 당대의 역사가에 의하면 같은 지역에 모여든 허약하고 무지한 남자, 여자, 어린이 중 가장 괜찮은 소득을 올리는 사람은 왜소하고 초라하며 건강이 나빠 어떤 노동도 힘들 것 같은 16세 소녀였다. 이것이 바로 적자생존의 경주에서 살아남는 방법이었으며 보편적 경쟁의 실상이었다. 그 시기에 어떤 날카로운 스코틀랜드 경제학자는 "대규모 생산방식이 민간 산업을 황폐하게 만드는 이유는 무엇인가?"[3]라고 물었으며, "노예들이 일하는 단순한 방식에 더 가까워지기 때문"이라고 간결하게 대답했다. 무고한 사람들의 학살과 동포의 점진적 퇴락을 지켜보면서 로버트 오언은 사회주의자가 되었고, 근대 산업의 무제한 경쟁을 대체할 협동 산업시스템 이념을 고안했다.

여기서 로버트 오언의 놀라운 삶을 설명할 수는 없지만, 그는 연구로 멋진 이론을 만들어 관념적으로 열광하는 사람은 분명히 아니었다. 그는 현실적으로 살면서 자수성가했고, 그가 살아온 이력은 산업혁명에서 나타난 중요한 사건들의 축소판이었다. 일찍이 소매상점 견습생으로 일했고, 19살에 맨체스터에서 작은 규모로 기계 제작과 면방적 사업을 할 수 있는 돈을 모았다. '새로

---

3) 제임스 스튜어트James Stewart, 『정치경제학 원리 연구』, 1권, p.167 (런던, 1767)

운 산업'에는 거대한 자본이 필요하다는 사실을 일찍 깨달은 그는 대규모 공장의 관리자가 되기 위해 허울만 독립적인 작은 사업을 포기했다. 처음에는 회사의 관리자가 되었고 다음에는 회사의 파트너 겸 관리자가 되었다. 뉴 래너크New Lanark 대규모 방적 공장에서는 완전한 경영권을 확보했다. 그는 이곳에서 처음으로 실천 경제학practical economics을 실험했다. 노동자 임금을 올리고 노동시간은 하루 17시간에서 10시간으로 줄였으며, 10세 미만 어린이 고용을 금지했다. 노동자와 가족에게 무료교육, 무료오락, 저렴한 식품, 좋은 집을 제공했다. 처음에 동료 생산업자들은 면직업에서 벌어지는 돈키호테 같은 행동을 경악과 경멸의 눈으로 바라보았고, 동업자들은 파산에 열중하는 미친 자선사업가에게서 멀어지려 했다. 좋은 임금, 짧은 노동시간, 무료교육과 무료오락 등의 사회주의 계획은 이론적으로 불가능하다는 반대가 있었지만, 오언은 4년 만에 투자금에 5% 배당, 16만 파운드 수익, 공장 가치 50% 상승의 성과를 보여주는 것으로 반박했다. 수익 창출의 왕이 된 로버트 오언은 동료 제조업자들에게 다음과 같이 호소했다.

> "뉴 래너크 방적공장 경영의 자세한 내용을 보면 알겠지만, 나는 사람, 기계, 설비 모두를 다양한 요소로 구성된 하나의 시스템으로 봤습니다. 기계 손잡이, 바퀴, 노동

의 효율적 결합과 협동을 통해 투자자를 위한 최대 수익을 창출하는 것이 나의 의무이고 관심이었습니다.

여러분은 제조 공정에서 잘 만들어진 핵심 기계가 잘 작동되었을 때 얻을 수 있는 이익을 오랫동안 경험했습니다.

또한 깨끗하게 정돈되고 잘 배치되어 있으며 늘 최고 상태로 수리된 기계와 더럽고 무질서하며 불필요한 마찰 방지 수단도 없이 방치된 채로 가동되는 기계의 차이를 경험했습니다.

전자의 경우 전체적으로 효율성이 높고 좋은 경영 실적을 내게 됩니다. 모든 공정이 쉽고 질서 있게 성공적으로 진행됩니다. 하지만 후자의 경우는 그 반대 현상이 나타나는데 전 공정에서 사람들과 기계들 사이에 반작용, 혼란, 불만이 나타나 큰 손실을 보게 됩니다.

무생물 기계를 적절하게 돌보아 좋은 결과를 얻을 수 있다면, 훨씬 더 경이롭게 만들어진 살아있는 기계에 똑같은 관심을 쏟아 얻을 수 있는 이익은 얼마나 클까요?

살아있는 기계의 특이한 메커니즘, 자기조정 능력에 대해 바르게 알게 될 때, 그리고 그들의 다양한 활동에 적절한 동기가 부여될 때, 당신은 그들의 진가를 알게 될 것이며 더 자주 당신의 관심을 무생물 기계에서 살아있는 기계로 돌리게 될 것입니다. 당신은 그들을 쉽게 훈련할 수 있고 수익이 크게 증대하도록 이끌 수 있음을 깨닫게 될 것입니다. 그리고 그들로부터 실질적이고 높은 만족감을 얻을 수 있을 것입니다.

<중략>

기계에 대한 적절한 돌봄과 관심이 주는 이로운 결과를 경험했기 때문에, 살아있는 기계를 비슷하게 돌보고 관심을 기울인다면 최소한 같은 이익을 얻을 수 있다고 금방 판단할 수 있습니다. 무생물 기계는 견고하고 실속있게 제작되었을 때 크게 개선되었고, 기계 효율성의 핵심은 불필요한 마찰을 방지하는 좋은 윤활유를 공급하고 적절한 조처로 양호한 수리 상태를 유지하면서 깨끗하게 잘 관리하는 것입니다. 마찬가지로 더 섬세하고 복잡한 살아있는 기계는 훈련을 통해 힘과 활동력을 갖추었을 때 크게

개선될 수 있습니다. 단정함과 청결을 유지하고 정신적 활동이 마찰을 겪지 않도록 친절하게 대하면 효율성을 입증할 것입니다. 더욱 완벽하게 할 수 있는 모든 수단을 강구하고 좋은 음식과 생필품을 충분히 공급해주면, 육체는 양호한 상태로 보존되어 수리 불능 상태가 되거나 일찍 부식되는 것을 방지할 수 있습니다."[4]

    동료 공장주 설득에 실패한 오언은 전국 노동계급의 조건 개선을 정부에 호소했다. 공장법 아이디어는 로버트 오언에게서 나온 것이다. 1816년 그는 모든 공장 노동시간을 하루 10시간 반으로 제한하고, 10세 미만 어린이 고용을 금지하며, 12세 미만 어린이의 반나절 노동을 제도화하는 법안을 하원 위원회에서 검토하도록 압박했다. 물론 위원회는 이런 과격한 기준을 거부했다. 하지만 오언의 열정적인 활동에 크게 힘입어 1819년 공장법Factory Act이 통과되었다. 비록 실제적인 효과는 적었지만, 미래의 운동을 위한 지렛대, 더욱 엄격한 규제를 위한 유용한 선례가 되었다. 오언은 전국적인 무상의무 교육 시스템과 무료 도서관 설립을 제안했고, 지방정부가 빈곤층의 주거를 책임져야 한다고 주장했다. 그

---

[4] [옮긴이] 「여러 공장 감독관들에게 행한 연설Address to the superintendents of manufacturers」의 일부다.

리고 시 또는 주 단위 노동조직을 주창했다. 실로 로버트 오언은 영국 사회주의의 아버지였다. **영국식 사회주의**는 살상을 동반하는 혁명에 의한 무정부 유토피아를 외치는 다른 나라 사회주의와 달리, 말이 아닌 현실적 실천에서 나타나는 사회주의다. 공장법, 트럭법Truck Acts[5], 고용주책임법, 공중건강법, 숙련공주거법, 교육법 등 국가의 보호 아래 개인이 복무하도록 강제하는 수많은 유익한 법률을 통해 조용히 실현되는 사회주의다.

지금까지 우리가 살펴본 오언은 행동하는 사람이다. 그는 뉴 래너크 2천 명 주민들 속에서 사회주의 원리를 성공적으로 실험했다. (오언이 표현한 대로) '실천 사례를' 통해 '다른 모든 지역 주민들도 비슷한 혜택을 받을 수 있는 법, 즉 대다수 영국인이 극심한 무지에 빠지거나 유혹에 둘러싸이는 것을 막는 법을 제정하도록 영국 입법부를 설득'하려 했다. 오언은 동료 공장주 설득에 실패한 것처럼 정부 설득에도 실패했다. 경제적·사회적 이상을 대규모로 실현할 수 있는 유일하게 남은 길은 그의 교리를 받아들이고 실천하는 자발적인 동지들의 공동체를 세우는 것이었다. 이런 시도를 통해 오언은 협동조합 운동의 창시자가 되었다.

여기서 로버트 오언과 그의 추종자들이 실제로 설립한 공동체에 관한 이야기는 다루지 않는다. 중상中上

---

5) [옮긴이] 임금의 현금 지급 원칙을 규정한 법

계급이 지원하고 촉진한 이들 공동체는 거대한 노동계급의 부상 즉, 협동조합 운동과 전혀 연결되지 않았다. 오언은 실천적인 개혁가가 아닌 미래의 나라를 선포하는 예언자로서 노동계급에 호소했다. 그는 집집마다 신문, 소책자, 정간물을 왕성하게 배포하면서 도덕적 이상과 경제 이론을 제시했다. 그 시대 열정적인 개혁가들은 이를 열렬히 받아들였다. 차티스트 운동 지도자 로벳Lovett, 헤더링턴Hetherington, 왓슨Watson 그리고 근대 협동조합 운동의 창설자 찰스 하워스Charles Howarth와 윌리엄 쿠퍼William Cooper는 로버트 오언으로부터 직접 영감을 얻었음을 인정했다.

지난 50년간의 사회주의적 입법을 한편으로, 협동조합 운동을 다른 한편으로 하는 두 가지 중요한 사회 개혁 흐름은 모두 '새로운 사회시스템New System of Society'의 사도使徒인 로버트 오언의 가르침으로부터 솟아 나왔다. 따라서 협동조합 운동의 역사적 논의에서 오언 철학의 특징과 사회 개혁 계획에 대한 개괄은 필수적이다.

여기서 로버트 오언의 견해에 대한 과학적 타당성을 논하지는 않는다. 다만 협동조합 운동에서 그의 협동 이념이 실현되는지 여부 또는 어느 정도 실현되는지를 평가할 수 있도록 그의 이론을 명료하게 설명하려 한다.

로버트 오언은 위에서 인용한 「여러 공장 감독관들

에게 행한 연설」과 이 연설이 실려있는 『인격 형성에 관한 에세이』에서 사회주의 신념과 원리를 공들여 설명했으며, 협동시스템Co-operative system을 예고했다. 그는 "모든 사람은 자기 행동에 따른 결과를 견디도록 내버려 둬야 한다."라는 격언을 단호히 부정했다. 인류 발전을 위해서는 자연 선택 과정인 보편적 경쟁이 필수적이라는 주장을 반박했으며, "(고용주와 정부처럼) 사람들에게 영향력을 행사하는 위치에 있는 자들은 그들에게 의존하고 있는 사람들에게 건강하고 도덕적이며 즐거운 환경을 제공해 그들의 인격을 형성할 의무가 있다."라고 주장했다. 요컨대 오언은 타고난 재능은 인정했지만, 인격 형성의 주된 요인은 출생 이후의 물질적·정신적 환경이라고 확신했다. 이것이 바로 오언의 독특한 신조였으며, 교육의 효과에 대한 그의 무한한 신념은 여기서 비롯되었다. 그는 "공동체에 어떤 방식을 적용하느냐에 따라 최고의 인격부터 최악의 인격까지 형성될 수 있는데, 그 방식은 사람들에게 영향력을 행사하는 자들의 지휘와 통제에 따라 좌우된다."라고 강력히 주장했다.

'보편적 경쟁 교리'와 '협동 이념'의 근본적 차이는 생물학에서 경합하는 두 개의 이론으로 환원하면 가장 잘 이해할 수 있다. 보편적 경쟁을 옹호하는 시장주의 경제학자는 생존 투쟁을 통한 적자생존의 생물학 법칙을 따른다. 실제로 이들은 경제 발전의 유일한 요인은 생존을 위한 투쟁이라고 주장했다. 한편 사회주의 개혁가는 적자생존 법칙만큼이나 정당하고 중요한 생물학 법칙을 일상적 언어로 표현했다. 기능의 변이에 의한 구조의 변이 즉, **기능 적응의 법칙**law of functional adaptation이 그것이다. 오언은 공장에서 일하는 모든 사람이 정신적·육체적 발전을 가로막는 일상생활로 인해 저질화되고 있다고 주장했다. 인간 본성의 고귀한 능력을 사용하지 않는 습성과 지속적인 음식 부족, 과도한 긴장, 비위생적 환경으로 인해 대다수 남자, 여자, 어린이가 야만적인 정신과 쇠약한 육체를 지닌 인간으로 만들어지고 있다는 것이다. 오언은 그 반대 명제도 주장했다. 이 사람들의 자식에게 좋은 환경을 제공하고 육체적·정신적 능력을 훈련한다면, 일상 활동이 변화되면서 인격도 변화될 것이라고 단언했다. 로버트 오언은 생물학의 기능 적응 법칙을 주장했고, 그것을 인류의 집단적 인격에 적용했다. 이 이론에 대한 오언의 주장에는 과장과 미숙함이 있었으며, 다른 요소들의 중요성이 간과되었다. 인간 발전에 관한 이런 일방적 견해는 계몽된 사람들 사이에서 과학적 사상가로서의 그의 평판을 떨어뜨렸다. 하지만 노동자들은 그의 이론을 실천에 적용하면서 이론적 타당성을 판단했다. 오언의 가설은 노동계급의 조건을 개선하는 입법과 자발적 운동을 이끌었다. 반면 무제한 경쟁 이론은 완고한 자유방임 정책으로 귀결되었으며, 산업혁명이 초래한 고용 환경에서 육체와 정신이 타락하는 현실을 묵인하는 역할을 했다. 노동계급이 로버트 오언을 자신들의 사도使徒로 받아들인 것은 놀라운 일이 아니었다.

오언 사회철학의 제1원칙을 의도적으로 강조한 것은 그것이 그의 이론적 입장일 뿐 아니라 사회 재생에 대한 실천 체계를 밑받침하고 있기 때문이다. 그는 정치와 기업이 오로지 해외 영토 확장과 부의 축적에 집중하는 것에 단호히 반대했다. 사회의 정당한 목적은 인간의 육체적·도덕적·지적 특질을 개선하는 것이고, 이것이 정치학의 유일한 기초라고 주장했다. 국가의 부는 정치적·경제적 활동의 목표가 아니라 시민의 고귀한 인격 형성을 위한 수단에 불과하다는 것이다.

이렇게 오언은 정치경제학을 사회과학의 하위 분과로 축소했지만, 자신의 '새로운 사회시스템'을 밑받침하는 경제 이론을 공들여 만들었다. 그의 논리적 입장은 대략 다음과 같다. 모든 부는 인간의 노동이 만든다. 부의 유일한 목적은 인간의 욕구를 충족시키는 것이다. 인간 노동의 질을 개선하거나 양을 늘리려면 인간의 욕구가 충족되어야 한다. 이러한 전제로부터 오언은 공정 교환 이론과 파격적인 소비 이론을 도출했다. 1차, 2차 협동조합 운동[6]에 참여했던 협동조합인co-operators이

---

6) [옮긴이] 비어트리스는 공동 작업장Union shop 운동을 1차 협동조합 운동으로, 로치데일 매장에서 시작된 민주적 협동조합 운동

산업에 도입하려 했던 이론이 바로 이것이다. 나는 오언의 낡은 경제학에 관한 총괄적 이해를 위해 그의 방대한 저술에 흩어져 있는 경제 원리의 토막들을 모아 최대한 일관된 형태로 결합하려 한다.

로버트 오언이 주장하는 협동 산업시스템의 핵심은 이윤 제거와 이윤-수취자profit-maker의 소멸이었다. 원가에 이윤을 붙이는 것profit upon cost price을 모든 악의 근원으로, 빈곤층 불행과 부자들 탐욕의 핵심 원인으로, 개인·계급·국가 간 산업전쟁의 지속적인 동기로 간주했다. 로버트 오언은 후기 협동조합인 일파가 선호했던 이윤-공유제profit-sharing schemes를 노동계급에게 이윤 추구라는 전염병을 퍼뜨리는 시도로 비난했을 것이다. 그는 "원가에 붙이는 이윤은 수요가 공급과 같거나 수요가 공급을 초과할 때 실현되는데, 사회의 이익을 위해서는 항상 공급이 수요를 초과해야 한다."[7]라고 주장했다. 오언은 이윤을 기초로 이윤-수취자가 주도하는 경쟁과 갈등의 시스템 사례로 1817년 영국 상황을 들었다. 엄청난 수요를 창출했던 파괴적 전쟁[8]이 끝나면서 공장과 기계가 쓸모없어지고, 생산 능력이 충분

을 2차 협동조합 운동으로 구분한다. 그리고 1차, 2차 협동조합 운동 사이에 차티즘 운동이 있었다고 서술하고 있다.

7) 『고통의 원인에 대한 설명』, 1823.

8) [옮긴이] 1803~1815년 프랑스와 그 동맹국, 영국 주도 연합군 사이에서 벌어진 나폴레옹 전쟁을 말한다.

함에도 절대적인 기아 속에서 노동자 무리가 전국을 떠돌아다니는 비참한 상황이었다. 오언은 보편적이고 통합적인 이해관계가 실현되는 시스템에서는 모든 시민의 욕구를 충족하고 남는 공동체의 활동력과 부는 어린이 교육 개선, 모든 사람의 지적·예술적 능력 발전, 생산 기술 발전, 교역 발전에 바쳐지기 때문에 과잉생산이 발생하지 않는다고 주장했다.

이러한 논리에 근거해서 오언은 생산비cost of production를 기준으로 상품을 공정하게 교환하는 제도를 계획했다. 오언은 '가격차價格差-이윤profit on price'이 실현되는 이유는 어떤 상품을 생산비보다 높게 판매해서 소비자의 재산을 부당하게 착복하거나, 생산비 이하로 구매해서 생산자의 소득을 부당하게 줄이기 때문이라고 주장했다. 그가 주장한 새로운 사회시스템의 경제학적 근거는 생산비에 대한 분석, 더 정확히는 생산비에 관한 가치 판단이었다.

로버트 오언이 생각한 생산비는 (과거 인간의 노고인) 자본의 대가와 (현재 인간의 노고인) 노동의 대가였다. 그는 자본의 대가와 노동의 대가를 정확하게 같은 기준으로 계산했다. 생산수단 같은 고정자본의 경우 그 대가는 기계와 건물의 효율적 상태 유지, 위험과 가치 하락에 대비한 보험, 꾸준한 기계 장치 개선 등을 위해 필요한 총액이다. 공동체의 창의적인 재능을 충분히 활용하기 위해서는 생산수단의 유지·개선이 필요하다는 것이다. 상품이나 원재료 같은 유동자본은 물질에서 에너지로 전환되어 생산에 사용되는 것으로 과거 인간의 노고로 이해하면 된다. 오언은 인간의 온갖 노고를 포함하는 노동은 필요에 따라 보상되어야 한다고 주장했다. 즉, 노동이 충분히 효율적인 상태를 유지하는 데 필요한 생활비를 지급해야 한다는 것이다. 여기에는 개인과 인류의 육체·지성·인격을 계속 발전시키는 교육 그리고 질병·노동력 상실·노후를 대비하는 수당이 포함된다. 오언의 견해에 따르면 필요에 따른 보상이 아닌 다른 노동 보상 방식은 개인 축재나 불필요한 지출의 악순환을 초래하거나, 건물·기계를 고의로 더럽고 고장 난 상태로 두는 것보다 더 심하게 부의 생산 요소를 파괴하게 된다.

이러한 임금 이론에서 파격적인 소비 이론이 나온다. 오언의 임금 이론에서 임금 수준은 고용을 위한 개인 간 경쟁이 아니라, 실질적 시민권을 누리는 데 필요한 개인 지출에 따라 정해진다. 여기서 주목할 것이 있다. 오언의 관점에서 보면 통상적으로 자본 축적을 위해 필수적이라고 여겨지는 개인의 절제는 부도덕한 사회 행동이 된다. 왜냐하면 개인의 발전에 필요한 지출을 절제함으로써 노동자·시민·부모의 능력을 훼손하기 때문이다. 오언의 구상대로 분배가 이루어지면, 개인 소득에서 통상적인 형태의 절제를 위한 여유는 없다. 이제 절제는 불필요하거나 사치스러운 지출을 조장하는 부의 축적과 권력을 선호하는 행위가 된다. 로버트 오언이 구상하는 이상적 시스템에서는 자본에 대한 대가로 이자를 지급하지 않기 때문에, '절제에 따른 보상'이라는 생각은 사라진다. 하지만 오언이 생각하는 공동체를 실제로 설립하기 위해서는 자본에 대한 이자 지급이 필수 조건이다.

오언은 생각이 느리고 냉담한 동포들을 설득해 지대 소유자·이윤-수취자 집단과 임금 소득 집단으로 확연히 분리된 사회의 속박에서 벗어나 공동 소유와 연대의 기쁨이 약속된 땅으로 인도하길 원했지만, 그 전에 두 개의 넘을 수 없는 장벽을 넘어야 했다. 자신이 구상하는 새로운 사회시스템을 사람들이 믿도록 하기 위해서는 먼저 두 가지 문제를 해결해야만 했다. 첫째, 이윤을 위해 눈치 빠르게 열심히 활동하는 상인들의 경쟁적인 거래에 의존하지 않으면서 수요와 공급을 맞추는 방법을 생각해내야만 했다. 둘째, 늘어나는 주민들에게 생산수단을 제공하기 위해서는 빠르게 부를 축적해야 하는데 이에 대한 해법이 필요했다. 개인의 노고에 대한 유인책, 개인 절제의 동기가 되는 수익 욕심, 사적 소유의 긍지에 대한 욕망 없이도 부를 축적할 수 있다는 확신을 주어야만 했다.

경제학자들은 수요에 맞게 생산을 조정하는 일을 이

윤-수취 본능profit-making instinct이 수행하는 고유한 기능으로 생각했다. 하지만 오언은 사치와 유행을 포기하게 하고, 무질서한 소비를 다양한 노동자 집단의 필요에 대한 과학적 확인에 근거한 소비로 대체하면, 어렵지 않게 수요와 생산을 조정할 수 있다고 주장했다. 로버트 오언은 개인의 발전과 욕구 충족을 살피면서 사회에 무엇이 필요하고 어떤 기능이 있어야 하는지 알려주는 사회과학 출현에 대한 확고한 믿음을 가지고 있었다. 이는 화학과 물리학이 물질과 운동의 법칙을 발견해, 인간이 의도한 목적대로 분석·재구성·분리·결합할 수 있게 된 것과 같다. 경험이 풍부한 제조업자였던 오언은 사람의 다양한 기능을 노동 분업으로 분리·개선하고, 전문화된 노동자를 일정한 비율로 결합하는 일이 공장시스템에서는 쉽다는 사실을 잘 알고 있었다. 충분한 지식만 있다면 인간의 욕구를 통제하거나 인간의 욕구를 사회 복리 방향으로 돌릴 수 있다고 오언은 생각했다.

기존 체제에서 자본가 이윤을 공유하지 못하는 관리자, 발명자, 감독, 외판원, 조수 등 주요한 노동자 집단이 협동의 신념으로 효율성을 높이면, 이윤-수취 본능 없이도 부의 창출을 충분히 자극할 수 있다고 로버트 오언은 믿었다. 오언은 자기만족을 위한 탐욕과 욕망이 부를 생산하는 유일한 동기가 아니라고 했으며, 이후 근대 경제학자들은 이를 더 과학적으로 설명했다. 마샬 Marshall은 자신의 탁월한 경제학 연구에서 "자본 축적을 결정하는 원인은 관습, 자제력, 미래를 예측하고 실현하는 습관 그리고 특히 가족애의 힘 등 다양하다."라고 했다. 마샬은 가족애를 강조했지만, 오언은 애정의 영역을 좁은 가족에서 공동체라는 더 넓은 세계로 확장했다. 그는 인간의 관습, 자제력, 지성과 감정이 보편적 인류애에 강하게 영향을 받아 변형될 것이며, 거대한 부를 생산하는 힘이 될 것이라 믿었다. 그는 '자기만을 위하는 것이 최선'이라는 경쟁의 공식을 반대했으며, "개인의 확실한 행복은 공동체에 대한 직접적이고 의식적인 봉사에 의해서만 가능하다."라고 선언했다. 오언의 신념 안에서 이윤-수취자는 이상적인 시민의 공복으로 대체되었다.

로버트 오언은 사적 소유의 필요성이나 장점을 부정했다. 그가 제안하는 공동체 안에서는 모든 것을 공동으로 소유한다. 산업혁명을 거치며 이윤profit이 엄격하게 제한된 계급이 누리는 특권이 되면서 사적 소유가 특별한 권리가 되었다고 주장했다. 소책자 『고통의 원인에 대한 설명』을 보면 오언이 새로운 산업이 가져온 중요한 변화의 의미를 충분히 파악하고 있었음을 알 수 있다. 임대료도 이자도 내지 않으면서 노동 수단과 노동 생산품을 모두 소유하는 자작농과 생산업자로 대표되던 시스템 즉, 개인적 생산individualist production은 무너졌다. (경제적 관점으로만 보면) 모든 노동자가 서로를 위해 협동해서 일하는 사회적 생산

social production이 창출되었다. 자기 생산품의 소비자와 직접 연결된 개인적 생산자는 사라지고, 디자이너·관리자부터 일반 노동자·어린 직공까지 다양한 지능과 기술을 지닌 노동자 조직 체계가 근대 산업에 나타났다. 그리고 대담한 사업 계획, 발명품, 다양한 노동자들의 노동을 담아내는 거대한 공장 메커니즘에 모두 종속되었다. 이런 사실을 오언은 인식하고 있었다. 공장시스템에서는 노동자 누구도 생산된 면직이나 모직 옷을 두고 "이것은 내가 노동한 결과이며, 내 소비를 위해 내가 갖는 게 당연하다."라고 말할 수 없었다. 더구나 국제 무역이 발달하면서, 어떤 노동자도 자기 노동의 생산품을 실제 소비자에게 직접 팔 수가 없게 되었다. 이렇게 개인적 생산은 과거의 것이 되었지만, 사회적 노동 생산품 product of social labour의 개인적 전유individualist appropriation는 여전히 사회를 지배하고 있었다. 육체노동자에게는 빠듯하고 간헐적인 임금을, 지식노동자에게는 괜찮은 급여를 지급하고, 발명자의 권리와 개인적 생산자의 거래 권한을 최대한 부정하면서, 상품을 가장 싸게 구매해서 가장 비싸게 파는 방식으로 자본가는 협동적 산업co-operative industry이 만들어낸 최종 과실을 빨아들였다.

오언은 자신이 제안한 협동 공동체를 통해 산업혁명이 끝내지 못한 과업을 완수하자고 했다. 부를 생산하는 과정에 이미 작동되고 있는 협동시스템을 토지와 고정

자본 소유, 상품 교환 영역에 도입하자는 것이다. 이는 사적 소유를 토지의 공동 소유communal possession와 부의 공동 축적communal accumulation으로 대체하고, 경쟁적 거래 대신에 단합된 다양한 노동자 집단이 **사회적 가치**(즉, 생산비, 앞서 살펴본 대로 오언이 독특한 의미를 부여한 용어)를 기준으로 공정한 교환을 하는 것이다. 이러한 새로운 생산과 분배 조직을 통해 오언은 인플레이션과 디플레이션이라는 주기적 재난을 끝낼 수 있다고 생각했다. 이는 상품 생산이 늘어나면 곧바로 상품을 생산한 노동자의 굶주림이 따라오는 19세기 산업의 역설에 종지부를 찍는 것을 의미했다.

실제로 로버트 오언이 부의 축적을 위한 충분한 자극과 욕구의 상호 충족을 위한 충분한 동기를 제공했는지는 격렬한 논쟁거리다. 그러나 오언의 시각으로 보면 물질적 부 창출이 조금 더 많고 적음은 개인 이익을 악랄하게 추구하는 시스템으로 인한 전반적 인격 저질화에 비하면 작은 문제였다. 오언은 (헨리 메인Henry Maine 경卿의 말을 빌리자면) '한 사람이 다른 사람의 어깨 위로 올라가 거기에서 살아남도록 애쓰게 만드는 개인들의 전쟁', 즉, 분리된 이익을 위해 서로를 밀치는 낡은 방식에 기초한 사회시스템은 시스템이 아니라 고대의 무질서를 근대 산업 세계에서 무의미하게 반복하는 것에 불과하다고 확신했다. 협동시스템이 기초하고 있는 이념은 이런 확신에 깊은 뿌리를 두고 있었다. 로버트 오언은 희망, 믿음, 우애라는 아주 오랜 인류 형제애의 교리를 설파했다. 이러한 믿음과 희망은 오언의 뒤를 따르는 사람의 말에서 다시 울려 퍼진다.

> "형제여, 과연 너희 중 누가 교회를 살해할 것인가? 동생을 살해한 카인처럼 외롭게 방랑하는 사람이 될 것인가? 오, 나의 형제여, 교회에서 추방되어 아무도 당신을 사랑하지 않는다면, 아무도 당신에게 말 걸지 않는다면, 우애가 사라진다면, 이게 바로 악마의 운명이 아닌가! 형제여, 우애가 있다면 천국이고, 우애가 없다면 지옥이다. 우애가 있다면 생명이고, 우애가 없다면 죽음이다. 너희가 지상에서 행하는 것, 그것은 우애를 위해 행하는 것이다. 그 안에 생명이 있고 그것은 영원할 것이다. 너희는 그 생명의 부분이 될 것이다. 비록 지상의 삶에서 많은 것은 지상에서 시들겠지만 말이다."[9]

바로 이것이 로버트 오언이 주장한 협동 이념이었다. 우리는 그것을 당대 그리고 바로 이어지는 시기 협동조합 잡지와 정간물에서 다소 불완전한 형태로 발견할 수 있다. 그리고 그의 이념은 *코퍼러티브 뉴스 Co-operative News*에 여전히 남아 있다. 그러나 그 이념이 실현되기 위해서는 아직 나타나지 않은 과학, 아직

---

9) 윌리엄 모리스, 『존 볼John Ball의 꿈』

형성되지 않은 인격, 유럽 귀족 사회 어디에도 존재하지 않는 경제적·법적 조건이 필요했다. 그리고 공동체가 강고한 전제 정치 지배에 종속되지 않으려면, 무엇보다 운영시스템administrative system이 발전해야 했다. 하지만 오언은 운영시스템의 특성을 몰랐으며, 이는 계몽된 순수한 민주주의 체제에서만 발전할 수 있는 것이었다. 이러한 극복할 수 없는 장애물에 직면하여 협동의 원리는 실현될 수 없었고, 오언의 시대에는 충분하고 공정한 실험을 할 수도 없었다. 로버트 오언이 세상 어디에서 그의 파격적인 소비 이론을 실천할 동료 집단을 찾을 수 있었겠는가? 누가 결사체 생활과 자치에서 나타나는 난관을 이겨낼 인격을 타고나거나 습득했겠는가? 당연한 일이지만 그와 동료들이 세운 공동체는 실업자들의 휴양지였다. 그들은 굶주림과 게으름으로 이미 저질화된 노동자들이거나, 시민의 기본적 의무조차 지키지 못하는 불안하고 불만에 찬 영혼들이었다. 설사 타고난 사회봉사 열정에 고무된 사람들을 선발해 협동의 결사체를 만들려 해도, 어디서 소유자가 없는 공짜 땅, 석탄, 철, 목재를 찾아서 대규모 생산에 필요한 자본을 축적할 수 있었겠는가? 이들 공동체는 처음부터 기존 질서 안에 존재하면서 임대료와 이자를 내야만 했고, 임대료는 토지와 건물 가치 상승에 따라 무제한으로 인상될 수 있다. 성공적 실험으로 알려진 협동 공동체였던 아일랜드의 랠러하인Ralahine 공동체는 토지 소유주가 파산하면서 무너지고 쫓겨났으며, 공동체가 만들어 낸 개발 가치는 채권자들에게 몰수당했다. 그리고 공동체 설립자들이 자산을 축적해서 지주에게 토지 대금을 지불하고 자본가에게 빌린 돈을 갚는다 해도, 이제 그 설립자들이 저열한 지주나 자본가가 되는 것을 어떻게 막을 수 있겠는가? 경쟁의 문명에 둘러싸인 그들과 그 자식들은 공동체에 새로 들어오는 임금노동자와 자산과 기쁨을 공유하는 충만한 동료애를 거부하면서, 노동자의 노동에 기대어 살아가려 할 것이다. 그것은 실제로 중세도시와 길드에 들이닥쳤던 운명이었으며, 앞으로 영국과 프랑스에 나타날 수많은 고립적인 개별주의 협동조합에 닥쳐올 운명이었다. 일반적 국민의 삶에서 유리된 채 억지로 만들어진 공동체는 실패할 운명이었다. 오언은 국가 사회주의에서 실패했듯이, 자발적 협동에서도 실패했다. 성직자, 귀족, 왕의 주목을 받으면서 우쭐해진 그는 외국 군주와 영국 왕이 갑작스러운 사회 개혁에 나설 거라는 허황된 상상을 했다. 그는 개혁 운동Reform movement을 지지하지 않았다. 오언은 확신에 차서 지주와 자본가의 정부에 공장법 도입을 호소했으며, 지주나 고용주가 성공적인 협동 공동체 설립자가 되리라 생각했다. 모든 사람이 집단주의적 생활을 습득하는 데 필요한 결사체 민주주의, 즉, 외적인 개혁 행동에 앞서 제도 변화를 향하는 내적 의지의 중요성을 그는 인식하지 못했다. '오언은 현존하는 모든 것은 그 내부로부터 성장한다는 사실을 잘 아는 시인이 아니었기 때문에 실패했다.' 그는 목표는 알았지만, 수단을 잘못 알았다. 그는 시대를 무시했으며, 민주주의를 경멸했다. 하지만 민주주의는 사회의 협동조직co-operative organization of society이 영구적으로 발전하기 위한 필수 조건이자 불가결한 수단이다.

2장
결사체 정신

이해가 빠른 노동자 대다수는 속박에서 벗어나 정치 민주주의라는 자유로운 광야로 탈출하려는 의지가 확고했으며, 오언이 제시한 '약속된 땅'이라는 행복 넘치는 비전에는 거의 관심이 없었다. 이는 협동조합 운동의 궁극적 성공을 위해 좋은 일이었다. 과중한 세금에 시달리고, 자유로운 단결과 이민을 금지하는 법에 손발이 묶여 있으며, 정주법으로 거주지가 제한된 민중에게 토지와 자본의 공동 소유, 부의 공정한 분배, 과학적 소비 이론은 너무 멀고 실현 불가능한 목표로 보였다. 위건Wigan의 한 방직공의 말은 영국 민중이 지닌 분별 있는 직관을 거칠지만 제대로 표현한다. 굶주리는 직공에게 수프를 배급하는 방식으로 부를 분배하는 방안을 논의하기 위해, 자치구borough 소유자인 의장 주재로 부패한 자치구 회관에서 열린 상류층 모임에서 그는 이렇게 말했다.

"우리는 당신의 수프를 원하지 않는다, 우리에게 당신의 권리를 달라, 그러면 우리는 소고기를 먹을 것이다."

카트라이트Cartwright, 코벳Cobbett, 플레이스Place, 버데트Burdett가 이끄는 개혁 운동가들도 로버트 오언과 마찬가지로 민중의 극심한 고통과 퇴락에 마음이 움직여 왕성하게 활동했다. 1820년 코벳은 "영국은 이제껏 지구에 태어난 사람 중에 가장 비참한 사람이 사는 곳이 되었다. 전 세계를 통틀어 이제껏 들어본 적 없는 정신적·육체적 고통에 빠진 인간이 사는 나라가 되었다."라고 썼다. 그러나 코벳과 그의 동료 노동자들은 영국인 특유의 실용적 감각을 지니고 있었으며, 고통의 경제적 원인에 대해서는 의도적으로 눈감았다. 지금은 노동자가 정치적·사회적 노예 상태이기 때문에 경제적 원인을 극복할 수 없다고 판단했고, 모든 에너지를 의회 개혁에 집중했다.

"동포들이여! 기계 발전, 고용주의 착취, 제빵업자·정육점 주인·제분업자·농장주·곡물 중개인·치즈 버터 상인의 폭리, 이런 것들은 당신이 겪고 있는 극심하고 잔혹한 고통의 진정한 원인이 아니다."

노동자에겐 투표권도 집회·연설의 자유도 없다. 임금 인상을 위한 단결은 불법이다. 현재의 노동자는 생산조합이나 소비조합을 설립할 여유도 없다. 윌리엄 코벳은 이윤을 없애고 임대료와 이자를 공동체가 흡수한다는 오언의 계획을 쓸데없는 공상적 자선에 불과하다고 생각했다. '새로운 사회시스템'에 필요한 것은 공동체가 아니라 공장법, 공중보건법, 교육법, 불순물금지법이다. 민중의 호민관은 외쳤다.

> "이런 좋은 법들이 개혁 의회에서 통과되어야 한다. 우리는 개혁 의회 성취를 최우선으로 해야 하며, 그러지 않으면 아무것도 얻을 수 없다. 아직 개혁 의회가 이루어지지도 않았는데, 미리부터 개혁 의회에서는 이런 식으로 해야 한다는 둥 정부 형태는 어떻게 변해야 한다는 둥 미주알고주알 떠들어대면서 여러분의 시간을 빼앗으려는 사람이 있다면, 그의 목적은 개혁의 대의를 무산시키려는 것이 분명하다."

뱀포드Bamford가 전하는 바에 따르면 1816년 말 윌리엄 코벳의 저서는 갑자기 대단한 권위를 얻었고, 공장 지대 거의 모든 집에서 그의 글을 읽었다. 그는 민중에게 정치적 자유를 외치며 서로 어깨를 걸고 단결할 것을 촉구했고, 모든 부문의 노동자들 사이에서 사회 조직의 생명력인 결사체 정신spirit of association을 효과적으로 불러일으켰다.

윌리엄 코벳은 영국 민중의 정치적 본능에 호소했으

며, 그것의 궁극적 성과는 그가 남긴 가르침에도 잘 나타나 있다. 윌리엄 코벳은 러다이트Luddites에게 "노동하는 사람에게서 나왔음에도 노동하지 않는 사람에게 주어지는 모든 것, 바로 그것이 오늘날 모든 불행을 낳는다."라고 강조한다. 코벳은 로버트 오언이나 칼 마르크스가 했을 것 같은 말을 친구와 동포들에게 되풀이한다.

"신분, 부, 학식에 대한 자부심이 사람들에게 잘못된 믿음을 심어주고 있지만, 영국의 실제 힘과 모든 자원은 민중의 노동이 만들어냈고 앞으로도 그럴 것이다."

민중이 첫걸음을 내딛도록 전심전력을 다한 실천적 정치인 코벳은 말한다.

"당신은 신발, 비누, 양초, 소금, 설탕, 커피, 엿기름, 맥주, 벽돌, 타일, 담배, 약, 술 그리고 사용하는 거의 모든 것에 대해 세금을 낸다. 바로 그 세금이 기생적인 특권 계급을 지탱한다."

그는 민주주의 이념을 속삭인다.

"당신은 공동의 부를 생산한다. 그런데 왜 그 공동의 부를 관리하는 국가의 힘을 통제하지 않는가?"

코벳은 계속 말한다.

"우리는 새로운 무엇을 요구하는 게 아니다. 자유를 위한 원칙, 관례, 규제는 (단순한 세부 사항은 제외하고) 이미 영국의 법이나 선조의 전례에 다 나와 있다. 우리에게는 이미 확고하게 부여받은 위대한 헌법과 원칙이 있다. 우리는 거대한 변화를 원하지만, 새로운 것을 원하지 않는다. 시대와 환경에 맞게 변경되고 수정되겠지만, 위대한 원칙은 변하지 않는 것이 바람직하고 그래야만 한다. 그렇지 않으면 혼란이 온다."

오언과 그 밖의 이상주의자들과 달리 코벳은 영국 민주주의 정신을 이해했고, 성장을 사회 개혁의 필수적 요소로 인식했다. '협동 산업시스템'은 높은 철학자 정신에서 왕과 내각 장관의 서가로, 대다수 여성의 식탁으로 그 자리를 옮겨야 했다. 의식 안에서만 완벽한 '새로운 사회시스템'은 단순하고 구체적인 것으로 바뀌어야 했다. 그래야만 붐비는 도시와 뒷골목에서 살아가는 보통 사람의 단조롭고 획일적인 생활 한 가운데서 서서히 무심결에 작동될 수 있다. 그들은 영국 헌법을 영원하고 오류가 없으며 바꿀 수 없는 법과 원칙으로, 위대한 영국의 신으로 믿으며 살아가는 사람들이다.

선출된 대표의 동의 없이는 세금이 부과될 수 없다는 신조, 즉 민주주의 이념이 성공적으로 작동되기 위해서는, 모든 형태의 대의제 자치representative self-government에 필수적인 원칙을 받아들이고 대의제 자치의 성공을 보장할 수 있는 자질을 갖춰야 한다는 사실을 깨닫는 게 중요하다. 우선, 공동체가 다수의 결정에 충실히 따르는 데 동의해야 한다. 최초의 자기-복종self-subordination이 없으면, 민주 사회는 불가능하다. 다음으로, 공동체는 대표자를 현명하게 선출해야 한다. 구성원 모두 자신이 선출한 관리자를 믿고 포용하면서 자기 문제에 대한 행정을 항상 감시해야 한다. 마지막으로, 공동체 내에 공공을 위해 봉사할 수 있는 활력, 열의, 통합력을 갖춘 사람이 있어야 한다. 이러한 자치 역량이 없다면 개혁가가 호소하는 민주주의 이념도 오언이 창안한 협동 이념도 무력하고 쓸모없게 된다.

(강력한 중앙 정부에 의해 생명과 재산을 보호받는) 소소유자와 가내수공업자의 사회적 무관심과 경제적 고립으로 인해 결사체 정신이 억압되었던 18세기에 국교 반대자들이 영국인의 타고난 자치 능력을 드러냈다는 사실은 흥미롭다. 18세기 내내 독립파Independents, 회중파Congregationalists, 침례교Baptists 연합집단은 당시에는 인구 밀도가 낮았던 공장 지대와 중부·북부 지역에 드문드문 흩어져 있는 상업지역에 교회당과 학교를 세웠다. 이때 세워진 자치조직은 순수한 민주주의의 모든 특성을 다 보여주었다. 남녀 모두 동일한 투표권을 가지고 운영위원회의 장로와 집사를 선출했으며, 그들

에게 공동재산과 목사 선택을 맡겼다. 모든 교회 신도가 장로의 운영을 점검하고 목사의 교리를 비판할 수 있었으며, 어린이와 약자들의 영원한 복리, 도덕적 행동, 신체적 욕구를 돌보았다. 영국 민주주의가 개신교 비국교도의 훌륭한 자치 기술 훈련에 지고 있는 빚은 과대평가하기 어려울 정도다. 랭카셔는 18세기에 비국교도 교회당, 일요학교 교사, 이단 성직자의 땅이 되었다는 달갑지 않은 평판을 얻었는데, 국교회 당국은 이렇게 종교적 무질서가 널리 퍼진 것을 '자기 일을 자기 방식대로 하기 좋아하는' 랭카셔 사람의 천부적인 '고집스러움' 탓으로 돌렸다. 이런 랭카셔가 협동조합 운동의 탄생지이자, 노동조합과 공제조합의 본거지이며, 지방자치단체 공기업에서 앞선 지역이라는 사실은 의미심장하다.

가족 단위가 경제적으로 자급자족하면서 사회적으로 유리되어 있었던 18세기에는 비국교도 신도 이외의 결사체 활동이 거의 없었다. 하지만 산업혁명은 영국의 주요 산업을 휩쓸었고, 모든 장벽을 무너뜨리면서 민주적 노동조직에 소통 통로를 넓혀 주었다. 사람들은 공장제 시스템으로 모여들었고, 노동자는 단일한 규범과 규율을 갖춘 군대가 되었다. 노동계급은 '찌꺼기', '쓰레기', '떼', '돼지들'과 같은 공동 낙인이 찍혔고, 법의 규제에서 해방된 고용주는 노동자의 근로 조건에 대해 도덕적 책임을 회피했다. 그리고 노동자의 자유로운 단결, 이민, 정주를 금지하는 악명 높은 법이 존재했다. 이 모든 상황은 정치결사체, 노동조합, 협동조합의 형성과 발전을 자극했고 기회를 제공했다. 이러한 불안하고 흥분된 국가적 시련기에 영국 의회 비밀위원회에서 선동법이 통과되고 인신보호법Habeas Corpus Act이 중지되었다. 오언은 귀족들에게 새로운 사회시스템에 대해 열변을 토했고, 코벳은 잉글랜드·웨일즈·스코틀랜드·아일랜드 지역 직인과 노동자에게 비참한 현실의 원인에 대해 연설했다. 브루엄Brougham 경에 의하면 모든 것이 상층의 질서와 하층의 질서로 완전히 분리되면서 혼란과 전제 정치로 나아가는 암울한 시기였다. 이때 사람들이 함께 품고 있던 응어리가 부풀어 올랐고, 지적·도덕적 발효가 시작되었다. 이는 다종다양한 형태로 나타났으며, 새로운 동료애 정신이 전국 곳곳에서 솟아났다. 결사체 정신은 햄프덴클럽Hampden Clubs[10], 스펜스협회Spencean Societies[11], 전투적 노동조합 등의 외피로 위험을 피하면서, 중세의 억압과 미신에 어울릴 법

---

10) [옮긴이] 19세기 초 영국에서 급진적 운동의 일환으로 나타났던 정치 캠페인·토론 조직이다. 주로 잉글랜드 중북부 지역에 집중했으며, 나폴레옹 전쟁이 끝난 뒤 일어난 사회·정치 개혁 민중 운동과 긴밀하게 결합했다. 당국의 입법과 탄압으로 불법화되었으며 결국 해산되었다.

11) [옮긴이] 토마스 스펜스Thomas Spence(1750~1814)는 사회개혁가였으며, 단순한 정치개혁이 아닌 공동체적 토지 소유에 입각한 소농 사회를 주장했다. 스펜스협회는 1801년 그와 동료들이 설립했다. 비밀리에 활동했으며 1819년에는 스펜스라는 이름이 들어가는 모든 모임을 금지하는 법이 제정되기도 했다.

한 서약과 상징으로 계몽 활동을 했다. 또 결사체 정신은 일요학교 교실, 상호발전클럽 그리고 공제조합 등의 점잖은 복장으로 변장하기도 했고, 제분·제빵 조합, 일반 구제협회General Redemption Societies, 공동 작업장Union shops 등 부드러운 산업적 형태를 선택하기도 했다. 협동조합 연구자가 직접 관련되는 부분은 마지막의 산업적 형태이며, 이들은 결사체 정신의 구현이라는 점에서는 그 시기에 별로 중요하지 않은 결사체였다. 하지만 이러한 서로 다른 방식과 수단을 가진 다양한 유형의 민주적 결사체는 모두 단일한 목표와 동기를 가졌다. 그것은 흥미롭게도 다수가 단합해서 숙련된 기술을 가진 소수가 힘으로 자신의 노동을 수탈하지 못하도록 규제하려 했던 중세 공동체commune의 목표, 동기와 같았다. 이런 사실을 깨닫지 못하면 협동조합 운동이 지닌 전국민적 중요성과 협동조합 매장의 정신적 가치를 놓치게 된다.

    로버트 오언에 고무된 협동조합인은 억압받으면서도 활력있는 민중이 지닌 강한 자기주장 본능에 공동체 삶의 높은 이상과 기득권에 대한 유연성 그리고 모든 계층의 성실한 시민을 아우를 수 있는 사회봉사, 사회복지 구상을 결합했다. 그러나 초기 협동조합인의 소규모 시도와 잘 드러나지 않는 실패를 검토해보고 최근 협동조합의 지속적인 대규모 활동을 비교 관찰해보면, 협동조합인의 성공과 실패는 모든 형태의 민주적 자치

democratic self-government에 필수적인 원칙의 수용과 부정, 필수적 자질의 보유와 결여에 따라 결정되었다는 사실이 분명해질 것이다.

(도매협동조합 런던지부 관리자인) 벤자민 존스 Benjamin Jones는 지난해 코퍼러티브 뉴스에 게재된 「협동조합 생산에 관한 짧은 연구」라는 제목의 감탄할만한 기록에서 소비, 생산 목적의 초기 노동자 결사체에 관해 자세하게 설명하고 있다. 이 기록은 대부분 당대의 원고와 인쇄물에서 정선된 자료로 구성되었고, 한 세기 가까이 생존한 조합의 역사에 관한 저자와 동료 협동조합인의 지식으로 보충되었다. 내 책은 초기를 포함하는 전체 협동조합 운동에 관한 개괄적 연구이기 때문에 크게 겹치지는 않지만, 위 기록이 미래에도 계속 주목받는 데 피해가 가지 않도록 유념하면서 자료 일부를 자유롭게 인용한다.

우선 두 가지 유형의 협동조합이 있다는 사실을 독자에게 상기시키고 싶다. 하나는 상인과 생산업자의 이윤을 제거함으로써 싸고 질 좋은 공동 사용 물품을 확보하려는 소비자 결사체, 다른 하나는 고용주의 이윤을 흡수함으로써 자신의 노동 가치 전체를 획득하려는 생산자 결사체다.

협동조합 운동을 바르게 이해하기 위해서는 협동조합을 유통distributive 결사체와 생산manufacturing

결사체로 나누는 통속적인 분류와 협동조합 생산은 실패했고 협동조합 유통은 성공했다는 잘못된 속설을 완전히 잊어버려야 한다. 영국 제품을 취급하는 소비자협동조합 매장의 매출 규모는 그들 계산으로 연간 3백만 파운드에 달하고, 잉글랜드와 스코틀랜드 도매협동조합 생산부productive department 연 매출은 제분·제빵 연합조합을 포함해 2백만 파운드다. 소위 생산자협동조합(그들 중 일부는 주주들이 지배하는 주식회사)의 연간 총생산은 5십만 파운드에 불과하다. 내 이야기를 들으면서 독자는 소비자 결사체와 생산자 결사체를 실제로 구분하는 것은 '유통'이냐 '생산'이냐가 아니라 운영 시스템administration에 관련된 문제임을 알게 될 것이다. 이후에 설명하겠지만 그것은 양립 불가능한, 대립적인 두 가지 대의representation 이론 혹은 지배구조government의 문제다. 이번 장과 이어지는 3, 4장에서는 소비자 조직에서 유래한 결사체인 소비자협동조합을 주로 다룬다. 왜냐하면, 이들 결사체만이 성장과 지속성의 원리를 보여주고 있고, 1828~1834년의 협동조합 운동과 1844년 이후 협동조합 운동의 근간이기 때문이다. 반면 생산자 결사체는 모든 시기에 모든 장소에서 설립되지만, 버섯 무리처럼 당혹스러울 정도로 빠르게 나타났다 사라지며 종종 흔적도 남기지 않는다. 나는 별도의 장에서 생산자 결사체의 파탄 결말을 추적해, 그들의 다양한 규약을 밑받침했던 이념과 끊임없이 반복되는 실패의 주요 원인을 제시할 것이다.

기록으로 확인되는 영국 노동자가 만든 최초의 협동조합은 외떨어져 있었던 제분·제빵협동조합이다. 독점가격으로 부당하게 수탈하는 제분업자와 제빵업자에 대한 가난한 사람들의 분노가 커지면서 결성된 소비자 결사체였다. 하지만 이들 협동조합은 주로 생산 활동을 했다. 이는 소비자 이익을 대변하는 유통·소매협동조합을 한편으로 하고, 생산자 이익을 대변하는 생산·제조협동조합을 다른 한편으로 하는 통속적인 분류가 애초부터 성립될 수 없음을 보여준다.

1767년 런던에서 발간된 흥미로운 소책자 『현재의 고물가 원인에 관한 탐구』는 의도하지는 않았겠지만, 오언주의 운동 이전의 초기 결사체 설립을 이끌었던 직접적 원인을 생생하게 보여준다.

> 제분업자는 몇 년 만에 놀랍도록 빠르게 막대한 부를 축적했고, 제빵업자는 대체로 다른 업종보다 번창하면서 훨씬 많은 부를 얻었다. 그러나 이들의 부는 전체 민중으로부터 뽑아낸 것이다. 불순물을 금지하는 법이 제대로 실행되지 않고 있기 때문이었다. 이들 업종에서는 가장 서투른 사람도 거의 발각될 위험 없이 계속 법을 어기고 있다.

다음과 같은 각주도 있다.

> "울버햄튼Wolverhampton의 제조업자와 주민은 이러한 현실에 매우 민감하게 반응했으며, 최근에 기금을 모아 가난한 사람들만을 위한 제분소를 설립했다. 그들은 자신이 투자한 돈에 대한 적정한 이자를 받으면서도 가난한 사람에게 상당한 절약이 될 수 있음을 알아낸 것이다."

18세기 말로 가면서 많은 제분소가 방적이나 다른 업종 공장으로 전환되었고, 제분소 독점은 심화되었다. 1796년 바르햄다운스Barham Downs 상류층이 나서서 가난한 사람들이 사용할 수 있는 교구 풍차를 세웠다. 하지만 그 전해에 헐Hull의 노동자는 스스로 문제를 해결하기 위해 다음과 같은 탄원서를 시장과 부시장에게 제출했다.

> 그 도시에 살고 있는 가난한 저희는 최근 터무니없는 밀가루 가격 때문에 가족들과 함께 커다란 고통과 불행을 겪었습니다. 그래서 저희는 제분조합을 설립하기 위해 모금을 시작했고, 각자 4주 동안 매주 1실링 1페니씩 그리고 다시 4주 동안 매주 6펜스

씩 모아서 6실링 4펜스를 모았습니다. 저희 목적은 모금 참여자와 그 상속자, 유언집행자, 관리자 혹은 수탁자가 소유하면서 영구히 밀가루를 공급하는 제분조합을 설립하는 것입니다. 하지만 이러한 목적을 실현하기 위해서는 모금만으로는 부족하다는 사실을 알게 되었습니다. 송구스럽지만 이 중요한 일에 시장님과 부시장님의 조언과 도움을 간청하는 바입니다. 저희만이 아니라 아이들 그리고 아직 태어나지 않은 아이들까지 당신께 감사할 것입니다.

이 제분조합이 설립되어 약 10년 후에 벌어진 사건에 대해 현재 사무국장은 말한다.

"조합은 어느 정도 성공했다. 이를 골칫거리로 여긴 같은 지역 제분업자들은 조합을 방해 행위로 고발했고, 1811년 8월 1일 요크York 법정에서 증인이 되었다. 하지만 재판이 끝날 무렵 요크셔 배심원은 빈곤을 훨씬 더 큰 골칫거리로 생각하며 조합을 빈곤 구제 단체로 여긴다는 사실이 확인되었다. 조합에 우호적인 평결이 나왔고, 조합은 관의 도움이나 제분업자의 방해 없이 36년이나 더 운영되었다."

제분조합의 성공은 1801년 헐모금제분조합Hull Subscription Mill과 1812년 휘트비유니온제분조합 Whitby Union Mill 설립으로 이어졌다. 저 멀리 남쪽에서는 밀가루에 고령토를 섞어 넣는 관행에 분개한 숙련공들이 1815년 시어네스Sheerness에서 제빵협동조합을 결성했고, 1816년 데본포트Devonport에서 제분조합을 설립했다. 1800년 이후 스코틀랜드 여기저기에서 제빵협동조합이 계속 설립되었다.

오언주의 운동 이전의 결사체 사업 방식은 대체로 현금 거래, 원가 거래였다. 거래 과정에서 불가피하게 발생한 이윤은 자본으로 적립하거나 주주들에게 현금, 물품으로 나누어 주었다. 이런 단순한 사업 결사체는 항구도시의 숙련공들에 제한되었으며 흔치 않았다. 그들의 유일한 목적은 소규모 소비자 집단의 욕구를 더 좋은 방식으로 충족하는 것이었다. 그들은 개인 상인의 탐욕에 맞설 수 있는 유용한 지점을 형성했지만, 다수 노동자의 목적이나 행동에 뚜렷한 영향을 미치지는 못했다.

이제 영국 노동계급이 로버트 오언의 생각을 실제로 실현하려 한 최초의 시도였던 1828~1832년의 공동 작업장Union shop[12] 운동으로 넘어가 보자.

---

12) [옮긴이] 1824년 단결금지법이 폐지되면서 노동운동이 활성화되었고, 당시 협동조합 운동은 노동조합 운동과 긴밀하게 결합되어 있었다. 1828~1832년 당시 협동조합은 대부분 파업 중에 노동자들이 만들거나, 임금이 깎이고 일자리를 잃은 노동조합

기록에 의하면 공동 작업장을 목표로 한 소매조합 중 최초의 조합은 1828년 브라이튼Brighton에서 설립되었다. 이 조합은 사업적 성공을 거두었고, 그 목표와 방법이 오언주의자 킹King 박사가 대부분을 채우는 정간물 *코퍼레이터Co-operator*를 통해 빠르게 퍼져나갔다. 공동 작업장의 미래 목표와 실천 방법은 브라이튼조합Brighton Society 간행물에 다음과 같이 기술되어 있다.

> 우리에게 필요한 것은 자본이다.... 우리는 이 목적을 위해 스스로 조합을 구성하고, 매주 저금하면서 자금을 만들어야 한다. 충분한 자금이 모이면 공동의 가게에 진열할 다양한 상품에 투자해야 한다. 모든 조합원은 이 가게에서 생활필수품을 구입해야 하며, 남는 이윤으로 공동 자본을 조성해 다시 가장 필요한 상품에 투자한다. 이렇게 되면 우리는 주간週間 불입금과 이윤이라는 두 개의 축적 원천을 갖게 된다....

원들이 만들었다. 많은 기계가 필요 없는 업종에서 파업 중에 노동자들이 협동조합 생산을 시작하는 것은 보통 일이었다. 이때 협동조합을 지칭해서 사용했던 명칭이 공동 작업장Union shop이다. '유니온'이라는 말은 사회적 이상으로 고무된 거의 모든 노동계급의 운동을 표현하는 데 쓰였으며 당시 크게 유행했던 말이다. G.D.H. 콜, 『영국 협동조합의 한 세기』

조합은 일부 조합원을 고용할 것이고, 그들이 만든 모든 생산품은 공동 자산이 될 것이다.... 자본이 더 많이 축적되면 모든 조합원을 고용할 것이고 혜택이 많아질 것이다. 자본이 충분히 축적되면 조합은 토지를 살 것이다. 조합원은 거기서 살고 경작하면서 자신들이 좋아하는 물품을 생산할 수 있다. 이렇게 하여 그들 모두가 원하는 식품, 의류, 주택을 공급한다. 그때가 되면 조합은 공동체로 불리게 될 것이다.... 공동체로 가는 대신 도시에 남기를 원하는 조합원 역시 내가 언급한 모든 조합 혜택을 누릴 수 있다.

이렇게 구상은 원대했지만, 브라이튼 협동조합인은 소박하게 시작했고 일반 매장의 초기 형태로 법인을 설립했다. 적은 자본 5파운드로 시작해 첫해에 매주 40파운드 매출을 올렸다. 나중에 듣기로는 성공적인 자본 축적 때문에 불화가 생겼다. 다수는 초심을 실천하는 공동체주의자가 되길 원했지만, 소수의 개인주의자는 자기 몫의 자본을 챙겨 떠났다. 떠난 사람들은 140파운드 자본으로 어선을 만들어 매주 4파운드 이윤을 챙기는 어민이 되었다고 한다. 브라이튼 협동조합인의 성공에 고무되거나 그들의 이념에 이끌려, 같은 지역의 다른 부문 노동자들도 비슷한 성격의 매장을 시작했다. 이들 협동조합 중 다수가 이윤을 축적했고, 조합원을 고용해 직물·장화·신발·옷·가구 등을 생산하는 단계로 발전했다.

초기 협동조합의 규약을 직접 조사한 홀리요크Holyoake에 따르면, 규약 앞부분에는 흔히 협동조합인의 도덕적 의무에 대한 긴 연설이 붙어 있었고 조합원의 도덕적 행위를 세심하게 강조하는 특성이 있었다. 비속어는 금지하고 사악한 조합원은 제명한다. 부도덕한 사람은 가입을 허용하지 않는다. 누구도 종교를 이유로 거부되지 않는다. 한편 협동조합은 정치조직, 노동조합과 신중하게 거리를 두고 있었으며, 이런 중립성 때문에 협동조합은 거대하게 솟아오르는 세력들과 반목했다. 어떤 협동조합은 매우 엄격한 규율을 지켰다. 프레스톤조합Preston Society은 조합 물품에 대해 함부로 말하는 조합원을 제명했다. 런콘조합Runcorn Society은 가입 신청자가 도덕적일 뿐만 아니라 건강해야 한다고 주장하면서 16세 이하 40세 이상 연령층의 가입을 불허했다. 많은 조합이 남편 동의 없이는 여성이 돈을 찾을 수 없도록 하면서 남성우월주의를 드러냈다. 어떤 조합은 남편을 조합원으로 승인하기 전에 부인의 동의를 받도록 함으로써 가정의 화합을 추구하기도 했다. 초기 협동조합인의 일반적 정신은 워링턴조합Warrington Society 규약 앞부분에 잘 표현되어 있다.

"그들은 모든 사람을 형제처럼 도왔다. 모든 사람이 형제처럼 서로에게 '힘내!'라고 말했다."

윌리엄 로벳William Lovett에 따르면 처음에 로버트 오언은 이러한 소매조합을 냉담하게 바라보았다고 한다. 단순하게 사고파는 것만으로는 자신의 웅대한 협동 계획에 전혀 도움이 되지 않는다고 단언했다는데, 이는 이상한 일이다. 하지만 이러한 초보 매장 주인들의 소박한 활동이 자신이 주창한 '새로운 사회시스템'에 대한 믿음에서 고무된 것임을 알게 되면서, 오언은 이들 매장의 열렬한 옹호자가 되었다. 1832년에 오언이 설립한 그레이스인 노동교환소Gray's Inn Labour Exchange는 이들 조합 중 왕성한 조합이 생산한 잉여 제품을 판매하기 위한 시장을 제공하려는 목적도 있었다.

그레이스인 노동교환소는 중간계급이 투자한 자본금으로 설립한 인위적인 시장이었다. 모든 상품은 그 안에 포함된 노동의 양에 따라 그 가치가 평가되었다. 나는 이 의미심장한 실험에 관해 경제적 시각으로 자세히 논하지는 않겠다. 그레이스인 설립을 전후로 런던, 버밍햄Birmingham, 리버풀Liverpool, 리즈Leeds에서 진실된 노동자들이 노동교환소를 설립했다. 노동교환소는 1차 협동조합 운동의 자연스러운 결과였다. 노동교환소라는 인위적 시장은 윌리엄 톰프슨William Thompson의 가치 이론을 실천에 옮기려는 순진한 시도였다. 이후

칼 마르크스는 이 이론을 자본에 관한 저작에서 구체화했다. 초기 협동조합인은 이 이론을 조야한 형태로 받아들여 실천의 기초로 삼았으며, 그것의 경제학적 타당성을 근거로 희망을 찾았다. 그들이 실패한 주요한 원인이 바로 여기에 있다. 이제 그것에 대해 간략하게 비판하려 한다.

윌리엄 톰프슨은 오언주의 운동의 뛰어난 지도자였다. 그는 사기와 독점이 없는 상황이라면, 모든 제품의 시장 가치는 그 제품에 들어간 노동의 양으로 측정될 수 있다고 주장했다. 그리고 노동의 가치는 지출된 노동시간으로 산정할 수 있고, 모든 숙련 노동은 평균적인 노동의 배수倍數로 분해될 수 있다고 했다. 시장의 변동을 방지함으로써 이윤을 제거하려 했던 오언은 기존 화폐를 노동 지폐labour notes로 대체하자고 했다. 노동교환소에서는 톰프슨 이론과는 다른 방식이 혼합된 원칙을 채택했다. 상품에 투입된 원재료는 시장가로 계산하고[13] 사용된 노동시간은 시간당 6펜스로 계산해서 그 상품의 가치를 정했다. 노동 지폐를 소지한 사람에게 노동시간의 가치를 주는 방식으로 노동 지폐는 작동되었다. 이에 대한 가장 명백한 반론이 있다. 상품에 들어간 노동시간만으로 어떤 육체노동의 사회적 가치를 정확하게 산정하는 것은 불가능하다는 반론이다. 칼 마르크스

---

13) 이는 톰프슨 이론을 완전히 위배하는 것이다.

가 다음과 같이 말한 것을 보면 그 역시 이러한 근본적인 난점을 알고 있었던 것 같다.

> "만일 상품의 가치가 거기에 들어간 노동의 양으로 결정된다면, 더 게으르고 미숙한 노동자일수록 그가 만든 상품은 더 가치가 높아질 것이다. 왜냐면 상품 생산에 더 많은 시간이 필요할 것이기 때문이다."

마르크스는 "노동"을 "비실체적인 실재이며, 지출된 노동력 즉 지출 형태와는 상관없는 동질적인 노동의 단순한 응고물이다."[14]라고 확언했다. 이로써 노동시간을 기준으로 상품 가치를 평가하는 것에 대한 본인의 반론을 포기한 셈이다. 하지만 영국인은 노동의 강도強度와 질의 차이가 엄격하게 제거된 추상적 노동을 상상하지 못한다. 그리고 이런 방식은 커다란 난관에 봉착하게 된다. 통상적인 육체노동의 가치는 지출된 시간을 기준으로 산정할 수 있다고 인정한다 치더라도, 부두 노동자·방적공·사무원·발명가 노동을 공통으로 산정할 수 있는 기준은 없다. 공공정책의 관점에서 평등한 보상을 주장할 수는 있다. 그러나 그 경우에는 그들이 제공하는 서비스의 가치가 아니라 그들의 필요에 대한 엄격하고 단

---

14) [옮긴이] 『자본론』에서 인용되었다. 마르크스는 상품의 교환가치를 설명하면서 이는 서로 구별되지 않는 동일한 인간 노동 즉, 추상적 인간 노동에 의해 결정된다고 했다. 여기서 갖가지 구체적 노동 형태의 차이는 사라진다.

순한 판단에 따라 보상해야 한다.

　톰프슨의 가치 이론은 이미 제기된 반론에 더해 더 심각하고 위험한 오류에 직면한다. 그는 상품의 교환 가치에서 가장 중요한 요소를 무시한다. 전체 소비자의 다양한 필요, 욕구 변화, 기호 변동을 나타내는 시장의 수요가 그것이다. 도매협동조합 분기별 회의에 참석하는 매장 대리인은 배틀리울런Batley Woollens에서 만든 한심한 제품을 보면서, 공장에서 사용된 육체·정신노동 시간이 교환 가치 결정에 미치는 영향이 크지 않다는 사실을 알게 된다. 로버트 오언의 노동 교환 원칙에 근거해서 잘 팔리지 않는 배틀리 기성복과 잘 팔리는 레스터Leicester 장화의 가격을 정한다면, 이는 값비싼 대가를 치를 어리석은 결정이 될 것이다. 반세기가 넘는 동안 수백만 파운드의 돈과 헌신적인 수천 노동자의 희생적 열정과 지적 노고를 바친 실험과 교훈을 통해 협동조합인은 올바른 경제학을 배웠다. 그들은 마침내 톰프슨의 가치 이론을 포기했으며, 효용utility이라는 가치 결정 요소를 완전히 이해한 덕분에 성공할 수 있었다. 이는 인간의 능력을 인간의 욕구에 부합하게 하려는 사려 깊은 시도였다. 그들은 소매협동조합과 도매협동조합을 통해 수요를 미리 파악했고, 그에 맞추어 생산했다. (고객의 필요를 알고 있는) 대규모 매장 관리자·판매원과 (공급을 담당하는) 생산부 책임자·관리자는 분기별 회의와 구매자 회의를 통해 긴밀한 조직적 관계를 맺었다.

로버트 오언이 활동하고 공동 작업장이 실험되던 시대에 정치경제학은 아직 유아기에 있었다. 당시 경제학자는 상품·서비스의 교환 가치가 주로 인간의 욕구와 그에 대응하는 다양한 인간 능력의 관계에 따라 결정된다는 (비록 지금은 그 관계가 불로소득에 의해 상당히 교란되고 있지만) 사실을 몰랐다. 노동교환소는 지출된 노동시간에 따라 가격이 정해진 물품들로 꽉 찼지만, 대중의 욕구와 상관없이 만들어진 것이었다. 이는 예견된 일이었다. 한편 파렴치한 투기꾼들은 가격이 시장가보다 낮은 제품만을 구매했고, 이윤을 남기면서 일반 대중에게 팔았다. 그레이스인 노동교환소 책임자는 목전에 다가온 실패를 모면하기 위해 톰프슨의 이론을 폐기했다. 맡기는 물품의 시장 가격을 산정해서 그에 따라 노동 지폐를 지급했다. 교환소에서 자신이 만든 외투의 대가로 15시간짜리 노동 지폐를 받은 어떤 재봉사는 30시간을 노동해서 만들었다며 씁쓸한 불평을 했지만, 찾는 고객이 거의 없는 스타일로 만들어진 외투라는 솔직한 질책을 받았다. 로버트 오언은 계획을 포기해야 한다는 것을 깨달았고, 공정노동교환소는 선의를 가진 정직한 전당포 시설이 되었음을 인정했다. 계몽 개혁가나 자선활동가보다 더 자존감을 살리면서도 조용히 큰돈 버는 '좋은 아저씨' 역할을 할 수 있다고 생각한 건물 임대주는 전당포로 전락한 노동교환소를 강탈했고 사업은 끝이 났다.

1829년 말 *쿼터리 리뷰Quaterly Review*에 실린 열광적인 기사는 공동 작업장 운동의 의미와 규모를 입증해 주고 있다. 협동조합지식촉진영국협회British Association for promoting Co-operative knowledge에 제출된 보고서에 의하면 1830년 전국에 걸쳐 170개 공동 작업장이 있었고, 1832년 400~500개로 늘어났다. 그러나 가장 먼저 시작했던 브라이튼조합은 사라졌고, 1833~1834년 사이에 운동 전체가 무너졌다. 끈질긴 스코틀랜드, 잉글랜드 북부 협동조합인이 설립한 외떨어진 몇몇 공동 작업장은 전반적 실패 속에서도 살아남았고, 한 세대 후 2차 협동조합 운동의 선구자들에 의해 발견되었다. 데본포트제분조합Devonport mill, 시어네스매장조합Sheerness store, 헐반곡물제분조합Hull Anti-corn mill, 일부 스코틀랜드제빵조합Scotch baking society 등과 같은 조합은 오랜 전통을 자랑하고 있으며, 오늘날 협동조합 운동에서 금권계급 한군데 있는 혈통 귀족에 비할 수 있는 위치에 있다.

　그러나 로치데일 유형 이전에 있었던 공동 작업장 유형의 협동조합 생존자들이 1차 협동조합 운동이 남긴 결과물 전체는 아니다. 오언의 열렬한 제자들이 노동계급의 가슴 속에 광범위하게 뿌려놓은 협동의 신념이라는 씨앗이 있었다. 그 씨앗은 발흥하는 차티스트 운동과 파업 수단을 지닌 노동조합 운동 아래서 잠복하고 있었으며, 그 열매를 맺기 위해 정치에 대한 환멸과 산업 휴

전 그리고 경기 회복을 기다리고 있었다.

공동 작업장 운동의 전반적 실패는 부분적인 성공보다 더 쉽게 설명할 수 있다. 우선 이들 조합은 법적 지위가 없었다. 관리자, 서기, 조합원이 물품을 숨기거나 자금을 횡령해도 고소될 염려가 없었다. 단순한 보복 같은 원시적 방법 외에 절도나 사기에 대한 실질적인 해결책이 전혀 없었다. 리본밀협동조합Co-operative ribbon-mill에서 발생한 일화는 이러한 법적 무질서 사례를 보여준다. 한 조합원이 조합의 재고품을 많이 훔쳤다. 분개한 조합원들은 변호사의 조언을 구했지만, 법적인 해결 방법은 없었다. 그들은 문제의 조합원을 마을 먼 곳으로 유인한 뒤 그의 집으로 들어가 물품을 찾아오는 방식으로 해결했다. 조합의 자본은 법적으로 누구의 소유도 아니었고, 관리하는 직원이나 은행 담당 조합원 손에 달려 있었다. 어떤 조합도 법인 자격으로 건물과 토지를 빌리거나 소유할 수 없었고, 임차료를 계약하거나 지불할 때도 어떤 조합원 개인에게 의존해야만 했다. 조합원과 조합원 사이에는 아무런 법적 계약이 없었다. 모든 일마다 조합원의 정직성에 의존했다. 가입 신청자의 개인적 인격을 까다롭게 살피거나 조합원이 직원이 되는 것을 선호한 이유다. 노동자 단결과 산업 목적, 이 둘을 위한 수많은 결사체가 회원의 개인적 신의와 직원의 개인적 정직성 말고는 아무런 보장도 없이 반세기 동안 존속해왔다. 이는 확실히 영국 노동자의 명예다. 노동조합이 운용하는 기금 규모가 훨씬 더 컸지만, 법적 지위의 결여는 노동조합보다는 소비조합, 생산조합의 약점으로 더 크게 작용했다. 이들은 복잡한 거래를 하고 구매자, 판매자, 지주, 임차인과 같은 외부인과 관계를 맺기 때문이다.

그러나 공동 작업장의 실패를 법적 보장이 없었던 탓으로만 돌릴 수는 없다. 로치데일 운동은 12년 뒤에 거의 비슷한 법적 환경에서 시작해 성공했다. 브라이튼 조합 내부 문제를 보면 조합원의 분열, 이어지는 대규모 출자금 회수가 조직 구조의 전형적 약점임을 분명히 보여준다. 상점이 성공하면 조합원은 작은 자본가가 되었고, 조합 상점을 이용하지 않으면서도 이윤을 가져갔다. 약 20년 뒤, 공동 작업장 실패에 관한 논의에서 킹 박사는 충성심 결여와 이윤에 대한 탐욕을 하나의 원인으로 언급했다. 공정한 증인 윌리엄 로벳에 의하면 조합원 부인은 더 다양한 물품을 공급하고 더 오래 외상을 주는 개인 상인을 선호했다. 성공한 상점은 더 이상 공동체의 직원이 운영하는 공동체의 가게가 아니었고, 소수의 작은 자본가들을 위한 이윤-수취 기계profit-making machine가 되었다. 가장 깊은 이해가 걸려있는 조합원들은 자신의 처지가 불안정하다는 사실을 금방 깨달았고, 브라이튼 조합원이 어선에 투자한 어민이 되듯이 더 안정적이고 더 수익이 좋은 투자를 선호했다. 공동 작업장은 모험심이 강한 조합원들이 동업하는 사업체가 되었고, 공동의 편익이 아니라 사적 이윤을 위해 운영되었다. 한편 조합원 전체가 협동의 신념을 가지고 충성하는 조합도 있었는데, 이윤을 자본화하고 조합원을 고용해 상품을 생산했다. 하지만 이들 조합은 조합원이 생산한 잉여 제품 때문에 과중한 부담에 시달렸으며, 이는 실패할 운명의 공정노동교환소 실험으로 이어졌다. 비민주적인 규약과 잘못된 경제학은 공동 작업장의 기초를 침식했다. 법적 보호 부재·종교적 차이·사업 능력 결여는 조합원의 결속을 파괴했고, 성장하는 차티스트와 노동조합 운동이 경쟁자가 되어 협동조합 운동을 흡인하고 해체하면서 협동조합을 무력하게 만들었다.

1834~1844년 10년의 노동계급 역사는 (아직 쓰이지 않은 역사인) 차티즘의 역사다. 그리고 이 시기에 노동조합 역사에서 중요한 사건들이 함께 일어났다. 1834년 구시대적 법에 근거해 도싯셔Dorsetshire 노동자 6명에게 7년 유형이 선고되었다. 표면적 이유는 불법 서약식이었지만 실제로는 '단결한 죄'였으며, 이 사건은 노동조합 발전과 정치조직 성장에 엄청난 자극을 주었다. 1832년 개혁법에서 인정된 선거권은 제한적이었고,[15] 휘그 내각의 정책은 냉정했다. 대중은 신구빈법의 성격과 대상을 오해하면서 반발했다. 노동자는 국민교육과 언론 자유 그리고 랭카셔·요크셔·더럼·노섬벌

---

15) [옮긴이] 1832년 1차 선거법 개정에서 산업 자본가와 중간 시민층에게는 선거권을 부여했지만 노동자는 배제했다.

랜드 지역 광산·공장에 대한 국가 규제를 요구했다. 이런 일련의 사태를 겪으면서 노동계급은 정치적 자유를 위한 투쟁에서 아직 승리하지 못했다고 생각했다. 10년(1834~1844)은 영국 노동자 정치에서 영웅의 시기로 불러도 좋을 것이다. 영웅·순교자·배신자·어리석은 지도자들이 난무하고, 중간계급 자유무역주의자들이 마지못해 동맹하고, 두려운 노동자 단결을 뇌물과 감언이설로 막으려는 토리 진영 밀사들이 넘치는 시대였다. 집회, 청원, 시위, 행진이 꼬리에 꼬리를 물고 일어났다. 모든 직종을 포괄하는 노동자 전국연합이 성공적으로 설립되었고, 전국에 걸쳐 노동자 결사체와 급진적 클럽이 조직되었으며, 인민헌장People's Charter이라는 잘 짜인 정치 계획이 채택되었다. 이런 흐름을 통해 노동자와 지도자들은 불굴의 결의와 조직 능력을 보여주었다. 이런 거대한 변동기에 민주주의 최고의 요소와 최악의 요소가 함께 수면 위로 떠올랐고, 모든 집단의 야심에 찬 영혼들은 악명을 떨치며 파도의 꼭대기에 떠돌았다. 이런 혁명적 흥분에 더해 유례없는 육체적 고통[16], 곡물법Corn Law[17]으로 악화된 7년 불황이 닥쳤고, 만

---

16) [옮긴이] 1845~1849년 사이 아일랜드에 감자 흉년으로 대기근 사태가 벌어져 약 백만 명이 죽었다.

17) [옮긴이] 나폴레옹 전쟁이 종결되면서 곡물가격이 폭락하자 1815년 지주계급이 다수를 이루고 있던 의회에서 자신들의 이익을 보호하기 위해 제정되었다. 밀 1쿼터당 가격이 80실링이 될 때까지 외국산 밀 수입을 금지하는 내용이었다. 1828년에는

연한 고통은 반곡물법동맹의 격렬한 활동과 신구빈법에 반대하는 토리당의 선동을 겪으면서 자각하는 의식으로 발전했다. 이게 바로 칼라일Carlyle이 민주주의라 부른 '장대한, 급박한, 절박한 그리고 명백한 현실'이다. 하지만 이것은 나의 주제를 벗어난다. 10년 동안 밀어닥친 사건들은 위대한 역사가가 재능과 노력을 바쳐 연구할 가치가 있으며, 이를 어설프게 다루고 싶지는 않다. 다만 협동조합 운동 연구만으로 민주적 결사체의 역사를 서술하면 커다란 공백이 생긴다는 점을 지적해 두고 싶다.

이 시기에는 진정한 노동계급 협동에 관한 기록이 거의 없다. 윌리엄 로벳, 제임스 왓슨James Watson, 헨리 헤더링턴Henry Hetherington 그리고 공동 작업장과 노동교환소에서 사무국장이나 관리자로 활동했던 지도적 노동자들은 부지런히 인민헌장을 준비하면서 전국 각지에서 활발한 정치 캠페인을 벌이고 있었다. 한편 오언과 일군의 중간계급 신봉자들은 모임을 만들고, 『새 시대』, 『새로운 도덕 세계』, 『합리적 종교인의 보편적 공동체』 등의 정간물을 발간했다. 그들은 결혼에

곡물가격의 등락에 따라 수입관세를 조정하는 개정이 이루어졌다. 1839년 곡물가격 상승에 반대하는 산업자본가와 서민층을 중심으로 반곡물법동맹이 결성되어 활동했다. 1846년 아일랜드 대기근 사태를 계기로 폐지되었다.

대한 좀 이상한 견해를 제기했고, 블래들로Bradlaugh[18]의 민주주의를 향한 열정은 빼먹은 채 그가 주장했던 세속주의를 역설했다. (홀리요크 말에 따르면) 그들은 협동조합처럼 사소한 것으로는 사회를 영구적으로 변화시킬 수 없다는 신념에 점점 더 빠져들고 있었다!

10년(1834~1844)이 끝나갈 무렵 노동계급 결사체는 산업의 협동이라는 방향으로 새롭게 전환되고 있었다. 환상은 무너졌고, 장애물은 제거되었다. 파업이라는 양날의 무기를 가진 노동조합은 불황기 동안 실질적인 임금 인상을 얻어내지 못했다. 많은 경우 파업과 직장폐쇄는 공장주가 제시하는 더 나쁜 조건을 받아들이는 굴욕적인 항복으로 종결되었다. 한편 산업은 빠른 속도로 팽창했고, 반곡물법 선동은 끝나가고 있었다. 브라이트Bright, 코브덴Cobden, 빌러스Villiers는 "식품 가격 하락이 반드시 임금률 하락을 가져오는 것은 아니며, 곡물법을 옹호하는 주요한 근거는 타당하지 않다."라며 로버트 필Robert Peel 경에게 확신을 주었고, 같은 논리로 노동자를 설득했다. 1834~1844년 여성과 어린이

---

[18] [옮긴이] 찰스 브래들로Charles Bradlaugh(1833~1891)는 영국 정치가이며 무신론자였다. 1866년 전국세속주의자협회National Secular Society를 설립했다. 1880년 노샘프턴Northampton에서 자유당 의원으로 선출되었으나, 종교적 충성서약Oath 대신 세속적 맹세Affirmation로 대체하겠다고 맞서다 의원직을 박탈당한 채 투옥됐다. 뒤이은 보궐선거에서 세 차례 연속 재당선되면서 1886년 자신의 신념을 관철했다. 1888년 충성서약 대신 맹세를 허용하는 법을 발의해 통과시켰다.

의 광산·공장 노동에 대한 규제를 강화하는 법안이 토리 정부에 의해 양원을 통과했다. 편견 없는 노동자들은 신구빈법이 이전에 비해 임금 보조율과 구호대상자 기준을 개선했음을 분명하게 이해했다. 한편 차티스트 운동은 정직하고 유능한 노동자들의 지도력을 떠나 아일랜드의 정치사기꾼 퍼거스 오코너Fergus O'Connor에게 넘어갔다. 그는 사용할 엄두도 못 내면서 무력에 대해 역설했으며, 동료를 그들이 고통받게 될 폭동과 음모로 몰아댔다. 차티즘은 그 행렬에 민주주의가 아니라 군중mob을 끌고 다니면서 몇 년간 생존했다. 하지만 1848년 보잘것없는 케닝턴 광장 시위와 400만 가짜 서명 청원으로 결국 무너졌고, 초기 지도자 명성도 함께 사라졌다. 이제 영국 노동자는 무익한 봉기나 부질없는 반란을 위해 은밀하게 쉐필드 단검과 버밍햄 총을 준비하는 것보다는 민중의 이익을 위한 매장 거래를 더 선호하게 되었다. 이는 적은 돈을 모아 노동자를 구제하는 방법이었다. 하지만 '무지한 선동가들의 터무니 없는 요구'라고 비난받으며 노동자들의 정신과 심장에 깊이 새긴 인민헌장 6개 조항 중 5개(성인 남성의 보통선거권, 무기명 투표, 평등한 선거구, 의원 세비 지급, 하원의원 자격 제한 폐지)가 개별 노동자 협동조합인과 진정한 민주주의자 조직의 끈질긴 정치적 압력에 의해 실현되었거나 실현을 앞두고 있다는 것은 중요한 사실이다. 급진파 정치조직, 노동조합, 소비자협동조합 매장, 도매협동조합 모두 똑같은 민주적 결사체 정신에 의해 고무되었으며, 정치와 산업 조직에서 대의제 자치를 실현하려는 의식적·무의식적 열망으로 모두 같이 추동되었다.

3장
협동조합 매장

로치데일 선구자 이야기는 이미 많이 알려져, 여기서 상세하게 소개할 필요는 없을 것이다. 랭카셔 노동자 28명은 로버트 오언의 협동 이념 일부를 왕성하게 자라나는 민주주의 나무에 성공적으로 접목했고, 여기서 백만 조합원, 연 3천6백만 파운드 매출, 3백만 파운드 수익, 천2백만 파운드 자본을 이룬 새로운 협동조합 운동이 솟아 나왔다. 이전의 협동조합 유형과 달리 로치데일 조직은 활력의 씨앗을 품고 있었다. 이 시스템은 잉글랜드와 스코틀랜드의 특정 지역에서 노동자의 물질적 필요와 사회적 열망에 확고히 그 뿌리를 내렸다. 사람들의 이해와 지지는 느리고 소극적이었지만, 지점을 늘리고 확충하면서 계속 다른 지역으로 퍼져가고 있다. 그리고 척박한 토양에 이식된 개별 조합의 끊임없는 실패에도 불구하고, 로치데일에서 시작된 민주적 결사체는 조합원·거래·자본 축적에서 지속적인 증가를 기록하고 있다. 하지만 이것이 이야기의 끝이 아니다. 느리지만 꾸준한 규모 확대와 함께 천3백 개 조합과 백만 조합원의 정치적·사업적 힘이 통합되는 급속한 조직의 발전을 보여주었다. 협동조합연합회Co-operative Union라는 하나의 정치적·교육적 연합, 그리고 긴밀한 소비·생산 연합 조직인 잉글랜드와 스코틀랜드의 두 개 도매협동조합이 그것이다. 로치데일 시스템이 이룬 이러한 성공의 비밀을 알아내기 위해서는 모체 조합의 규약을 주의 깊게 살펴볼 필요가 있다.

그의 훌륭한 책 『로치데일 선구자의 역사』에서 홀리요크는 토드Toad 거리 매장의 기원과 형성 과정을 상세하게 보여준다. 1844년 12월의 어느 어두운 저녁 '직공들의 낡아빠진 매장'이 개장하는 장면을 생생하게 묘사하고 있다. 로치데일 거리 개구쟁이들의 야유와 조소, 궁금해하는 상인들의 비웃음, 지나가는 마을 주민들의 무관심 속에 뒷골목 1층 창고 문이 조심스레 열렸다. 진열대에는 매우 소량의 밀가루, 버터, 설탕, 귀리가 있었다. 매장은 토요일, 월요일 저녁에만 문을 열었다고 한다. 조합원 중 한 명이 판매원, 다른 한 사람은 사무국장 역할을 했다. 출납원이라는 당당한 직함으로 위엄을 갖춘 세 번째 사람은 매주 2파운드의 거래를 맡았고, 네 번째 사람은 회계원 직함으로 28파운드 자본을 관리했다. 나머지 24명 조합원은 수탁인, 이사, 주주, 선전가, 유일한 고객 역할을 하면서 단합된 역량으로 활동했다.

사회주의 강연자 홀리요크는 로치데일 매장의 기원을 추적했다. 그것은 플란넬 직공 파업 실패, 로버트 오언을 추종하는 사회주의자의 열망, 산업 자유를 향한 투쟁에서 노동조합 압력 대신 협동조합을 선택한 낙담한 노동조합주의자였다. 한편 당시 로치데일 지역의 활동적인 차티스트였던 암브로즈 탐린슨Amblose Tomlinson은 로치데일 선구자들이 협동에 빠져 인민헌장 토론보다 매장 거래를 선호함으로써 동료들을 화나게 한 차티스트 클럽 회원들이었다고 주장했다. 하지만 유명한 선구자들의 정치적·사회적 특성에 관한 직접적인 증거는 없다. 최초의 로치데일 협동조합인 중 한 명인 윌리엄 쿠퍼는 홀리요크에게 보낸 편지에서(1865년) 초기 28명 조합원 중 16명 생존 조합원에 대해 설명하면서 6명은 차티스트, 6명은 오언 사회주의자, 2명은 자칭 사회개혁가였고, 나머지 2명은 명확한 사회적·정치적 견해가 없다고 했다. 현대 협동조합 운동의 선각자로서 규약의 기초를 세운 정신적 지도자 윌리엄 쿠퍼와 찰스 하워스는 오언주의자였다. 하워스는 10시간 노동법 운동에 적극적으로 참여했으며, 로치데일 노동자의 위임을 받아 런던에서 10시간 노동법 진전 상황을 감시하고 의회 의원들과 협의했다. 따라서 로치데일협동조합은 노동조합, 차티스트, 사회주의 운동이 결합해서 만들어 낸 결과로 볼 수 있다. 그리고 초기의 소박한 민주적 결사체 경험을 통해 산업민주주의의 난제를 해결할 훈련된 정신을 지니게 된 오언주의자가 촉매제였다.

이제 로치데일 협동조합인의 처음 목적이 로버트 오언의 첫 제자들이 공동 작업장과 노동교환소를 설립한 목적과 일치했음을 살펴보는 것이 좋겠다. 매장 운영 같은 수익성 있는 사업을 찾아내는 사업적 영민함과 궁극적 목표인 고상한 도덕적 이상이 결합되는 다분히 영국적인 사건을 우리는 다시 한번 보게 된다. 1844년 선구자들은 그들의 당면한 목표와 궁극적 계획을 1828년 브라이튼 협동조합인이 사용한 것과 비슷한 문장들로 제시했다.

- 식료품, 의복 등을 판매하는 매장을 설립한다.

- 다수의 주택을 짓거나 매입할 것이며 그곳에는 가정과 사회적 처지를 개선하기 위해 서로 돕는 조합원들이 살게 될 것이다.

- 실직하거나 반복되는 임금 삭감으로 고통받는 조합원들에게 일자리를 제공하기 위해 조합이 결정한 물품들을 생산한다.

- 실직하거나 임금이 열악한 조합원들이 경작할 땅을 구매하거나 빌린다.

- 조합은 최대한 신속하게 생산, 분배, 교육 및 자치에서 역량을 갖추도록 한다. 즉, 공동의 이익에 기초한 자급자족 공동체를 건설하며, 다른 조합이 그런 공동체를 건설하도록 지원한다.

사업 운영 방법에서 공정선구자들은 조합이 물건을 사고팔 때 현금 거래하도록 했고, 좋은 품질의 물품을 고객에게 공급할 것을 강조했다. 이는 로치데일 선구자가 무의식적으로 초기 제분·제빵조합 사례를 따른 것이다. 심한 경쟁에 시달리던 개인 상인과 중간계급도 같은 사례를 모방해 공무원매장Civil Service Store이나 육·해군매장Army and Navy Store 같은 합자 협동조합을 만들었다. 하지만 이후 사적 거래 영역에 로치데일 시스템이 전파될 때도 로치데일 협동조합인의 공정 거래 방식이 보존될 수 있었던 것은 찰스 하워스가 도입한 이용실적배당 시스템 덕분이다. 이용실적배당 시스템은 고객이 즉, 공동체 전체가 매장을 지배하게 되는 시스템이다. 이 시스템은 많은 직접적·간접적 장점을 갖고 있지만, 한 가지 예상치 못한 독특한 결과를 낳았다. 순수한 민주주의라는 단단한 기초 위에 협동조합 운동을 세운 것이 바로 그것이다.

어떤 사람은 로치데일 선구자들이 로버트 오언의 충실한 신봉자라면 원가에 관리비만을 더해 물품을 파는 방식으로 오언주의 이상을 실현해야 했다고 말할지 모른다. 거래에서 발생하는 이윤을 제거하는 것이 오언주의 이상이기 때문이다. 하지만 소매 거래에서 가격을 고정하는 방식은 불가능하다. 소매를 위해서는 도매가로 대량 구매한 물품을 작은 단위로 나누어야 한다. 작은 단위를 원가에 팔기 위해서는 현재 유통되는 화폐로 계산할 수 없는 분수를 사용해야만 한다. 이 문제를 단순화시켜 보자. 매장 관리자가 도매상으로부터 1실링 10¼펜스에 차 1파운드를 구매했다면, 차 3온스[19]를 얼마에 팔아야 할까? 차 몇 온스 가격에 ½페니 혹은 ¼페니를 붙이거나 빼는 것은 큰 규모 상점에서는 상당한 수익 또는 손실을 의미한다. 도매로 구매하는 물품의 정확한 산출량을 항상 미리 확인할 수 있는 것도 아니다. 베이컨을 아직 자르지도 않았는데, ¼파운드 베이컨의 정확한 가격을 어떻게 계산할 수 있을까? 그리고 원가에 관리비를 더한다고 해 보자. 더 나아가 거래 확대에 필요한 준비자금, 토지·건물·재고품의 감가상각, 누손, 보험 등을 세밀하게 계산해서 포함한다면, 분기별 재고 조사에서 수익도 손실도 나지 않도록 가격을 고정하려는 모든 시도는 실행 불가능하다. 로치데일 선구자는 자본을 축적하기 위해 그리고 소매상인들의 반발을 피하기

---

19) [옮긴이] 무게 단위 1파운드는 16온스다. 화폐 단위 1파운드는 20실링이고, 1실링은 12펜스다. 펜스pence는 페니penny의 복수형이다.

위해, 좋은 품질의 물품만을 파는 것을 전제로 시중 가격을 공정한 기준으로 받아들였다. 판매가와 생산비 간의 차이에서 나오는 잉여는 불가피했고, 그것을 어떻게 분배할 것인가 하는 문제가 남았다.

사업 '이윤'은 세 가지 부류의 사람이나 집단에 지급될 수 있다. 첫째는 자본 소유자, 둘째는 노동자(정신노동자, 육체노동자), 그리고 마지막은 고객 즉, 전체 공동체다. 로치데일 선구자 앞에는 선택 가능한 세 가지 방식이 있었다. 첫째, 중간계급 공급조합이 추구했던 방식대로 모든 잉여 이윤을 처음 출자금 28파운드에 대한 배당으로 지급할 수 있었다. 둘째, 매장 업무에 지출된 각 조합원의 노동 비율에 따라 이윤을 분배할 수 있었다. 토드 거리 매장 초기에는 모든 조합원이 판매원, 구매인 그리고 여타 업무를 돌아가면서 했기 때문에 이 방식은 확실히 공정한 방법이었을 것이다. 셋째, 각 조합원의 구매량에 따라 이윤을 나누는 새로운 아이디어를 채택할 수 있었다.

세 가지 방식이 매장의 지배구조와 규약에 어떤 영향을 미치게 될지 생각해 보자. 첫 번째 시스템에서 가격은 결국 주주의 수익을 극대화하도록 조정될 것이다. 이 시스템에서는 주주집단의 편익이 중요한 문제가 된다. 개인 상인처럼 거래를 늘리기 위해 물품 가격을 낮출 것인지, 이윤을 늘리기 위해 가격을 높일 것인지 결정할 것이다. 혹은 개인 상인들이 보통 사용하는 방식으로 '미끼' 품목은 원가 이하로 팔면서 기만적 상품이나 사치품을 높은 가격 또는 저질품으로 팔아 손실을 벌충하는 제3의 방법도 가능할 것이다. 아니면 구세군과 같은 집단이 버림받은 사람들의 필요 충족을 위해 원가 이하 가격으로 매장을 운영할 수도 있을 것이다. 그러나 자본가 매장이 추구하는 이러한 구체적 운영 방식 자체가 본질은 아니다. 본질은 주주집단의 이익, 변덕, 자선 충동에 따라 운영 방식이 결정된다는 사실이다. 주주가 자신의 이익과 생각에 따라 그 매장을 지배하게 된다는 사실이다. 변덕과 자선 충동으로는 서로 경쟁하는 험악한 사업 세계에서 생존하기 어렵기 때문에, 결국 이윤-수취 본능이 폐쇄적 주주집단을 지배하게 될 것이다.

두 번째 방식으로 (아직 실험된 적은 없지만) 몇 명의 점원이나 판매원이 자기 힘으로 매장을 설립하면서, 투자 자본이나 축적 자본이 아니라 지출된 노동에 근거한 수익 배분 방식을 선택할 수 있을 것이다. 만일 이런 노동자들의 모험적 시도가 성공한다면, 필시 그들은 '자본가'가 될 것이다. 논의를 위해 이상적인 사람들이 자기들 대신 일할 외부인을 고용하지 않기로 했다고 가정해 보자. 훌륭한 이 점원들이 잉여 수익으로 큰 소득을 얻을 수 있음에도 불구하고 새로 가입한 신입 점원과 기꺼이 이윤을 나누는 모습을 상상해 볼 수 있다. 이렇게 극단적으로 가정된 사례에서 우리는 이들의 집요한 성실성에 감탄할 것이고, 최근에 가입한 배달부 또는 가장 최근 가입한 점원을 완전한 조합원으로 인정하는 너그러움을 칭찬할 것이다. 그러나 이처럼 참으로 이상적인 조합도 여전히 제한된 소수를 위한 이윤-수취 기계가 되고 말 것이다. 그들의 규약은 개인 상인이 운영하는 상점이나 주주가 지배하는 주식회사만큼이나 순수한 민주주의로부터 동떨어지게 될 것이다. 엄격하게 제한된 수의 개인은 일반 소비자가 필요로 하는 것을 공급하고 소비자의 지출을 장악하면서 수익을 높이려 할 것이고, 오직 다른 상인들과의 경쟁만이 이들을 견제할 수 있을 것이다.

이제 토드 거리 매장이 이윤을 처리하는 세 번째 방법이 남았다. 구매에 따른 비율로 이윤을 배분하는 것이다. 이 방식은 사실상 오언주의 이상을 실현하는 간접적 방식이며 가격차-이윤을 제거하는 것이다. 왜냐면 구매자가 만들어 준 원가 초과 잉여를 바로 그 구매자에게 보너스 형태로 돌려주기 때문이다.

언뜻 보기에 단순해 보이지만 완벽한 민주적 산업시스템을 잉태한 이 방식의 기원은 분명하지 않다. 사회주의자 찰스 하워스가 이를 제안한 것은 분명하지만, 그가 창안했는지 혹은 스코틀랜드 오언주의자 알렉산더 캠벨 Alexander Campbell[20]에게 배운 것인지 둘 다 명확하

---

20) [옮긴이] 알렉산더 캠벨은 열렬한 오언주의자였고, 스코틀랜드

지 않다. 1차 협동조합 운동 초기에 스코틀랜드의 외떨어진 매장들과 요크셔 멜탐Meltham에 있는 공동 작업장은 구매에 따라 조합원에게 이윤을 지급했다. 하지만 이상하게도 이러한 활동은 로치데일 매장이 사업적으로 성공하면서 '양철 전표'[21]가 유명해질 때까지 알려지지 않았다.

1844년에 존재했던 협동조합 관련 법은 뜻밖에도 로치데일의 이윤 공유 방식을 촉진했다. 당시에는 괜찮은 합자회사법Joint Stock Act이 없었기 때문에 로치데일 선구자는 1836년에 제정된 공제조합법Friendly Society Act의 투자 조항에 따라 조합을 등록했다. 그들은 이 등록으로 정부 발행 유가증권에 투자할 수 있는 일종의 특권을 얻었다. 인지세를 면제받았으며 조합은 직원, 수탁인, 채권자의 중대한 사기로부터 어느 정

협동조합 운동의 아버지라 불린다. 1830년대에는 잡지 발간을 통해 스코틀랜드 노동자들에게 협동조합을 알리는 데 크게 기여했고, 1850년대 활발했던 스코틀랜드 협동조합 운동을 선도했다. 로치데일협동조합이 설립된 1844년 이전, 1822년에 스코틀랜드의 글래스고제빵협동조합 창립자들에게 '이용실적배당'을 상세히 설명했다는 기록이 있다. G.D.H. 콜, 『영국 협동조합의 한 세기』

21) 로치데일 방식으로 운영되는 협동조합 매장에서 구매한 사람은 구매액이 기록된 영수증을 받는데, 금액이 찍힌 양철 토큰이 많이 사용된다. 매 분기 말에 이 토큰을 주고, 분기별 수익을 '배당'이라는 이름으로 받는다. 구매한 액수에 따라 파운드 당 일정 비율로 배분받으며, 보통 배당은 파운드당 1실링에서 3실링 사이다.

도 보호받았다. 그러나 공제조합법에서는 조합원 이외의 거래를 허용하지 않았다. 로치데일 선구자는 이 법 규정에 깊이 관심을 두진 않았지만, 조합원을 빨리 늘리고 신규 조합원이 매장 성공에 흥미를 느끼도록 하는 게 조합에 이익이 되는 것은 분명했다. 선구자 역시 자본이 절실하게 필요했다. 1845년에 등록된 규약에는 자본에 대한 이자와 관리비를 지출하고 남는 이윤을 분기별로 총구매량 비율에 따라 조합원에게 배당하는 바로 그 유명한 조항이 있었다. 그리고 조합원이 5구좌(1구좌 1파운드)를 보유할 때까지 해당 조합원에 대한 이윤 배당을 보류하는 조항이 곧바로 삽입되었다. 출자금에 대한 이자는 처음에는 3.5%로 고정했고, 나중에는 (아마도 인출 방지를 위해) 5%로 인상했다. 현재 로치데일 매장은 과도하게 많은 자본에 대한 부담 때문에, 가입 자격 조건을 1파운드로 낮추고 출자금에 대한 이자는 4.25%로 줄였다. 1파운드 출자금에 대한 이자는 조합원이 4파운드 금액의 물품을 구매하면 지급되는 배당금과 같은 수준이다.

조합원 거래만 허용하는 법적 의무는 1852년 산업절약조합법Industrial and Provident Acts으로 없어졌지만, 이용에 따라 이윤을 배당하는 독특한 방식은 모든 고객에게 조합원 권리를 보장해 주었다. 로치데일 시스템에서는 가입비로 1실링만 내면 남자든 여자든 모두 조합원이 될 수 있다. 어떤 매장에서는 1실링을 내면 이용에 따른 배당만이 아니라 경영진 투표권도 부여했다. 어떤 매장에서는 유권자로 이사 선출과 매장 정책 결정에 참여하기 전에 배당을 모아 1구좌 1파운드를 출자하도록 했다. 하지만 1파운드는 자동으로 저축되기 때문에 처음부터 끝까지 조합원 호주머니에서 나오는 돈은 단 1실링이다. 기존 조합원은 신규 조합원 가입을 거부할 수 있는 법적 권리를 갖고 있지만, 이 시스템에서는 조합원 수를 제한할 아무런 이유가 없다. 오히려 관리를 잘하면, 신규 조합원은 조합의 거래를 늘려 전체 매출에 대한 이윤율을 높인다. 누구도 자신의 구매에 따른 이윤율 이상을 가져갈 수 없는 조건에서 조합원이 늘어나면 거래량 증가에 따른 고정비의 상대적 감소, 노동의 경제성, 도매시장에서 대량 구매에 따른 유리한 조건 등으로 각 물품 가격에 대한 이윤율이 꾸준히 높아진다. 따라서 잘 운영되는 모든 매장에서 지역 주민 전체를 이윤 공유와 자치가 이루어지는 매력적인 조합에 가입시키려는 직원과 위원회의 열망을 볼 수 있다. 지나치게 높거나 낮지 않고, 지나치게 부유하거나 가난하지 않은 사람 누구나 현금으로 구매하기만 하면 모두를 포용하는 민주주의에 참여할 수 있다. 여기에는 지배하면서 이윤을 빨아들이는 고정되거나 제한된 개인들(자본가들 혹은 노동자들)이 아니라 계속 늘어나는 투표권자들이 있다. 자치지역 선거구보다 더 쉽게 투표권을 가질 수 있는 선거구가 있다. 개인 사용 물품을 준비·판매하는 조합 활동을 관리할 대표를 선출하는 열린 민주주의가 있다.

이는 **이용실적배당**의 위대한 성취이며, 산업 조직에 독특한 민주적 기초를 제공했다. 로치데일 매장의 민주적 구조가 공제조합Friendly society 규약을 물려받은 것이며, 1852, 1862, 1876년의 산업절약조합법에 의해 구체화되었다고 상상하는 사람들이 있다. 그렇지 않다. 1867년 런던 우체국 직원들은 로치데일협동조합을 모방해서 공무원공급조합Civil Service Supply Association을 설립하고, 1862년의 산업절약조합법에 따라 등록했다. 설립자들은 '양철 전표'가 조합원들의 선입관에 반하며 관습에 맞지 않는다고 확신했다. 이윤은 우선 먼저 자본화되었다. 조합의 방침은 분명히 가능한 한 원가에 가깝게 판매하는 것이었다. 하지만 위에서 살펴본 대로 수익 또는 손실은 피할 수 없다. 잉여 이윤은 1882년부터 계속 보통 주식회사처럼 투자금에 따라 배분되었다. 결과는 어떻게 되었을까? 조합의 한 구좌 출자금은 10실링에 불과했지만 실제로 지급된 이윤을 고려하면 125파운드 가치가 되었고, 10년 동안 액면가 80파운드의 12%에 해당하는 수익을 냈다. 폐쇄적 주주 집단에 의한 모든 이윤 독점은 소수 독재 지배구조에서는 불가피한 결과였다. 4만 명 고객 중 5천 명 핵심 주주 집단이 회사를 지배하고 정책을 결정하는 것이다.

로치데일 시스템 매장에서는 구좌의 가치가 결코 액

면가 이상으로 올라갈 수 없다. 이는 가장 확실한 방식으로 '가격차-이윤'을 제거한 놀라운 사례이며, 고객 전체가 매장을 지배했기 때문에 나타난 결과다. 매장이 번창하면 자본에 대한 이자율은 자동으로 내려간다. 성공적인 매장 대부분에서 지난 10년간 이자율이 5%에서 4%로 내려갔다. 주변 인구 증가, 조합원·직원의 대단한 활기와 성실성, 연합 생산과 연합 소비로 강화된 영향력 덕분에 조합의 가치는 커졌다. 이렇게 저절로 늘어난 공동 소유 가치는 조합에 가입해 자기 몫을 주장하는 모든 사람 즉, 공동체에 배분된다.

이용실적배당의 진정한 의미에 대해 일부러 곱씹어 보았다. 왜냐면 일반 대중뿐만 아니라 일부 최고 협동조합인도 이를 습관적으로 무시해왔기 때문이다. 그들은 '양철 전표'를 자동적인 저축, 자본 축적 장치, 주급으로 불가능한 물품 분기별 구매 정도로 치부한다. 물론 로치데일 시스템의 이런 다양한 기능은 노동계급 사이에서 협동조합 운동이 꾸준히 성장하는 데 엄청난 역할을 했다. 하지만 이러한 역할은 겉으로 드러난 것이다. 이용실적배당의 다양한 기능은 결사체 정신을 조용히 효과적으로 퍼뜨리는 원리를 홍보하는 역할을 한다. 협동조합 매장 진열대를 솜씨 있게 꾸미는 것처럼, 로치데일 시스템은 진정으로 올바른 품목인 결사체 정신을 전시한다.

로치데일 선구자의 건강한 민주주의 본능은 투표 규정에서 다시 한번 나타났다. 1인 1표와 직접 투표는 참정권을 보장하는 확실한 원칙이다. 조합 발전에 무관심한 조합원은 투표에 참여하지 않는 방식으로 투표권을 상실한다. 재산이 아니라 사람이 로치데일 시스템의 헌법적 기초가 된다. 여성은 완전한 조합원으로 인정되고, 대표·임원·직원으로 조합에 봉사할 수 있다. 기혼여성재산법Married Women's Property Act이 제정되기 40년 전에, 협동조합 매장 관리자는 지방법원의 위협에도 불구하고 남편이 부인 저금의 소유권자가 되는 것을 언제나 거부했다.

서툴지만 간결하게 쓰인 로치데일 조합 회의록에는 힘들었던 초기 몇 년간 선구자들의 생활에 대한 감동적인 기록이 있다. 1846~1849년의 가혹한 불황기에 굶주린 조합원은 출자 구좌를 팔아야 했고 조합은 이를 관대하게 수용했다. 이러한 '고통스러운 사례들'은 사업 초기라 어려움을 겪고 있는 조합에는 심각한 재정 유출이었다. 한편 미숙한 민주주의 특유의 무질서, 사업에 대한 무지, 종교적·정치적 불화, 개인적 의심과 비방으로 조합은 몇 번이나 해체될 위기에 빠졌다. 하지만 선구자들은 순수한 정직성과 강인한 의식으로 모든 난관을 뚫고 조합을 이끌어 갔다. 모든 조합원은 정의로운 정신을 지니고 있었고, 공정한 활동을 원했다. 이는 1850년 총회에서 만장일치로 통과된 다음과 같은 특유의 결의안에 잘 나타나 있다.

"모든 조합원은 적합한 때, 적합한 절차에 따라 회의에 안건을 상정하는 방식으로 모든 주제에 대해 자기 의견을 말할 수 있는 완전한 자유가 있다. 적합하게 제안된 모든 안건은 정당하다."

1851년 총회에서는 이사회 회의가 모든 조합원에게 공개돼야 한다는 지혜가 부족한 결의안이 통과되었다. 이 결의안은 무조건 공개를 바라는 조야한 민주적 열망에서 나온 것으로 내각 회의록이 일간지에 실려야 한다는 제안과 비슷하다. 물론 시간이 조금 흐른 뒤 이 규칙은 생략되거나 폐기되었다.

로치데일 매장의 실험적인 발전 과정에 대해서는 끝없는 관심이 있지만, 지면 관계로 한 가지만 살펴본다. 조합과 종업원 관계의 점진적 변화와 발전이 그것이다. 매장을 시작할 때는 선도적인 조합원과 발기인들이 기꺼이 무급 자원봉사로 모든 일을 했다. 하지만 벌금제를 적용해 모든 조합원이 자기 몫의 노동을 제공하도록 강제하려는 시도가 있었고, 매장 관리 숙련자, 비숙련자 상관없이 모든 조합원이 돌아가면서 일을 하도록 했다. 이는 민주주의에 대한 유아적 인식에서 나온 순진한 생각이었다. 조합이 성장하면서 소소한 액수는 지출된 노동시간에 따라 보상했고, 조합 일로 여기저기 다녀온 경우는 실제 사용액만큼 현금으로 보상했다.

1851년 이사회 회의록에는 "감독관리자나 이사회만이 매장이나 조합 업무에 사람을 배치할 수 있다. 이렇게 업무에 배치된 사람 이외는 누구에게도 급여나 수당을 지급하지 않는다."라는 규칙이 처음으로 나타난다. 다음 분기별 회의에서 최초의 선구자 중 한 명인 제임스 스미시스James Smithies가 처음으로 급여 받는 직원으로 임명되었다. 급여는 연봉 15파운드로 사무국장 역할을 맡았다. 관리자 1명과 점원 2명이 직원으로 함께 임명되었고, 주급은 각각 18, 16, 15실링이었다. 이 회의에서 "유급 직원은 이사회 이사가 될 수 없고, 이사회 이사는 유급 봉사자가 될 수 없다."라는 매우 중요한 결의안이 채택되었다.

유급 직원과 유급 봉사자의 이사 불출마 의무에 이어, 몇 년 뒤에는 유급 직원과 유급 봉사자의 이사 선출권을 박탈하는 결의안이 채택되었다. 이렇게 자격 박탈을 더 진전시킨 이유는 잇따른 사건 때문이라고 한다. 어떤 조합 관리자가 빠르게 늘어난 가족을 이유로 위원회에 급여 인상을 신청했다. 위원회는 경험이 많은 위원의 조언을 들었고, 관리자의 청원에 이의를 제기했다. 그 이후 급여 인상 청원에 반대한 동정심 없는 위원이 재선에 도전했다. 청원을 거절당했던 관리자는 선거를 위한 조합원 회의에 모든 조합 직원을 대거 동원했고, 그들의 도움과 대다수 조합원을 영리하게 배후 조종한 힘으로 통치자 중 가장 싫은 사람을 패배시키는 데 성공했다. 관리자의 요구를 거절한 것이 잘못된 판단일 수도 있다. 하지만 그 위원이 자신의 강직함 때문에 패배한 것이라면, 그 패배는 이런저런 사안에 관한 그 위원의 정책에 대한 공동체의 불만이 아니라 자기 이익을 위한 한 개인의 적극적 개입에 의한 패배다. 이는 민주적인 규약과는 어울리지 않았다.

공식 등록된 현재 로치데일협동조합 규약에는 "조합 직원은 경영위원회에서 역할을 맡지 않으며, 어떤 이유로든 경영위원회 후보나 감사 선거에서 투표할 수 없다."라는 조항이 포함되어 있다. 이사회 등 공직에서 종업원의 선거권과 피선거권을 박탈하는 것은 전국적으로 협동조합 매장의 규약 원칙이 되었다. 일부 성공적인 대규모 조합에서는 관습, 결의안, 규칙을 통해 종업원의 투표권을 박탈했다.

민주주의 축소판인 협동조합 매장과 종업원의 관계가 경험을 통해 자연스럽게 변화된 과정은 흥미롭고 교훈적이다. 첫째, 협동조합인 개별주의 분파 individualist school가 옹호했던 의견(생산자 결사체를 설명하는 5장에서 논의할 예정)과 완벽히 상반된다.[22]

---

[22] 지난 20년간 협동조합 운동 내에서 개별주의자Individualist라는 용어는 개별 공장은 그곳 노동자가 지배하고 (가능하다면 소유하고) 이윤은 노동하는 소유자에게 분배해야 한다고 주장한 협동조합인 분파를 의미했다. 이런 이유로 그들은 "광산은 광부에게", "토지는 노동자에게"를 외쳤다. ("학교를 교사에게" 혹

둘째, 미국과는 구분되는 영국 공무원 시스템과 정확하게 일치한다. 브라이스Bryce에 의하면 미국에서는 해외에 나가 있는 대사부터 마을 우체부와 행정부 사무원까지 모든 연방·주 공무원이 정치인의 측근 집단을 구성해 자신의 승진과 생계를 리더 정치인의 성공에 의존한다고 한다. 미국 공무원은 가장 적극적인 선거운동원이며 가장 헌신적인 정당 가신들이다. 그들은 자신의 봉급·재능·업무 시간을 정치적 후견자를 위해 사용한다. 이런 시스템이 공공 행정의 순수성과 효율성에 끼친 결과는 너무나 악명 높다.

이와 달리 영국에서 공무원 조직은 국가 대의제 시스템으로부터 엄격히 분리되어 있다. 공무원이 의회 의원이 되는 것을 금지할 뿐만 아니라, 엄격한 관습과 엄중한 예법으로 그들이 정치 선전이나 정당 선거운동에 적극적으로 참여하는 것도 금하고 있다. 특히 자신이 속한 정당이 성공하면 운명이 크게 바뀔 수 있는 고위 공무원일 경우 더욱 엄격하다. 요컨대 영국의 법과 관습은 공무원이 자신의 지위를 후견해주는 개인이나 정당에 감사하는 지지자가 아니라 공동체 전체에 봉사하는 사람이 되어야 함을 확고히 하고 있다. 협동조합 직원과

은 "하수관을 하수관 청소부에게" 등을 추가할지도 모르겠다.)
다른 한편 (정치 민주주의 모델을 따라) 산업의 민주적 운영을 옹호하는 협동조합인 분파를 보통 연합주의자Federalist라 불렀다.

마찬가지로 영국 공무원은 공공정책을 빙자하여 개인적 손해에 대해 보복하거나 개인적 은혜에 보답하는 서비스를 제공하려는 모든 유혹으로부터 차단되어 있다. 지금까지 협동조합은 영국 정치체제의 법과 원칙에 따라 자신을 주조해 왔다.

1847~1848년에 로치데일 인근 베컵Bacup, 토드몰든Todmorden, 리Leigh, 샐포드Salford, 패디햄Padiham, 미들턴Middleton에서 로치데일 모델을 따르는 매장이 설립되었다. 기독교 사회주의자가 발간한 목록에 의하면 1851년 잉글랜드 북부와 스코틀랜드 중부 지역에 이미 약 130개 협동조합 매장이 있었다.

이들 매장 조합원은 대체로 50명을 넘지 못했고, 100명을 넘는 경우는 거의 없었다. 로치데일협동조합만이 670명으로 특별했다. 대체로 이들 협동조합은 1차 협동조합 운동이 전개되었던 랭카셔, 요크셔, 글래스고Glasgow와 그 인근 공장 지대에 흩어져 있었다. 목록에 포함된 스코틀랜드 조합 상당수는 19세기 초반 시작해 반쯤 죽은 상태에 있는 오래된 단체이거나, 1차 협동조합 운동과 이후 이어진 흐름과는 다른 맥락에서 설립된 공동 작업장이었다. 부족한 자료를 근거로 일반화해 보자면, 스코틀랜드 노동자는 잉글랜드 노동자보다 집요했던 것으로 보이지만 그들만큼 협동조합 운동에 열성적이지 않았고 성과도 적었다. 1851년 대다수 스코틀랜드 협동조합은 수익을 전 조합원에게 똑같이 혹은 출자금에 따라 배분했다. 하지만 1850년대 말 스코틀랜드 협동조합인은 로치데일 시스템을 채택하면서 협동조합 운동에 엄청난 추동력을 불어넣었다. 그리고 스코틀랜드인 특유의 애국심으로 자신들이 채택한 로치데일 시스템은 오언의 스코틀랜드 제자 알렉산더 캠벨이 로치데일협동조합이 만들어지기 훨씬 전인 1823년에 권고한 것이라고 공표했다.

랭카셔와 요크셔의 노동자가 새롭게 출발한 결정적 동기와 직접적 이유는 로치데일 선구자와 같았고 로치데일 매장 사례를 배우면서 강화되었다. 이들의 새로운 출발은 2차 협동조합 운동을 낳았다. 차티스트 클럽이 차티스트 매장이 된 사례도 몇 있었다. 베컵에서는 실패한 파업 과정에서 협동조합이 생겨났다. 공장주 편에 선 소매상들이 파업하는 동안 외상을 주지 않았기 때문이다. 트럭 시스템[23]과 공장주 소유 주택 강제 임차에서 벗어나려는 노동자의 전반적 갈망은 큰 힘을 추동하는 원인이었다. 하지만 넓게 보면 일정한 지역에서 매장들이 빠르게, 성공적으로 설립되고 있는 것은 결사체 정신이 정치로부터 산업으로 옮겨가는, 앞 장에서 서술했던

---

[23] [옮긴이] 임금 일부를 현물로 지급하는 방식을 트럭 시스템 truck system이라 한다. 19세기 영국 자본주의 초기에 임금 대신 물품이나 특정 매장에서만 사용할 수 있는 티켓을 지급했다. 노동자는 고용주와 이해관계가 있는 자들이 운영하는 매장에서 불순물이 섞인 물품을 비싸게 살 수밖에 없었다.

전반적 흐름의 한 부분이었다. 이런 흐름의 일환으로 구제조합General Redemption Societies이 1847~1851년 리즈, 베리Bury, 스톡포트Stockport, 퍼지Pudsey, 노르위치에서 생겨났다. 이는 다소 낭만적인 결사체 형태였으며, 크게 성공하지는 못했다. 구제주의자들은 작은 기부금을 모아서 노동자 구제 사업을 하자는 노동자와 여타 사람들의 느슨한 조직체였으며, 나이 든 오언주의자가 내세우는 공산주의적 견해를 가지고 있었다. 이들은 평범한 사람들이었지만 관대한 열정을 지니고 있었고, 힘들게 번 돈을 당장의 이익이나 개인적 이익에 대한 기대 없이 꾸준히 공동기금으로 모았다. 이는 헛수고는 아니었으며 미래의 노동자들에게 좋은 것이었다. 그들은 다른 오언주의자와 마찬가지로 자신이 공언한 목적에서는 실패했지만, 결사체 정신을 불러일으키고 확산시켰으며, 많은 경우 랭카셔 협동조합 매장과 요크셔 제분소의 기반이 되었다.

협동조합 운동을 간략하게 서술하면서 모든 유형의 협동조합을 상세히 설명하진 않겠다. 단지 성공한 유형과 실패한 유형의 주요한 규약 특성에 주목하려 한다. 제분협동조합은 현재 연 2백만 파운드에 가까운 매출을 올리고 있는 가장 두드러진 생산협동조합 성공 사례다. 이들은 규약의 관점만이 아니라 역사적으로 협동조합 매장과 긴밀하게 연관되어 있으므로 이쯤에서 제분협동조합의 발생과 발전을 간략하게 살펴보는 게 좋겠다.

19세기 초에 설립된 외떨어진 제분소와 제빵협동조합들이 소비자 조직에 의해, 소비자 이익을 위해 운영되었던 사실을 기억할 것이다. 이는 밀가루를 거래하는 협동조합의 주요한 특성이 되었다. 노동자들은 이들 생산협동조합을 생산자가 아닌 소비자로서 설립하고 지배했다. 따라서 로치데일 이용실적배당 시스템은 로치데일 매장과 비슷한 시기에 설립된 요크셔 지역 제분협동조합 발전에서 대단히 유용한 역할을 했다.

제분협동조합은 활발한 조합과 활동이 없는 조합 모두 포함해서 4가지 유형으로 구분할 수 있다.

Ⅰ. 개인 주주들이 소유하고 지배하는 조합

Ⅱ. 개별 매장의 생산부로 출발했거나 생산부가 된 제분소

Ⅲ. 개인 주주들과 개별 매장들이 함께 조합을 설립했지만, 실제로는 매장의 대표가 지배하는 조합

Ⅳ. 개인의 지분이나 투표권을 허용하지 않으면서 여러 조합이 함께 소유하고 지배하는 조합연합

4가지 중 개인이 소유하고 지배하는 첫 번째 유형은 거의 사라졌다. 개인 주주들이 설립한 15개 조합 중 가장 크고 번창한 리즈제분조합Leeds mill과 핼리팩스제분조합Halifax mill은 규약을 변경했다. 대부분 실패했

고, 남은 4개 조합은 제분협동조합 전체 매출의 3% 수준으로 규모가 줄었다.

두 번째 유형인 리즈제분조합은 1847년 구제주의자들에 의해 2천 조합원, 납입자본 2천 파운드를 기반으로 설립되었다. 조합은 빠르게 성장했고, 위상도 높아졌다. 1848년 모체母體인 일반구제조합General Redemption Society과 함께 내무부에 대표단을 보내 협동조합 관련 법의 결함에 대한 대중의 관심을 유도했고, 조용하면서도 끈질기게 의회를 압박했다. 노동자 조직인 협동조합 운동이 사업적으로 번창하고 정치적 영향력을 갖게 된 것은 이러한 노력 덕분이다. 1856년 로치데일의 이용실적배당 시스템이 리즈제분조합 규약에 도입되었고, 조합은 동시에 일반 물품 판매 매장을 개장했다. 얼마 안 있어 매장은 제분조합을 생산부로 거느리는 중심 기관이 되었고, 몇 년 사이에 신발·재봉·건축 생산부가 추가되었다.

이 유형에 속하는 애버딘Aberdeen, 밴버리Banbury, 반스리Barnsley, 칼라일Carlisle, 클리어터무어Cleator Moor, 레스터Leicester, 리Leigh, 링컨Lincoln, 맨스필드Mansfield, 시어네스Sheerness 그리고 스톡톤온티즈Stockton-on-Tees 제분조합은 모두 협동조합 매장의 생산부로 운영되었다. 제분협동조합 매출의 약 20%는 개별 매장의 생산부에 속한다.

세 번째 유형을 보자. 핼리팩스제분조합은 밀가루의 높은 가격과 나쁜 품질에 불만을 품은 노동자들이 1847년 설립했다. 처음에는 이윤을 자본화하거나 주주에게 현물로 배분했고, 밀가루를 대중에게 팔기 위해 판매원을 고용했다. 1856년 조합은 로치데일 시스템을 채택했다. 1863년 핼리팩스매장Halifax Store이 처음으로 핼리팩스제분조합 밀가루를 구매했다. 1873년에는 조합이 생산한 밀가루의 2/3를 같은 지역 매장이 구매했다. 같은 해 조합 규약에 중요한 변화가 일어났다. 매장을 회원으로 인정하고 각 매장 조합원 100명당 1표의 투표권을 부여한 것이다. 이러한 규약 변경으로 제분조합의 통제권은 개별 투자자들로부터 유통 매장 대표들에게 넘어갔다. 몇 년 뒤 핼리팩스제분조합은 소워비브릿지제분조합Sowerby Bridge mill처럼 실질적인 연합 기관이 되었다.

같은 유형에 속하는 중요한 제분조합으로는 로치데일제분조합과 올덤제분조합이 있는데, 1851년과 1868년에 각각 그 지역의 유통 매장을 설립했다. 이들 조합에서는 처음에 특정 개인들이 자본 참여를 할 수 있도록 했기 때문에 그 개인들이 조합원이 되었다. 그러나 투표권 배분은 핼리팩스제분조합과 비슷했기 때문에 지분을 보유한 매장 즉, 소비자 조직 대표들이 이들 생산 조합을 실질적으로 지배했다.

세 번째 유형에 속하는 이들 4개 조합이 전체 제분협동조합 매출의 66%를 차지한다고 한다. 네 번째 유형 조합 매출은 9%다. 더웬트Derwent와 슬레쓰웨이트Slaithwaite 조합연합이 여기에 속한다. 그리고 도매협동조합이 소유한 던스턴온티네Dunston-on-Tyne 시설이 올해 안에 추가될 예정이다. 매주 6천 부대를 생산할 수 있는 능력을 갖춘 거대한 시설이다.

제분협동조합 역사에서 놓치지 말아야 할 사실이 있다. 폐쇄적 주주집단이 지배하거나 일반적 주식회사 규약을 취한 제분조합은 조합원 수와 위상이 점차 감소했고, 열린 민주주의를 실천하는 매장이나 매장 연합이 소유하고 지배한 제분조합은 번성했다는 사실이다. 소수의 이익을 위해 운영된 생산 결사체와 순수한 민주적 조직의 대표가 관리한 생산 공장 간의 근본적 차이는 핼리팩스제분조합이 연합기관으로 전환하는 과정에서도, 리즈제분조합이 매장 생산부로 전환하는 과정에서도 똑같이 나타났다. 기계의 빠른 발전 덕분에 대규모 제분업은 점차 수익성이 좋아졌다. 협동조합인은 '규모에 따른 수익 증가'라는 경제 법칙을 이용하기 위해 서둘렀고, 유통 매장 집단의 거래와 자본을 단일한 생산조합에 집중했다.

올해 우리는 한계의 극단까지 추진되는 연합을 보게 될 것이다. 로치데일 시스템을 모델로 900개 노동자 매장이 연합한 도매협동조합이 밀가루 생산을 준비 중이다.

제분협동조합의 성장을 개괄하다 보니, 자연스럽게 '특정 목적을 위한 협동조합 매장 연합' 이야기로 넘어가게 된다. 연합 본능의 성장, 스코틀랜드 도매협동조합과 잉글랜드 도매협동조합의 등장과 발전이 다음 장의 주제다.

4장

연합

자치조직의 연합federation은 자치조직이 일부 권한을 중앙기관에 위임하는 것이다. 그 연합이 적대적 형태의 정부 전통에서 벗어나 자유롭게 이루어진다면, 민주적 조직이 발전해서 만들어낸 결과임이 확실하다. 미국과 스위스 공화국에서는 이미 연방제라는 완전한 정치 연합이 발달했다. 현재는 남양주南洋洲, Australasia에서 연방 헌법이 발전하고 있다. 영국 민주주의 안에도 국가의 여러 부문과 영역을 강제로 묶고 있는 과도한 중앙권력의 낡은 구속을 점차 해체하고, 자치국가·자치주·지방자치단체 연합으로 대체하려는 욕구(그것의 정당성과 편의성에 대해서는 논의하지 않는다)가 나타나고 있다. 중앙집중 정부로부터 연합정부로의 전환은 현재 캐나다 헌법에서 이미 실현되고 있다. 노동조합이라는 대규모 민주 조직에서도 같은 경향이 나타나고 있다. 영국에서 노동조합은 느슨하게 연합되어 있고, 좀 더 민주적인 오스트레일리아에서는 긴밀하게 연합되어 있다. 한편 산업 군주제의 나라인 미국에서는 연합을 통한 결속을 수단이 아닌 목적으로 지나치게 강조하고 있어, 가끔 개별 노조들의 독립성을 훼손하고, 그들을 거대한 노동 트러스트로 흡수할 위험이 있다. 중간·상층계급이 주창하는 호전적 민족주의 이념에 대항해 보편적 노동자 연합universal federation of labour이라는 새로운 이념을 모든 국가와 모든 계층의 노동자들이 활발하게 받아들이고 있다.

연합이 민주주의의 고유한 특성이든 아니든, 협동조합 운동에서 연합 원칙에 따른 연합기관의 공정한 출발과 안정적인 미래 발전을 보장한 것은 협동조합 매장의 민주적 규약이었다. 소비자(즉, 공동체 또는 참여를 선택한 공동체 구성원)의 지배는 서로 다른 조합의 직원이 단합된 도매거래·생산을 통해 최고 품질의 최저가 물품을 확보하도록, 그리고 지역협의회 토론을 통해 최선의 회계·감독·재고 조사 방법을 배우도록 강제한다. 일반 대중과의 거래에서 발생하는 모든 이윤을 빨아들이는 노동자나 주주집단이 지배하는 조합에는 탁월한 매매 기술이 있겠지만, 소비자가 지배하는 조합에는 배우려는 열망과 함께 가르치려는 열망이 있다. 각 매장 직원은 자기 조합과 다른 조합 조합원이 인정할 만한 매장 관리 기술 개선과 협동조합 사업 발전의 공헌자가 되길 바라면서 서로 경쟁한다. 이로써 이윤-수취자나 그 대리인이 특별한 정보를 자기만 사용하기 위해 지키려는 욕구를 대체하는 것이다. 해마다 더 많은 협동조합 거래가 연합기관인 잉글랜드와 스코틀랜드 도매협동조합에 집중되는 것은 소비자가 계속 개별 매장을 지배하고 있기 때문이다. 조합원들은 협동조합 바깥의 일반 시장에서는 관리자와 구매담당자가 야비한 뇌물과 갑질하려는 유혹에 노출된다는 사실을 잘 알고 있다. 그들은 이 유혹이 제품의 품질과 가격에 나쁜 영향을 미치지 못하도록 보장받길 원한다. 이런 평조합원의 자기 보호 본능은 강직한 조합 직원과 고매한 위원회 위원들의 중앙연합기관에 대한 충성심을 더욱 확실하게 강화해서 도매협동조합과의 거래에 집중하도록 한다.

한편 개인 상인이나 주식회사도 호전적 목적을 위해 일시적으로 단합하는 경우가 있다. 이는 자기를 보호하는 동맹alliance이며 다른 동맹, 법, 일반 대중에 대해 적대적이다. 개인 상인이나 주식회사 사이에 연합federation은 없다. 공동 거래시스템을 만드는 데 참여하거나, 중앙기관에 위임해 동등한 기술·근면·확실한 산업 기능을 공유하려는 욕구가 없다. 생산기업 트러스트와 단합은 생산량을 제한하고 가격을 올리기 위해 이루어진다. 최고 품질과 최저 가격을 공동체에 제공하기 위해서가 아니라, 자본가에게 큰 수익을 보장하는 상품을 공동체에 강제하기 위해 기획된다. 그리고 소매유통업 영역에서는 이런 형태의 단합이 없다. 여러 이유가 있는데 그에 대해 조사까지는 필요없을 것이다. 독점 불가능한 영역에서 이윤을 뽑아내는 개인과 기업에서는 경쟁 전쟁이 가장 중요한 최우선적 본능이 되는 법이다. 경쟁 전쟁 본능은 대중의 편익이라는 관점에서 정보를 공유하고 공동사업으로 성과를 내려는 동기보다 훨씬 더 강렬하다.

민주적 협동이 탄생한 로치데일은 민주적 연합에 대한 열렬한 실천 욕구가 계속 넓게 퍼지도록 하는 중심 역할을 했다. 1차 협동조합 운동 시기에 랭커셔와 요크셔의 노동자 협동조합인은 비록 실패했지만 리버풀에 설립된 도매거래조합을 확실하게 지원했고, 당시 도매거래조합은 북부 지역 협동조합 잉여 생산물 판매를 위한 노동교환소 역할도 했다. 같은 시기 오언과 중간계급 추종자들이 런던 등지에서 영국 전체를 여러 협동조합 구역으로 분리하는 정교한 계획을 세웠던 것과는 차별화된 행보다. 이렇게 1850년 랭카셔 협동조합인은 1830년 당시 선배들과 똑같은 실천 본능을 보여주었다. 그들은 보편적 우애와 같은 거창한 국가적 계획이 아니라 자신과 다른 조합이 당면한 필요 충족을 목표로 했다. 하지만 선배들과는 달리 그들에게는 협동조합 매장의 민주적 규약이라는 튼튼한 기초가 있었다.

그리고 역사적으로 중요한 사건이 있었다. 1840년에 도입된 페니 우편요금은 협동조합인에게 활발한 의사소통 수단을 제공했고, 처음으로 협동조합, 노동조합, 노동자 정치결사체의 통합을 가능하게 했다. 로우랜드 힐Rowland Hill이 창안한 싸고 통일된 우편요금은 19세기 영국 의회에서 통과된 어떤 법안보다 더 강력하게 국민 생활의 민주화를 촉진했다. 힐의 상관 시드니 스미스Sydney Smith는 이를 "터무니없는 페니 우편 계획"이라며 (휘그 역사가의 말을 인용하면) "국민이 아우성쳐서 자유당 내각이 억지로 실행하게 했다."라고 비난했다.

민주주의 축소판인 협동조합 매장 대표자들의 첫 회의는 (내가 로치데일 매장 회의록에서 찾을 수 있는 한) 1850년 초 선구자들 주관으로 열렸다. 같은 해 말 로치데일에 설립되는 연합 제분조합에 관한 논의가 목적이었던 것 같다. 이후 랭커셔와 인근 지역의 여러 협동 센터에서 회의가 열렸고, 중요한 대표적 회합은 몇 년간 성聖금요일에 열렸다. 다른 지역에서 매장이 발전하면서 차츰 공동 활동을 위한 토론 습관이 남쪽으로는 미들랜드Midland부터 북쪽으로는 더럼Durham·노섬벌랜드Northumberland 그리고 글래스고 협동조합인과 그 이웃 경계를 가로질러 펴져 나갔다. 이러한 비공식적인 민주적 산업 의회Parliament of democratic industry에서 토론된 주제와 제안된 계획은 4가지로 분류할 수 있다.

(1) 공통 물품 도매 구매와 생산을 위한 연합기관
(2) 최선의 검사·누손漏損·회계·감독 시스템
    가장 유리한 구매 시장
    진열창 장식, 판매 기법 같은 매장 운영 기술
(3) 협동조합 관련 법 개정 제안
(4) 변화가 없는 지역에서의 선전

이런 토론을 통해 잉글랜드 제분조합, 스코틀랜드 제빵조합 같은 작은 연합이 먼저 발전했다. 그리고 아직 크게 성공하진 못했지만, 이따금 구매, 제조, 광업, 농업에서 연합이 등장했다. 한편 랭카셔·요크셔 협의회는 런던의 재능있는 몇몇 기독교 사회주의자들의 도움을 받으며 선전·정치 활동을 맡았다. 하지만 현재는 연합 이념이 더 포괄적이고 영구적인 영향력을 미치고 있다. 1863년 랭카셔 협동조합인은 북잉글랜드 도매협동조합을 설립했고, 이것이 10년 뒤 뉴캐슬과 런던에 지부를 둔 잉글랜드 도매협동조합이 되었다. 그 뒤를 따라 1868년 스코틀랜드 협동조합인은 글래스고에 본부를 둔 스코틀랜드 도매협동조합을 설립했다. 오늘날 이 두 자매단체는 영국 대다수 협동조합 매장을 회원으로 포괄한다. 둘은 결코 경쟁자가 아니다. 각자 별도의 지배권을 갖고 있지만, 특정 목적을 위해서는 연합한다. 랭카셔·요크셔와 노섬벌랜드·더럼 협의회의 선전·정치 활동은 나중에 협동조합연합회Co-operative Union로 발전한 협동조합중앙이사회Central Co-operative Board가 1870년 발족되면서 정점에 이르렀다. 두 개의 도매협동조합과 전국 협동조합 매장 대부분이 가입된 협동조합연합회는 정치·선전 연합이며, 9만9천3백 명 회원과 천2백 개 결사체를 포괄한다. 그리고 너그러운 포용력으로 ('차별 없이'라고 말할 수도 있겠다) 설립 규약이나 목적에 상관없이 모든 종류, 모든 조건의 조합들을 지원하고 보호한다.

여기서 협동조합 산업의 과거 역사와 현재 모습에서 전형적으로 나타나는 하나의 일반적 사실에 주목해 보자. 단순해 보이지만 깊은 의미가 있다. 어떤 새로운 형태의 산업 기업, 크고 강력한 금융·제조·상업 회사의 출현은 어떤 개인 즉, 설립자·기업가entrepreneur·탁월한 경영인 덕분이라는 인식이 널리 퍼져 왔다. 잉글랜드 도매협동조합은 연 매출 8백만 파운드에 해마다 급속하게 거래 규모가 커지고 복잡한 변화가 일어나는 사업체다. 사업 세계의 통상적 규범에 따르면 이 같은 사업을 시작·관리·확장하기 위해서는 탁월한 '한 개인의 능력'을 필요로 한다. 그런데 나는 민주적 협동조합 사업의 유례없는 성공에 두드러질 정도로 공헌한 탁월한 개인이나 집단을 협동조합 조직 역사에서 본 적이 없다. 연 매출 10만~50만 파운드의 개별 매장을 성공시키고, 두 개의 대규모 도매협동조합을 설립·발전시키고, 백만에 가까운 협동조합인의 정치적·사회적 영향력을 단일 연합으로 결집한 것은 말 그대로 **협동**이다. 수많은 정직하고 유능하며 헌신적인 시민들의 협동이다. 이들은 보통 이상의 지혜와 실천적 명민함을 지녔으며, 능력이 있고 없고의 큰 격차 없이 다양한 방면에서 높은 수준을 보여주었다. 자발적 복종, 양심적 진실성, 열정적 근면성의 모범이 되는 최고의 도덕적 천재들이었다. 협동에 참여한 노동자 중에서 두드러지게 공헌한 사람을 구분할 수 있다면, 그들의 특징은 지적 재능보다는 도덕성일 것이다. 이는 발전한 문명 단계에서는 (협동조합 운동이 그런 단계임은 확실하다) 지능보다 인격이 더 높게 인정받는다는 허버트 스펜서Herbert Spencer 명제에 대한 하나의 증거가 될 수 있다. 더구나 어떤 지역에서 협동조합의 성공과 실패는 전적으로 그 지역 공동체에 '민주적 자치를 위한 기본 자질'이라는 가장 중요한 요소가 있는지 없는지에 달려 있다. 내가 이후 서술에서 죽거나 살아있는 어떤 협동조합인 이름을 빠뜨리거나 반복한다면, 그것은 결코 누군가의 공헌을 무시하거나 드러내려는 욕구나 의도가 아니다. 내가 서술하려는 것은 움직이는 다수다. 해류의 보이지 않는 깊은 곳은 거품을 드러내는 수면과 똑같이 조류의 크기와 속도에 영향을 미치는 법이다.

앞에서 살펴본 대로 협동조합 지역 회의 활동은 두 갈래로 나뉘었다. 하나는 두 개의 대규모 도매협동조합에서 이루어진 협동조합 거래와 생산의 발전이고, 다른 하나는 협동조합연합회에서 협동조합인이 전개한 정치와 선전 활동이다. 이렇게 구분되는 협동조합 활동의 흐름은 끊임없이 합쳐졌다 갈라졌다를 반복했지만, 대체로 각자 독자성을 가지면서 나란히 움직였다. 협동조합연합회의 정치적 힘과 사회적 영향력은 두 사업연합의 탄탄한 성공에 기초하고 있다. 간략한 개요를 위해 우선 잉글랜드와 스코틀랜드의 도매협동조합 이야기를 추적해보는 게 좋겠다.

먼저 실패를 살펴보자. 로치데일제분조합을 성공적으로 설립한 2년 뒤, 선구자들은 리즈에서 열린 협동조합 회의에서 통과된 결의안에 따라 조합원과 다른 조합에 다량의 물품을 공급하기 위한 도매부wholesale department를 로치데일 매장에 신설했다. 도매부는 로치데일협동조합 위원회가 관리했다. 그러나 이 사업은 처음부터 반응이 미미했고, 3년간 버티다가 고객의 무관심으로 접었다. 홀리요크가 전하는 바에 따르면, 선구자 상당수는 도매부를 '자신에게 즉각적인 이익이 보장되지 않지만' 다른 매장에는 특혜가 된다고 생각했다. 하지만 그들이 혜택을 베풀려 했던 이웃 매장들은 로치데일 조합이 자신들과의 거래에서 부적절한 이윤을 챙긴다고 생각했다. 양쪽 모두 신뢰와 만족을 얻지 못한 것은 당연했다. 그리고 제대로 된 사업 방식도 아니었다. 왜냐하면 로치데일 선구자는 보상이나 보답도 없이 자신의 지혜와 자본을 제공하려 했고, 구매하는 매장은 자신이 만들어내고 있는 수익성 좋은 사업의 지배구조에 정당한 지분을 갖지 못했기 때문이다.

냉담했던 로치데일 실험 결과에도 불구하고 중앙기관에 관한 발상은 지역 회의의 주요한 토론 주제로 남았다. 1863년 초 올덤Oldham에서 열린 회의에서 당시 로치데일협동조합 의장이었던 아브라함 그린우드Abraham Greenwood는 명확하고 사려 깊은 계획을 랭카셔와 요크셔 조합 대표자들에게 제출했다. 제안 내용은 다음과 같다.

(1) 도매기관은 리버풀이나 맨체스터에 설립되어야 한다.
(2) 협동조합 매장이 회원이 돼야 하고, 개인은 배제되어야 한다.
(3) 모든 매장은 조합원 수에 따라 자본 조성에 참여하고, 조합원 수에 따라 투표권을 갖는다.
(4) 회원 매장은 자신이 판매하는 모든 물품을 중앙기관에서 구매할 것을 서약해야 한다.
(5) 거래는 원가에 약간의 수수료를 더해 현금 지불 방식으로 한다.

같은 해 성聖금요일 맨체스터에서 열린 회의에서 그린우드 제안이 만장일치로 통과되었고, 중앙기관 본부를 맨체스터에 두기로 했다.

협동조합인은 이 계획을 즉각 실행에 옮겼다. 1863년 11월 '잉글랜드북부도매산업절약조합the North of England Co-operative Wholesale Industrial and Provident Society, Limited'이 1862년의 산업절약조합법에 따라 등록되었다. 위원회는 로치데일 3명, 맨체스터 2명 그리고 프레스톤, 올덤, 미들턴 각각 1명씩 대표를 선출해 구성했고 아브라함 그린우드가 의장이 되었다. 45개 조합이 1구좌 5파운드 1,400 구좌를 책임지게 되었다. 모든 매장은 오로지 도매기관하고만 거래해야 한다는 규정은 빠졌다. 원가에 고정된 수수료를 더해 값을 매기는 계획은 곧 중단되었고, 시장가로 값을 매기고 구매 실적에 따라 배당하는 방식이 채택되었다. 소위 이윤profits 문제는 이후 파리스의 사과Paris' apple[24]처럼 불화를 낳았기 때문에, 이러한 변화의 정확한 성격을 이해해두는 것이 좋다.

아브라함 그린우드의 처음 계획에는 다음과 같은 구

---

24) [옮긴이] 파리스 사과는 그리스 신화에 나온다. 그리스의 여신 헤라, 아테나, 아프로디테는 누가 가장 아름다운지 가리고 싶어 했다. 테티스와 펠레우스의 결혼을 축하하는 결혼 잔치에 모든 신이 초대되었는데, 불화의 여신 에리스만 초청받지 못했다. 화가 난 에리스는 연회에 참석하여 '가장 아름다운 여신에게 주는' 황금 사과를 던졌다. 이 사과를 놓고 세 여신이 다투었다. 제우스는 중재를 위해 양치기를 하던 파리스Paris에게 판정을 맡겼다. 여신들은 다양한 선물로 파리스를 매수하려 했다. 헤라는 '아시아의 군주'를, 아테나는 '전투의 승리'를 주겠다고 제안했다. '가장 아름다운 여자'를 제안한 아프로디테가 승리했다.

절이 있었다.

> "각 매장은 중앙기관을 통해 원가에 중앙기관의 비용을 충당할 정도의 적은 수수료를 붙인 가격으로 물품을 공급받을 것이다. 배당으로 다시 나누어주기 위해 물품에 이윤을 붙이는 것은 어리석은 일이다."

그러나 이런 방식은 조합이 공정과 편익을 위해 집중했던 첫해부터 바로 문제로 나타났다. (1869년 런던 대회에 제출된 너탈Nuttall 문서에 의하면) 중앙기관은 원가에 수수료를 붙이는 시스템으로 운영하면서 거래하는 매장에 물품을 시세 이하로 공급하게 되었고, 매장은 중앙기관에서 구매하는 물품을 더 유리한 조건으로 공급하는 판매자가 나오면 그 업체를 선호하게 되었다. 도매협동조합 직원을 포함한 모든 사람이 이런 식으로 생각하고 모든 매장이 물품을 항상 자기 경쟁자보다 좋은 조건으로 구매하길 원한다면, 중앙기관은 서투른 거래에서 크게 손해를 보고 노련하거나 운 좋은 거래에서도 제대로 이익을 볼 수 없다. 수수료를 고정하기 어려운 문제도 있다. 정확한 수수료 계산을 위해서는 우선 관리비, 감가상각, 보험, 적립금을 포함해야 하고, 소규모 신입 조합의 의무 출자금 납입을 위한 분기별 배당금까지 고려해야 한다. 이 문제 때문에 원가 초과 이윤을 배당으로 되돌려주는 현재 시스템을 더욱 선호하게 되었다. 하지만 그린우드의 간결한 표현을 인용하자면 파운드 당 3~3.5펜스 이윤은 수수료 붙일 때와 별 차이 없는 금액을 '물품에 붙이는 것'이다. 유일한 차이는 수수료는 비용이 전부 발생하기 전에 계산해 각각의 물품에 부과하는 것이고, 로치데일 시스템에서는 모든 물품에 불균등하게 배분된 수익을 포함해서 가격을 결정한 뒤 나중에 실제 비용을 공제한 나머지를 돌려주는 것이다. 이는 손실을 보면서 제조한 배틀리 모직물이든 상당한 이윤을 내면서 거래한 차茶든 상관없이, 판매한 모든 상품을 할인해 주는 것과 같다. 여기서 다시 한번 협동조합인은 오언이 주창한 협동 산업시스템의 기본적 신조에 충실함을 입증했다. 그것은 바로 공동체에 의한 이윤 흡수와 이윤-수취자 소멸이다. 그린우드의 원래 계획은 시행착오를 거치면서 도매협동조합의 규약에 정착되었고, 현재의 규약에도 본질적 특성이 그대로 남아 있다.

이윤에 관한 문제를 마무리하기 전에 해결해야 할 문제를 하나 남겨두고 싶다. 소비자 결사체가 이윤을 만들어내는 것이 가능할까? 이윤은 두 가지 활동의 최종 결과로 발생하는 것이다. 하나는 구매 활동(원재료비와 임금 그리고 토지·자본·능력을 빌리는 비용까지 포함)이고 다른 하나는 판매 활동이다. 그러나 만일 내가 자신의 소비를 위해 생산한다면, 원재료는 구매하겠지만 생산물은 판매하지 않을 것이다. 그러면 이윤은 없다. 내가 나의 초상화를 위해 미술가를, 나의 주택을 위해 건축가를, 나의 토지 설계를 위해 조경설계사를, 곡물 재배를 위해 토지관리인을, 곡물을 빻기 위해 제분소 감독을, 빵을 굽기 위해 요리사를 (모든 재료를 그들에게 주면서) 고용한다면, 그러면서 나와 가족이 모든 생산물을 즐기거나 소비하기만 한다면, 나에게는 '이윤'이 없다. 나의 집사가 이 모든 활동을 감독할 수도 있고, 내가 자신의 가정부가 될 수도 있다. 내가 지급하는 임금은 보통일 수도 있고, 매우 많을 수도 있다. 일급으로 지급할 수도 있고, 일의 양에 따라 지급할 수도 있다. 그러나 어떤 보상 방법을 내가 선택하거나 강요받더라도, 나는 내가 고용한 사람에게 있지도 않은 이윤을 나누어 달라고 할 수는 없다.

자신과 가족을 위해 생산하는 가장을 자신이 선출한 대표를 중심으로 활동하는 소비자 결사체로 대체해 보자. 팔기 위해서가 아니라 소비하기 위해 생산한다는 기본적 사실은 변함이 없다. 소비자 결사체의 관리인은 매장에서 물품을 구매하는 조합원을 위해 '판매대'에 진열할 레스터 부츠를 도매협동조합에 주문하고 구매한다. 그리고 단지 그 물품 생산에 들어갔거나 들어갈 비용 총액을 도매협동조합 직원에게 지불한다. 도매협동조합에 물품 가격을 지급하는 것은 생산에 지출되리라 예상되는 '대략적 비용'을 맡기는 것이다. 그래서 도매협동조합 분기별 회의에서 매장 대표들이 '이윤을 낮추라'고 '호되게 큰소리' 치는 것은, 쉽게 말하자면 도매협동조합 책임자에게 이미 지출된 그리고 예상되는 비용 이외에는 적립금을 남기지 말라는 뜻이다. 이는 잉여 현금을 매장이 보유하고 싶다는 뜻이기도 하다.

더구나 소비자 결사체에서는 이윤이 없으므로 이윤-수취자가 있을 수 없다. 이윤-수취자는 본질적으로 자신 혹은 다른 사람의 노동생산물 판매를 위한 시장을 장악한 사람이다. 하지만 소비자 결사체에서는 판매 시장이 보장된다. 왜냐하면 조합원이 선택할 수 있는 길은 둘 뿐이기 때문이다. 하나는 자신이 생산한 물품을 구매해서 소비하는 것이고, 다른 하나는 파산하면서 자급자족의 살림살이를 포기하는 것이다. 앞서 언급한 가장처럼 소비자 결사체는 사람을 고용해서 그들의 머리와 몸으로 어떤 서비스를 수행하도록 하고, 그 서비스에 대해 질과 양(일의 양) 또는 기간(일당, 월급)에 따라 보상한다. 노동자가 급여 인상을 요구하거나 조합 대표가 신경 써서 인상을 주장할 경우, 추가되는 지급은 임금 인상이라는 형식을 취하겠지만 실제로는 생산비에 추가로 부과되는 것이다.

나는 이 문제를 다시 한번 강조하고 싶다. 왜냐하면 만일 이 분석이 정확하다면, 이윤-공유제를 옹호하는 사람들이 소비자 결사체가 소유하고 지배하는 생산을 계속 반대하는 '화려한 논리'의 본질을 발견한 셈이기 때

문이다.[25)]

이는 경합하는 두 개의 협동조합 산업 이론 사이에 존재하는 운영에 관한 차이만이 아니라 경제학적 차이를 발견한 것일 수도 있다. 이 문제 해결은 독자에게 남겨두고 하던 이야기로 돌아가자.

도매협동조합의 역사는 한결같이 발전하는 과정이었다. 그러나 10년째 되는 해는 규약의 위기로 기록될 수 있는 해였다. 1872~1873년 가을·겨울 갑자기 조합은 주저하던 소심한 유년기의 막을 내리고, 내부의 동요와 외부와의 싸움으로 격정적인 청년기를 시작했다. 하지만 공정한 방식과 미래지향적 정책 그리고 지금의 민주적 규약을 발전시키면서 청년기를 마감했다. 1872년 11월 분기별 회의에서 회원 조합 대표자들은 위원회가 제안한 부츠 공장 설립 계획과 크럼살비스킷공장Crumpsal Biscuit Works 인수를 재가했다. 그리고 조합 이름 앞에 붙어 있던 '북잉글랜드'를 떼어내고 '도매협동조합Co-operative Wholesale Society'이라는 전국적 형식 이름으로 변경하기로 했다. 코퍼러티브 뉴스는 과장된 표현으로 "이번 회의는 도덕적 승리다. 마침내 협동조합 매장 연합이 생산을 시작하게 되었다. 이

---

25) [옮긴이] 소비자 결사체가 생산을 지배하는 방식을 통해 공동체가 이윤을 흡수하게 되고 실질적으로 이윤이 소멸하게 되는데, 이를 이윤-공유제 옹호자가 '화려한 논리'를 내세워 반대하는 것은 결국 이윤 소멸에 반대하는 꼴이 된다는 것이다.

제 협동조합은 새로운 단계로 발전하고 있다."라고 썼다. 같은 해에 은행부banking department가 설치되었는데, "별도의 기관을 만들기보다는 도매협동조합이 은행 사업을 시작하도록 압박을 가하는 게 더 좋겠다."라는 1870년 볼턴Bolton 대회 결의안에 따른 것이었다. 이 해에 새롭게 출발한 도매협동조합은 북부 지역 매장 대리인을 넘어 협동조합 세계의 보편적 공급자로 등장했다.

이런 결정적 시기에 일어난 사건들은 잉글랜드 도매협동조합에 당면한 난관과 미래의 대성공을 함께 가져왔다. 북부와 남부 협동조합 대표들이 하나로 통합되면서 좁고 엄격한 협동조합 구제 방식에 대해 상반된 생각이 드러났다. 인플레이션과 디플레이션이 교대로 일어났던 8년 동안 법적 제약과 경험 부족으로 재무 관리에서 발생한 손실이 불만을 키웠다. (협동조합인 개별주의 분파의 반복되는 비난에도 불구하고) 중앙기관은 조합원 이익을 위해 과감하고 진취적인 물품 생산 계획을 추진했는데, 이는 항상 무언의 불만과 열띤 논쟁의 주제가 되었다. 이 때문에 이후 10~15년간 협동조합 왕국은 주기적으로 분열에 빠질 뻔했고, 지금도 약하기는 하지만 여전히 분쟁의 불꽃을 내뿜고 있다. 한편 은행부는 잘못을 인정하면서, 악성 채권을 청산하고 부실 채권 일부를 '계속적 관심사'로 구매판매부trading department에 떠넘겼다. 이후에는 종속적이지만 성공적인 부서로 자리 잡았다. 은행부는 협동조합 매장의 돈을 모았다. 구매판매부에 대규모로 대출을 했고, 주식회사에 대한 대출은 신중하게 했다. 위기에 빠진 회원을 지원하고 잉여금을 (개별 매장이 확보할 수 있는 것보다 나은 조건으로) 은행에 저축하거나 콘솔 공채[26]에 투자했다. 내가 아는 한 도매협동조합 은행부는 상호금융mutual banking의 유일한 사례다. 연간 현금 거래가 2천4백만 파운드에 달하는데, 그 대부분은 도매협동조합 회원과의 거래다. 모든 이윤은 거래 실적에 따라 회원에게 배당된다. 은행부는 구매판매부 안에 있으며, 개인 계좌는 취급하지 않는다.

초기 모험적 생산 추진에 따른 작은 손실은 관대한 이해를 받지 못했고, 최종적 성공이 분쟁을 진정시키지도 못했다. 조합의 분기별 회의에서 자주 험악한 상황이 벌어졌다. 생산부 활동의 구체적인 문제, 관리인과 직원 간의 불화, 안 맞는 레스터 부츠, 잘못된 크럼살 비스킷 모양 등이 북부를 대표하는 연합주의 분파federalist school와 남부를 대표하는 개별주의 분파의 이론 경쟁과 뒤섞여 혼란스럽게 불거져 나왔다. 개별주의자의 협동조합에 대한 관점과 실천에 대해서는 5장 '생산자 결사체'에서 설명한다. 잉글랜드와 스코틀랜드 도매협동조합의 발전은 연합 이론federal theory의 가장 완벽한

---

[26] [옮긴이] 영구채 형태로 정부가 발행한 채권이다. 영국 콘솔은 1751년에 처음 발행되었다.

실증적 사례를 보여준다. 연합의 거래와 생산의 발전을 살펴보기 전에, 스코틀랜드 도매협동조합의 약간 다른 전개와 규약을 간단히 설명하는 게 좋겠다.

민주적 협동조합은 이용실적배당이 낳은 의도치 않은 결과였으며, 잉글랜드보다 느리지만 스코틀랜드에도 퍼져나갔다. 협동조합 운동 경험에서 보면, 스코틀랜드 노동자는 새로운 이념과 전파자에 대해 의심이 많지만 일단 옳고 실행 가능한 것으로 판단하면 그 이념을 실천하는 데 매우 단호하고 끈덕지다. 로치데일 시스템은 스코틀랜드에서 좀처럼 변하지 않는 무관심과 타성에 부딪혔다. 게다가 그곳에는 1차 협동조합 운동에서 시작된 공동 작업장과 반세기 넘게 이어온 제빵협동조합이 자본에 이윤을 배당하면서 끈덕지게 생존하고 있었다. 이러한 오래된 조합들 내에서 1850년부터 1860년까지 구협동조합인과 신협동조합인 간의 격렬한 투쟁이 진행되었다. 후자가 승리해 로치데일 시스템을 채택했고, 소수가 탈퇴해 경쟁 조합을 설립했다. 경쟁 조합 설립은 신협동조합인의 경쟁심을 자극했고, '양철 전표' 시스템이 포함된 규약 민주화가 빠르게 추진되었다. 새로운 조합들이 회의를 열어 연합을 향한 확고한 열망을 밀고 나갈 수 있을 정도로 단단한 기반을 확보한 것은 1864년 무렵이었다. 45개 조합을 대표하는 회의가 1866년 열렸고, 여기에 참석한 잉글랜드 도매협동조합 대표는 도매협동조합의 기원, 목적, 성공에 관해 설명했다. 이어서 잉글랜드 도매협동조합에 지분 참여하고 도매기관으로 받아들일 것을 스코틀랜드 소매협동조합에 권고하는 결의안이 만장일치로 통과되었다. 하지만 잉글랜드 도매협동조합은 1년이 지나도록 스코틀랜드 협동조합인의 열정을 불러일으키지 못했고, 스코틀랜드와의 거래를 위한 창고나 통로를 제공하지도 않았다. 1867년 글래스고에서 열린 회의에서 잉글랜드 도매협동조합 이사들은 스코틀랜드 자체 도매기관을 설립하면 가능한 모든 지원을 하겠다는 의견을 대표 한 명에게 전달했다. 이에 대한 활발한 선전이 이루어졌고, 글래스고와 에든버러Edinburgh에서 중요한 회의가 여러 차례 열렸다. 1869년 28개의 조합이 지분 참여하고 또 다른 30개 조합이 고객이 되는 스코틀랜드 도매협동조합이 출범했다.

두 도매협동조합의 구조에는 대의제 통치 연구자가 흥미를 느낄만한 작은 차이가 존재한다. 잉글랜드 도매협동조합에 출자한 조합은 조합원 500명당 1표의 자격을 갖는다. 조합원이 13,897명인 볼턴 조합은 28명의 대표를 분기별 회의에 보내며, 조합원이 1,495명인 버밍엄 조합은 대표가 3명으로 제한된다. 협동조합 운동에서 중복투표나 대리투표가 허용되지 않음은 말할 필요도 없다. 영국의 전국, 지방의회와 마찬가지로 대표는 직접 투표해야만 한다.

스코틀랜드 연합에서 대의제는 사람이 아니라 구매에 기초하고 있는데, 이는 스코틀랜드 매장의 중앙기관에 대한 충성도와 묘하게 일치한다. 출자 조합은 도매협동조합과의 거래액 천 파운드당 1표의 권리를 갖는다. 그리고 지금까지는 사람이 아니라 조합을 경영위원회 위원으로 선출했다. 에든버러가 감사로, 아브로스Arbroath나 던디Dundee가 이사로 선출되면, 선출된 조합의 조합원이 사람을 선정했다. 하지만 지역 대표성을 요구하는 우회적 방식이었던 이 시스템은 최근에 변경되었다. 앞으로 모든 위원회 위원은 분기별 회의에 모인 대표들이 선출하게 된다. 스코틀랜드 도매협동조합의 대표는 (사무국장과 함께) 처음부터 분기별 회의에 모인 대표들이 선출해 왔다. 이렇게 회원 조합 대표들 전체가 모여 한 명의 대표를 선출했기 때문에 선출된 대표는 최고의 권위와 영향력을 가질 수 있었다.

한편 잉글랜드 도매협동조합에서 통치권은 맨체스터에 있는 총위원회general committee에 있고, 의장은 이사회에서 선출한다. 첫해에 총위원회는 분기별 회의에서 선출했다. 하지만 이후 신중하게 총위원회 위원을 선출하기 위해 (각 조합에서 지명한) 후보군 전체 명단을 출자 조합에 전달하고, 각 출자 조합에 부여된 투표권으로 후보를 선택하도록 하고 있다. 어떤 조합은 이 선택을 조합의 위원회에 맡기고, 어떤 조합은 조합원 전체가 선택권을 갖는다. 뉴캐슬Newcastle과 런던에 잉글랜드 도매협동조합 지부위원회branch committee가 (각 지부 위원회는 위원 2명을 총위원회에 보낸다) 있는데, 그들의 늘어나는 독립적 활동은 예리한 관찰자의 눈에는 권한 이양의 첫 신호탄처럼 보인다. 하지만 아직까지는 지역 대표성에 관한 틀이 없고, 회원 조합 전체가 참여해서 총위원회와 지부위원회를 선출한다. 올덤에 있는 조합이 런던 지부에 투표하거나 뉴캐슬과 플리머스Plymouth에 있는 조합이 총위원회에 투표할 수 있고, 그 반대도 가능하다. 분기별 회의는 북부·남부 지역 조합의 편의를 위해 뉴캐슬과 런던에서 동시에 열린다. 그리고 한 주 뒤 맨체스터에서 열린다. 거래가 급속히 확대되면서 최근에는 브리스톨과 미들랜드에서도 분기별 회의가 열렸다. 지부 회의와 중앙 회의에 제출되는 계획은 같아야 하고, 위원회나 대표는 의제에 포함되지 않은 그 어떤 결의안이나 수정안도 제안할 수 없다. 다섯 지역에서 열린 회의에서 진행된 투표는 맨체스터에서 취합해 그 결과를 발표한다. 따라서 다섯 지역 회의 중 어디에 대표를 보내도 상관없다. 현재의 잉글랜드 도매협동조합 대의제 시스템을 옹호하는 사람은 전국적 투표를 통해 더 유능하고 경험 많은 사람을 확보할 수 있다고 주장한다. 한편 지역 대표성을 지지하는 사람은 중앙기관과 이름 없이 멀리 떨어져 있는 조합 간의 긴밀하고 직접적인 유대가 주는 이점을 주장한다. 그리고 지역에서 선출된 지부에 더 많은 운영 권한을 이양함으로써 발생하는 장점을 강조한다. 거래 확대와 기능의 급속한 증가는 두 도매협동조합 구조에 더 많은 변화를 가져올 것이다.

두 연합 조직의 규약과 지배구조는 그 본질적 특성에서 협동조합 매장, 지방자치단체, 국가와 매우 닮았다. 두 자매 조직은 차茶 무역 등 여러 사업에서 실질적 동업 관계다. 잉글랜드 도매협동조합은 과일과 외국산 농산물 공동 공급업체 역할을 하고, 스코틀랜드 도매협동조합은 설탕, 마멀레이드 그리고 여타 스코틀랜드 생산품을 잉글랜드 도매협동조합에 공급한다.

한 가지 중요한 정책에서는 두 조합이 서로 다른데, 아마 규약의 두드러진 차이점과 연관이 있을 것이다. 스코틀랜드 도매협동조합은 글래스고에 단일 위원회를 두고 있고, 생산 부문을 글래스고에서 3마일 떨어진 쉴드홀Shieldhall에 있는 하나의 대단위 생산단지로 모았다. 이곳에 스코틀랜드 최대 규모의 부츠 공장을 세웠다. 그리고 같은 지역에서 남성 의류·가구·저장식품을 만들고, 가죽을 손질하고 염색한다. 열악한 조건으로 노동자를 고용하는 회사와 거래하지 않기 위해, 스코틀랜드 조합이 셔츠와 같이 당장 손실 나는 제품의 생산에 들어간 것은 존경받을 만한 일이다. 그들은 우수한 기계와 조직을 통해 생산한 셔츠를 스코틀랜드 광산 지역에 공급했고, 뉴캐슬 협동조합인에게도 판매했다. 결국 노동자에게 괜찮은 임금을 지급할 수 있게 되었다. 작업장은 규모가 매우 크고, 최신 설비와 최고의 기계를 갖추고 있다. 생산부는 1,024명을 고용하며 연 77,857파운드 매출을 올린다.

한편 잉글랜드 도매협동조합은 뉴캐슬과 런던에 각각 지부를 두었고, 생산부는 지역화했다. 부츠 공장은 레스터와 헥몬드와이크Heckmondwike, 제분소는 타인Tyne, 비스킷 공장은 맨체스터에 세웠다. 요크셔에 모직물 공장, 더럼에 비누 공장을 가지고 있다. 뉴캐슬 저장 창고에서는 베이컨·햄 가공을 그리고 런던 지부는 코코아 제조, 차 혼합·포장, 커피 굽기·갈기 등의 가공 분야를 전문화했다. 이런 가공 분야는 유통부 distributive department에 속하며, 이를 제외한 잉글랜드 도매협동조합 생산 제품 매출은 290,127파운드에 달한다. 고용된 소위 생산 노동자productive worker는 1,969명이다.

생산의 집중과 지역화의 차이는 규약 체계의 차이와 함께 협동조합 운동이 해결해야 할 가장 중요한 문제일 것이다. 하지만 아직 두 조합의 서로 다른 정책 방향은 관찰자가 그 최종 결과를 알 수 있을 정도로 충분히 발전하지 않은 것 같다. 그리고 잉글랜드와 스코틀랜드 각각의 산업 조건과 노동 시장에 대한 깊은 이해가 없다면 생산적 논의는 어려울 것이다. (부록에 매장, 인구와 관련된 두 도매조합의 성장에 관한 표가 있다.)

    스코틀랜드 도매협동조합은 잉글랜드 도매협동조합의 규약에 따라 만들어졌다. 둘 다 출자 조합이 중앙 기관을 소유하고 지배한다. 양 조합은 일반 시장 판매를 금지한다. 이러한 규제는 직접적이고 장기적인 가치를 지닌다. 만일 개인회사를 위한 생산과 구매가 도매협동조합에 허용되었다면, 막대한 자본과 거대한 조직으로 자기 회원의 경쟁 업체를 지원하는 꼴이 되었을 것이다. 더구나 이런 규제가 없다면 로치데일 운동의 민주적 규약이 훼손될 것이므로 더욱 위험하다. 왜냐면 바로 그 규약이 교육적 영향력과 사업적 성공을 가져다주었기 때문이다. 현재 80만 협동조합인은 자기 대표를 통해 두 도매협동조합을 소유하고 지배하며, 두 도매협동조합은 이들의 필요를 충족하는 공급을 맡고 있다. 이는 진취적이고 공공적인 지방자치단체가 시민에게 가스, 수도, 박물관, 공원, 대학, 기술학교를 제공하는 방식과 매우 비슷하다. 도매협동조합이 비회원과 거래하게 되면 조합에 대한 지배권이 없는 동포에게 상품을 공급하면서 이윤을 추출하게 될 것이다. 만일 그 수익이 커지고 토지와 자본으로 축적되면, 전 국민을 조합에 가입시켜 축적된 지혜와 부를 함께 나눌 것을 열망하는 열린 민주주의 운동은 이윤-수취라는 악마의 마술에 걸려들 것이다. 새로운 가입자에 대해 장벽을 쌓고 새로운 회원 모집을 중단하는 폐쇄적 주주집단으로 바뀔 것이다. 많은 객관적 관찰자가 보기에 도매협동조합 발전을 가로막는 암초는 **반민주적**anti-democratic 규약으로 조합원 가입 여부를 승인하는 조합들이다. 이들 조합은 공공연히 또는 은밀하게 이윤과 지배가 모두 폐쇄적 주주집단에 의해 독점되는 주식회사 원리를 실현하려 한다. 도매협동조합 규약에 이러한 원리를 부분적으로 받아들이기만 해도 그것은 파국적 재앙이 될 것이다.

우리는 그동안 두 개의 협동조합인 분파를 갈라놓는 복잡한 논쟁점을 바로 앞에 두고 마음 졸여 왔다. 협동조합 작업장에 적합한 조직 문제가 그것이다. 이는 생산 노동자의 지위, 보상과 밀접하게 연관된 문제다.

먼저 협동조합인이 순전히 형이상학적 이념으로 인해 정신적 부담을 느껴왔음을 지적하고 싶다. 그동안 협동조합인은 수많은 객관적 사실 확인을 통해 부단히 지성을 정화했지만, 형이상학적 이념은 여전히 분명한 생각과 일관된 실천에 결정적 장애물이 되고 있다. 일부 지도자만이 아니라 일반 협동조합인도 생산과 유통에는 본질적 차이가 있으며 그 차이는 매우 민감하고 중요하다고 주장해왔다. 그래서 협동조합 양심의 규범에 따라 유통협동조합 지배구조는 생산협동조합 지배구조에서 추구하는 원칙과 완전히 반대되는 원칙에 근거해야 하고, 보상 방법도 매장 직원과 생산 노동자가 서로 완전히 달라야 한다는 것이다. 홀리요크는 그의 저서 『로치데일 공정선구자 협동조합』에서 소비자 공동체를 대표하는 위원회가 협동조합 매장을 지배하고 그 지배 기구에 종업원 참여를 절대 허용하지 않는 모습을 담담하게 서술하고 있다. 이 원칙은 모든 유통협동조합에 공통적으로 적용되며, (이미 언급한 대로) 공무원에 관한 영국인의 생각과 매우 일치한다. 로치데일 선구자들이 조합에 이런 원칙을 세우는 과정에서 양심에 반해 행동했다는 근거는 전혀 없다. 홀리요크의 의견에도 선구자들이 '사업에서 공정을 제대로 지키지 않는' 무원칙한 사람들이라는 내용은 전혀 없다. 로치데일협동조합 회의록에서 사무국장·감사·매장 직원·보조원에게 이윤을 배당하자는 제안은 찾아볼 수 없는데, 홀리요크는 로치데일 선구자가 수익 배당과 지배구조에서 '노동자 파트너쉽'을 거부한 것에 대해 결코 '위대한 원칙'을 배반한 수치스러운 일이라고 평가하지 않았다. 그러나 로치데일 선구자들은 방적·방직공장을 설립할 때는 출자 자본액과 임금액에 따라 파운드 당 얼마씩 모든 이윤을 똑같이 배당하는 조항을 신중하게 삽입했다.[27] 이후 미첼헤이 Mitchell Hey 방적공장에서 이윤-공유가 폐지되는 모습을 서술하면서 홀리요크는 몇 페이지에 걸쳐 과장된 악

---

27) [옮긴이] 같은 로치데일 선구자들이 로치데일 매장에서 적용했던 원칙과는 완전히 다른 원칙을 생산 공장에 적용했다는 점을 지적하고 있다. 이는 유통과 생산에는 서로 다른 지배구조와 노동자 보상 방식이 적용되어야 한다는 잘못된 형이상학적 이념의 영향이라는 게 비어트리스의 주장이다.

담을 늘어놓았는데, 절정을 이루는 구절은 다음과 같다.

"정의감에 기초하지 않은 수익의 금자탑은 파렴치하게 쌓아놓은 부富에 불과하다. 정직한 사람이라면 그것에 손대지 않을 것이다."[28]

협동조합인 개별주의 분파는 생산자와 판매자가 사회에 제공하는 서비스의 근본적 차이에 근거해, 생산협동조합과 유통협동조합의 근본적 차이를 주장하는 견해를 여전히 고집하고 있다. 지난 1890년 가을 잉글랜드 도매협동조합 규약 개정에서 닐Neale과 그리닝Greening은 레스터에 있는 부츠 공장이나 타인Tyne에 있는 제분소 같은 각 생산 부문을 독립적인 협동조합으로 등록하는 정교한 계획을 제안했다. 노동자에게 충분한 자치와 상당한 이윤을 보장하고, 궁극적으로 각각의 공장 노동 형제에게 '재고가 풍부하고 설비가 잘 갖추어진 번창하는 사업체를 넘겨주는 것'을 목표로 했다. 하지만 그들은 이러한 개혁을 제안하면서 가구나 잡화 부문은 포함하지 않았다. 그리고 자기-고용self-employment과 공정한 노동자 이윤 참여라는 이상理想

---

28) [옮긴이] 홀리요크는 유통협동조합에서 소비자가 이윤을 공유하듯이, 생산협동조합에서는 노동자가 이윤을 공유해야 한다고 생각했다. 미첼헤이 방적공장에서 노동자 이윤-공유 규약 조항이 폐지되는 과정을 지켜본 홀리요크는 협동조합인의 위대한 규약을 어기고 생산협동조합에 '주식'이라는 검은 선을 그은 사건이라며 분노했다. 조지 제이콥 홀리요크, 『로치데일 공정선구자 협동조합』

에 대한 직물 구매담당자나 은행원의 정당한 열망을 동등하게 취급하지도 않았다. 그들의 이론과 실천에 대해서는 다음 장에서 논의할 것이다. 이제 판매자 서비스에 대한 생산자 서비스의 미묘한 우위에 관해 경제학자와 사업가의 관점에서 간단히 짚어 보자.

우선 학자의 이야기를 들어보자.

> 인간은 물질적인 것material things을 생산할 수 없다. 그가 물질적인 것을 생산한다고 할 때 그가 실제로 생산하는 것은 효용utilities일 뿐이다.... 그가 할 수 있는 일은 나무를 탁자로 만들 때처럼, 물질을 재배치해서 그것을 더 유용하게 만드는 것이다. 혹은 자연의 힘이 생명의 기운을 불어넣는 곳에 씨앗을 뿌릴 때처럼 자연이 더 유용하게 만드는 과정 안에 물질을 집어넣는 일이다. 상인은 생산하지 않는다고 말하곤 한다. 캐비닛 제작자는 가구를 만들고, 가구 판매상은 단지 이미 생산된 가구를 판매할 뿐이라는 것이다. 그러나 이런 구분에는 어떠한 과학적 근거도 없다. 그들은 둘 다 효용을 생산하며 누구도 그 이상을 할 수는 없다. 가구 판매상은 물질을 이전보다

더 쓸모 있도록 옮기고 재배치한다. 바다와 지상에서 석탄을 운반하는 선원과 철도원은 땅 밑에서 석탄을 나르는 광부와 똑같이 생산 활동을 한다. 생선 판매상은 생선의 효용이 작은 곳에서 상대적으로 효용이 큰 곳으로 옮기는 역할을 하며, 어부도 그 이상을 하지는 않는다. 필요 이상의 판매상이 존재한다면 그것은 낭비다. 하지만 한 명이 배치되면 충분히 작업을 할 수 있는 쟁기에 두 명이 배치되는 것 역시 낭비다.
(마샬, 『경제학 원리』, 2권 3장)

이처럼 적절한 예시와 간명한 주장을 통해 생산자와 판매자의 근본적 차이를 주장하는 이념의 이론적 오류를 분명히 알 수 있다. 이제 사업의 관점에서 '생산자'의 노동과 판매자의 서비스 사이에 분명한 선을 그을 수 있는지 알아보자.

고객의 어깨에 외투를 걸쳐 놓고 신속하게 여러 개의 핀으로 여기 1인치 저기 1인치씩 기장을 줄이며 옷 모양새를 고치는 쇼룸의 젊은 아가씨는 생산자인가 판매자인가? 만일 그녀가 판매자라면 그녀의 서비스는 아직 미완의 외투를 가봉하거나 배달용 상자에 완제품을 넣고 포장하는 재봉사의 서비스와 어떻게 다른가? 판매대에서 차를 덜어내 부대에 담고 고객이 편하게 잡을 수 있도록 고리 모양으로 깔끔하게 묶어내는 젊은 남자는 생산자인가 판매자인가? 만일 그가 판매자라면 그의 서비스는 도매협동조합 생산부에서 차와 커피를 포장하는 젊은 아가씨의 서비스와 어떻게 다른가? 건조장에서 찻잎을 모아 수출용 상자에 담는 중국인의 서비스와는 또 어떻게 다른가? 농부는 분명히 생산자다. 그러나 그가 소를 몰 때, 수레로 곡물을 인근 시장으로 운반할 때, 순무를 밭에서 창고로 옮길 때 그는 생산자가 아닌가? 푸주한은 생산자인가 판매자인가? 그가 도축할 때 생산자라면, 1파운드 고기를 썰어 고객에게 넘겨줄 때 그는 무엇인가? 사실 차이가 없는 이런 구분은 통계를 다루는 협동조합 운동 직원을 절망적 혼란에 빠뜨린다. 정확하게 같은 데이터를 놓고 협동조합연합회 사무국장 J. C. 그레이Gray는 협동조합 매장의 생산이 연 백만 파운드라고 말하는데, 협동조합 생산에 관한 면밀한 연구로 유명한 도매협동조합 직원 벤자민 존스는 3백만 파운드로 추산한다. 어떤 경우는 도축, 제빵, 여타 국내 생산이 유통에 포함되고, 어떤 경우는 같은 서비스를 생산으로 간주한다. 이렇게 해서 경제학자의 주장은 사업에 종사하는 사람들의 실천을 통해 입증된다.

이제 도매협동조합 출자자가 생산 공장 종업원과 매장 종업원을 다르게 취급하기를 단호하게 거부하는 것이 얼마나 중요한 과학적 가치와 실천적 영향력을 지니는지 알 수 있다. 아직 분석하지는 않았지만 자기-고용과 이윤-공유 이념이 가치가 없다거나 실현 불가능하다는 이야기를 여기서 하려는 게 아니다. 종업원이 회사의 정책을 통제하고 이윤과 손실을 공유하는 원칙이 도덕적으로 정당하고 경제적으로 유용하다면, 생산 작업장에만 적용할 수는 없다고 주장하는 것이다. 도매협동조합 판매부에도 도입해서 80만 영혼이 만들어낸 열린 민주주의 연합기관을 미첼Mitchell, 베일리Bailey, 존스Jones 그리고 도매협동조합 간부와 종업원이 소유하는 사적 자산private property으로 전환해야만 한다. 그리고 만일 레스터에 있는 도매협동조합 부츠 공장을 (개별주의자 이념을 실현한 완벽한 사례인) 레스터부츠·신발조합Leicester Boot and Shoe Society처럼 자치권을 갖는 생산자 결사체로 전환한다면, 리즈협동조합매장Leeds Store도 매장 직원 결사체로 재조직해야 한다. 이는 결과적으로 로치데일 선구자가 이룬 특별한 업적인 협동조합 운동의 민주적 토대를 뿌리째 뽑고 파괴하게 될 것이다. 천 명의 매장 관리자와 점원에게 공동체에 봉사하는 명예로운 역할 대신 자기들만의 이익을 위해 분투하는 특권을 주기 위해, 백만 소비자 조합원의 대의제 자치권을 박탈하는 꼴이 될 것이다.

민주적 지배구조를 끈기 있게 고수하면서 다양한 부류의 종업원을 다르게 취급하기를 단호하게 거부했음에도 불구하고, 두 도매협동조합 이사회는 보상 방법의 하나로 '보너스 지급'을 실험했다. 1874년 잉글랜드 도매협동조합에서 보너스 시스템이 도입되었지만, 결과는 전혀 만족스럽지 못했다. 1876년 6월 분기별 회의에서 위원회는 "만족스러운 보너스 지급 시스템을 찾지 못했고, 보너스 지급은 기대했던 만족과 유익한 결과를 주지 못했다. 따라서 중단할 것을 권고한다."라고 보고했다. 이 권고안은 투표 결과 150대 73으로 채택되었다.

스코틀랜드 협동조합인은 보다 집요했다. 분배 방식은 때때로 바뀌었지만, 모든 사업부의 노동에 대한 보너스는 1870년부터 지켜온 원칙이다.

'급여에 대한 보너스'에 관해 검토하기 위해 1889년 5월에 출자 조합 특별 회의가 열렸다. 이윤-공유 원칙을 열렬히 옹호하는 유능한 스코틀랜드 도매협동조합 대표 맥스웰Maxwell은 다음과 같이 발언했다.

> "급여에 대한 보너스를 찬성하는 두 가지 이유가 있다고 사람들은 늘 생각해왔습니다. 첫째는 노동자의 호감을 얻어, 하는 일에 흥미를 유발할 수 있다. 둘째는 노화, 쇠약, 질병에 대비하는 자금이 된다. 나는 이러한 기대가 불합리하다고 생각하지는 않습니다. 하지만 보너스가 지급된다면 기대했던 결과가 나타나야만 합니다. 지금 이사회에서 경험한, 그리고 지난 수년간 모든 이사회에서 경험한 바는 어떤가요? 처음 목표에서 점점 더 멀어지고 있음을 우리 모두 느껴왔습니다. 보

너스는 사라졌고, 내가 아는 한 받는 사람이나 주는 조합에 전혀 도움이 되지 않습니다. 800명 생산 노동자 중 대출 기금에 참여할 여력이 있는 사람은 단 5명뿐이고 그중 3명은 여성입니다."

회의에서 맥스웰은 보너스를 자본화하자고 제안했지만 실행되지 않았다. 그가 1889년에 한 발언은 스코틀랜드 도매협동조합의 현재 보너스 시스템에 관한 마지막 의견이 될 것이다. 보너스 지급은 도매협동조합과 노동조합 간의 마찰을 줄여주지도 못했다. 맥스웰을 다시 인용하자면 "스코틀랜드 도매협동조합은 노동자에게 보너스를 계속 지급해왔지만, 그들은 잉글랜드 협동조합인이 가진 것과 같은 협동조합 작업장 설립에 여전히 곤란을 느낀다." 노동조합 지도자들이 보너스를 임금의 일부로 간주하길 거부하는 게 옳고, 지급 방법으로 이윤-공유제를 불신하는 게 현명함을 우리는 곧 알게 될 것이다.

두 도매협동조합에서 보너스 지급 실험은 실패했지만, 이것이 곧 협동조합 생산에 관한 개별주의자 이념의 실패라 할 수는 없다. 이 분파의 지도자들은 이윤-공유를 지배 권한과 책임에 육체노동자가 참여하는 문제와 항상 불가분으로 연결했다. 노동자는 이윤을 가져가기 때문에 손실도 부담해야 한다고 기꺼이 주장했다. 두 도매협동조합은 이런 의견에 끈질기게 반대했고, 노동자가 다양한 사업부에서 발생하는 잦은 손실을 부담할 필요가 없다고 보았다.

협동조합인 연합주의 분파와 개별주의 분파의 도덕적 이상과 실제 업적을 비교 평가하기 위해 발걸음을 되돌려 개별주의자 이념으로 설립된 과거, 현재의 생산자 결사체 기록을 검토해 보자. 이 유형의 협동조합 역시 협동조합연합회 안에 포함되어 있다. 로즈베리 Rosebery 경이 '국가 안의 국가'로 묘사한 거대한 정치·선전 연합의 발생, 발전, 현주소를 개관하기 위해서는 생산자 결사체의 역사와 규약에 관한 명확한 이해가 필수적이다. 생산자 결사체는 그 '국가' 형성 과정에서 어떤 특이한 지방province에서 역할을 했다. 그 지방은 돈도 없고 인구도 적지만, 그곳을 방어하기 위해 국내외 모든 부문의 관념적 찬미자들의 사심 없는 관심 그리고 협동조합 운동에서 가장 능숙한 작가와 뛰어난 웅변가들의 봉사를 끌어들였다.

5장
생산자 결사체

1부 역사

여기서는 협동조합인 개별주의 분파에 대해 개괄할 것이며, 마샬Marshall 교수가 모든 시대·민족·지역에 존재했다고 말한 초보적 형태의 협동 생산조직을 다루지 않는다. 오늘날 영국에서는 노동으로 얻은 생산물이나 소득을 똑같이 혹은 일정 비율로 나누는 비공식적인 노동자 협동집단이 어업이나 채석업 같은 원시산업에 잔존하고 있다. 근대 산업 계약 시스템에서는 그 형태를 바꾸어 콘월Cornwall 광산, 제철·기계 제작 작업장, 선착장 전문 운영 등에서 더 큰 규모로 나타나고 있다. 여기서는 기업주나 고객이 일정한 산업 활동을 십장什長이나 계약 노동자 대신 노동자 집단에게 위탁하고, 위탁받은 노동자 집단은 자기 고용주가 되어 통상적으로 감독 관리에 지출되는 비용을 이윤으로 갖는다. 하지만 이런 계약에 의한 협동시스템은 (이 시스템은 러시아에서 가장 완벽한 형태로 널리 유행하고 있다고 알고 있다) 명백히 도급의 변형이며, 오늘날 노동과 자본 문제에 대한 해법으로 제시된 개별주의 협동조합 이론과는 아무런 관련이 없다.

개별주의 협동조합인은 공장이나 작업장에서 노동자가 조직을 통제하고 노동에서 나오는 이윤을 보유할 것을 주장한다. 근대 산업에서 자본주의 기업가는 최저가로 기계를 구매하듯 노동을 구매한 뒤 기계와 인간 활동을 조종·통합해서 나온 생산물에 대해 권리를 주장하고 있는데, 이들 자본가를 노동자로 대체하자는 것이다. 개별주의 이념을 정확하게 이해하기 위해 최초의 기독교 사회주의자 중 한 명이며 뛰어난 개별주의 교리 전도사이자 유명한 협동조합연합회 사무국장인 벤시터트 닐 Vansittart Neale의 웅변을 인용한다.

> 우리가 전파하려는 이념은 이론적으로는 형제 노동자라는 개념, 공동 이익을 위해 연대하는 사람들의 형제애에서 나오는 노동이라는 개념이었다. 형제 노동자는 참된 사회와 모순되는 어떠한 경쟁 관념도 거부했다. 그들은 형식적인 공산주의 communism 설교가 아니라 공산주의 감정에 부합하는 생산 공장을 만들려고 노력

했는데 바로 그것이 목표가 되어야 한다. 여기서는 보통 수준의 임금과 이자를 지급하면서, 이윤은 그것을 창출한 노동자 전체의 공동 이익을 위해 사용한다.

민주적 협동조합은 오언주의 이념에서 나온 것이지만, 개별주의 이론은 외국에서 가져온 것이다. 산업 불황, 흉작, 감자 기근 그리고 차티스트 선동으로 처절했던 위기의 1847, 1848, 1849년에 몇몇 저명한 학자와 목사들이 사회 구제 방안을 찾기 위해 기독교 사회주의라는 이름으로 뭉쳤다. 리더인 F. D. 모리스Maurice의 집에 밤마다 모여, 정치·산업·종교 개혁에 관해 상상할 수 있는 모든 계획을 토론했다. (모리스 전기 작가의 말을 인용하면) 1849년 여름 "파리를 방문한 러들로우Ludlow가 숭고한 노동자 결사체 운동에 심취해 돌아왔다. 그가 말한 대로 그 운동은 우리가 해결하려는 바로 그 해악에 대한 해법으로 보였다." 나중에 휴Hughes는 말했다.

"나는 중요한 노동 문제 해법을 발견했다고 확신했고, 오늘날까지 그 생각은 변함없다. 우리는 그것을 선언하기만 하면 된다고 확신했고, 영국 전체를 개종시키고 천년왕국 도래를 알리기 위해 1~2개 협회를 찾아냈다. 이 모든 것이 나에게는 너무 쉬워 보였다."[29]

러들로우를 감동시키고 기독교 사회주의자에게 노동자결사체추진협회Society for Promoting Working Men's Associations의 모델을 제공한 것은 프랑스 협동조합의 아버지 뷔셰Buchez의 가르침에서 비롯된 프랑스 결사체다. 이제 그 이념의 원천까지 추적해보자.[30]

뷔셰는 사회과학 저널Journal des Sciences Sociales(1831)에 실린 「도시 임금 노동자 조건을 개선하는 방법」이라는 제목의 글에서 자기 계획의 조건과 원칙에 관해 설명하고 있다. 그는 서문에서 자기 계획은 '기술을 자본으로 가진, 기계가 아닌 도구를 사용하는' 장인artisan에만 적용된다고 했다. 문인이며 파리 사람인 그는 예술적인 수세공인手細工人만을 생각했고, 기계의 시대라는 새로운 현실은 그의 인식 밖에 있었다. 그는 로버트 오언이 성공적인 사업가로서 해결하려 했던 문제에 대해서는 무지했다. 뷔셰는 산업혁명이 성숙하지 않은 프랑스에서 소자작농과 숙련된 수세공인으로 대표되는 개인적 생산individualist production의 파멸(17페이지 참고)과 그들의 창작성을 고찰했을 뿐이다. 다양한 수준과 능력을 지닌 훈련되고 조직된 노동자 집

---

29) R. T. 엘리Ely, 『프랑스와 독일 사회주의』

30) 1834~1848년 사이에 설립된 프랑스 결사체 역사는 위베르 발레루Hubert Valleroux, 『협동조합 결사체』 참조.

단을 필요로 하는 산업시스템을, 이전과 전혀 다른 새로운 세대 노동자 집단의 노동을 대표하는 거대한 공장시스템에 모든 노동자를 똑같이 종속시키는 산업시스템을 그는 관찰할 수 없었다. 프랑스 철학자가 자신의 과업에 대해 스스로 규정한 한계를 주목해야 한다. 그러지 않으면 프랑스의 후진적 산업 조건에서 드러날 수도 없었고 그의 머리에도 없었던 문제를 엉뚱하게 설정해 놓고, 그가 그 문제의 장애물을 극복하지 못하고 난관에 대처하지 못했다고 책망하게 될 것이다.

뷔셰는 특정 업종 숙련 장인들이 형제애로 단합해 협동조합을 만들고, 공동 노동을 관리할 사람과 대외적인 대표를 조합원 중에서 선출할 것을 촉구했다. (통상적인 임금을 지급한 뒤) 모든 이윤은 두 부분으로 배분한다. 일부는 양도 불가능한 공동 기금과 자본으로 적립하고, 나머지는 조합원 각자가 제공한 노동에 따라 배당하거나 부인, 과부, 어린이를 위한 보조금과 교육 기금으로 사용한다. 뷔셰 구상의 중심은 기업가 소멸에 있었다. 그는 노동자들이 일하면서 동료애를 느끼고, 관리자 선출과 해임의 자유를 누리며, 완전히 평등한 권리를 가짐으로써 산업에서 형제애, 자유, 평등이라는 세 가지 미덕을 실현하길 원했다. 그리고 조합에서 일하는 노동자는 1년 안에 조합원이 돼야만 하고, 자본은 전체 조합원이 평등하게 소유하는 것으로 분할할 수도 회수할 수도 없다고 주장했다. 이는 조합이 해당 업종 모든 사람에게 개방될 경우를 대비한 것으로 개인이 타락하더라도 조합은 존속해야 한다는 것이다. 3년 동안 활발하게 선전한 덕분에 계획했던 보석세공인 결사체가 설립되었고, 이후 몇 년간 다른 숙련공 협동조합이 빠르게 연이어 생겨났다. 프랑스 협동조합의 놀라운 성장과 최악의 붕괴 그리고 약 20년 뒤 다시 설립되다가 현재 퇴보하는 상황은 내 이야기의 범위를 벗어난다. 우리의 관심은 프랑스에서 나타난 산업 개혁 이념을 영국에서 모방하고 적용하는 이야기에 한정된다.

기독교 사회주의 운동에 대해서는 분명하고 완전한 기록이 있다. 벤자민 존스가 말했듯이 "기독교 사회주의자의 뛰어난 문필력은 그들이 시도했던 일에 놀라운 명성을 가져다줬다." 메이휴Mayhew가 쓴 노동자에 대한 가슴 아픈 이야기가 담긴 『런던 노동자와 런던 빈민』의 출간은 그들의 열정을 더욱 뜨겁게 했다. 1849년 가을 J. M. 러들로우, 모리스, 킹슬리Kingsley, 닐, 휴 그리고 프랑스 망명객 르 슈발리에Le Chevalier 등이 모여 노동자결사체추진협회를 결성했다. 영국의 뷔셰 추종자들이 아직 기계가 도입되지 않은 업종에서 실험을 진행한 것은 당연하며, 이는 중요한 사실이다. 기독교 사회주의자들이 실제로 설립한 12개 결사체 중 재봉사가 셋, 제화공이 셋, 건축공이 둘이었고, 나머지 넷은 피아노 제작공, 인쇄공, 대장장이, 제빵사였다. 이들은 남부 지역에서 같은 업종에 속하는 조합들을 고무하고 지원했다. 처음에 이들 결사체는 프랑스 모델을 본떠 설립되었고, 완전한 자치 권한이 부여되었다. 그러나 이를 주도했던 사람들은 새로운 산업 결사체에서 내적으로는 불화, 외적으로는 경쟁이라는 악마가 나타난다는 사실을 금방 깨닫게 되었다. F. D. 모리스는 J. M. 러들로우에게 쓴 편지에서 가장 적극적인 주동자 한 사람의 말을 슬프게 인용하고 있다.

> "그 조합들은 완전히 돈을 목적으로 하는 경쟁심으로 움직인다. 그들은 기존 경쟁 시스템보다 더 심한 경쟁으로 성공하길 원할 뿐이다. 중앙이사회가 그들을 효율적·과학적으로 조직하거나 최소한 스스로 조직하도록 효율적·과학적 방식을 제시하면서 이끌지 않으면 기존 경쟁 시스템보다 훨씬 더 나쁜 결과를 낳게 될 것이다."

이러한 문제를 해결하기 위해 각 조합의 관리자와 1명의 대표로 중앙이사회를 구성하고, 발기인 위원회 동의를 얻어 조합 간의 관계를 규제했다. 불량한 협동조합은 자치 권한을 박탈하고 발기인이 선택한 관리인에게 맡겼다. 3~4년 동안 헌신적으로 노력한 뒤 기독교 사회주의자들은 절망에 빠져 그들의 과업을 포기했다. 1852년 노동자결사체추진협회는 처음이자 마지막 보고서를 발간했는데, 여기서 그들의 경험을 기술하고 실패 원인 일부를 지적하고 있다.

협회가 출범한 이후 첫 9개월 동안 우리는 제화공 조합 3개를 설립했다. 그중 두 곳에는 자본 전체를, 한 곳에는 5파운드를 제외한 모든 자본을 제공했다. 우리에게 오는 사람은 누구나 받아들였고, 특별히 누구를 선택하지 않았다. 그들에게 완전한 자치 권한을 주었고, 우리는 단지 우리가 제공한 자본이 남아 있는 동안에 분쟁이나 부실 경영에 대해 개입할 수 있는 권한을 가졌을 뿐이다. 세 조합 모두 첫 관리자와 싸웠고 반년도 안 돼 그들을 모두 쫓아냈다. 웨스트앤드제화공조합West End Bootmakers은 9개월이 못 가 산산조각이 났다. 다른 둘은 연초까지 계속 싸웠고, 분쟁이 해결되지 않았다. 그들은 위원회와 중앙이사회 동의로 합병했고, 일부 조합원은 쫓겨났다. 하지만 지난 5월까지 상황은 계속 나빠졌고, 또 다른 심각한 싸움과 파산 위험이 있었기 때문에 포악한 관리자 반대 청원권만 남겨두고 모든 자치 권한을 박탈해야만 했다.…. 성공한 결사체가 경계해야 할 가장 큰 위험은 배타성이다. 조합원의 처지가 크게 향상되면, 새로운 조합원이 들어오면서 기득권이 위태로워질 것을 염려한다. 그래서 가입 승인에 너무 엄격한 규칙을 만드는 경향이 있다. 신입 조합원에게 조합이 그동안 축적한 자본에 비례하는 출자금을 요구하기도 하는데, 가장 숙련된 노동자라 해도 현 임금 수준에서는 그 정도 돈을 낼 수 있는 사람이 거의 없다. 노동자가 멀리 내다보지 않고 노동에 대해 더 넓고 기독교적인 관점을 갖지 못하면, 소수의 대규모 결사체가 아니라 수많은 소규모 결사체가 생겨날 것이다. 소규모 결사체들은 서로 경쟁하고 서로를 파멸시킬 것이다.

기독교 사회주의자가 추진하거나 도움을 준 런던과 남부 지역 생산자 결사체는 모두 몇 년 만에 흔적 없이 해체되거나 작은 소유주들을 위한 이윤-수취 사업체로 퇴보했다.

기독교 사회주의자들의 활동은 수도권과 남부 지역에 20개 결사체를 추진하는 것에 그치지 않았다. (이제 곧 보게 되겠지만) 그들은 협동조합을 합법화하고 활동 영역을 넓히기 위한 일련의 법안을 의회에 촉구함으로써 북부 지역 협동조합인에게 큰 도움을 주었다. 몇몇 대규모 파업이 실패하면서 다른 곳에서도 기독교 사회주의 이념을 수용할 수 있는 길이 마련되었다. 1851년 파업 실패에 실망한 엔지니어연합조합Amalgamated

Society of Engineers은 총회에서 "자본에 대한 노동의 적대적 저항은 노동자 조건을 개선하는 데 적합하지 않다."라고 결의했다. 그리고 "모든 미래 활동 방향은 작업장 결사체를 설립해 자기-고용 시스템을 추진하는 것이며, 이것이 노동자 조건을 실제로 개선하는 가장 좋은 방법"이라고 권고했다. 결의안은 실천으로 옮겨졌다. 엔지니어와 철강 노동자는 수도권과 지방에서 작은 공장을 설립했고, 야심찬 아틀라스·윈저엔진제작소Atlas and Windsor Engine Works 계획을 추진했다. 다른 업종도 그 길을 따라갔다. 밴버리Banbury 견면絹綿 노동자 파업, 베스널 그린Bethnal Green 실크·벨벳 방직공 파업, 펜들턴Pendleton과 패디햄 방직공 파업은 과감한 협동조합 설립으로 이어졌다. 그리고 재봉사, 모자 제작공, 제화공 결사체가 여러 대도시에서 나타났다. 이들 결사체는 모두 기독교 사회주의 모델에 따라 결성되었다. 이들은 기독교 사회주의가 이끌었던 다른 결사체와 마찬가지로 실패했고, 대부분 실패에 대한 기록이나 단서조차 남기지 않았다.

한편, 1850~1851년 가을·겨울에 매우 활동적인 주창자들 특히 러들로우, 휴, 닐 그리고 열정적인 웅변가이며 유명한 오언주의 전도사 로이드 존스Lloyd Jones까지 합세해 협동조합의 심장인 랭커셔와 요크셔에서 캠페인을 벌였다. 이들 소수 열광적 집단은 협동조합 대의에 대한 사심 없는 확실한 헌신, 열렬한 신념 그리고 웅변과 문필 재능으로 당면한 협동조합 운동 발전에 상당한 영향력을 갖게 되었다. 이미 랭카셔 협동조합인은 성공적인 협동조합 매장 초기 단계를 지나 생산 공장으로 나아가고 있었다. 랭카셔 협동조합인이 자기-고용이라는 개별주의 이념을 스스로 발전시켰는지 아니면 기독교 사회주의자에게 빌려왔는지는 중요한 문제는 아니지만 민감한 문제다. 실제 상황을 보면 기독교 사회주의자에게 빌려왔음을 알 수 있다. 로치데일제분소Rochdale Cornmill는 1850년 민주적 기초 위에 설립되었고 같은 해 베컵·워들공장Bacup and Wardle Mill도 개업했다. 이들은 처음부터 자본에 이윤을 배당했고, 노동자에게 통상적인 주주 권한 이외의 지배구조 참여 권한을 허용하지 않았다. 그렇다 해도 미첼헤이Mitchel Hey, 펜들턴, 패디햄 그리고 여타 지역 방적공장에서 채택한 최초 규약을 보면 랭카셔 협동조합인과 노동조합주의자들이 개별주의 생산협동조합 이론을 잠시 받아들였음을 충분히 알 수 있다. 불굴의 북부 지역인은 사업 능력과 고집스러운 정직성으로 매장에서 성공한 것처럼 공장에서도 성공했다. 그러나 사업적 실패보다 오히려 사업적 성공이 개별주의 이론에 대한 믿음에 더 치명적 타격을 주었다. 신체는 활발하게 되었지만, 영혼은 떠나가 버렸다. 랭카셔에는 소위 협동조합 면직 공장이 많다. 협동조합 방식을 계승한 노동계급유한회사

Working-Class Limiteds[31])는 면방적업의 특정 부문과 지역에서 개인회사 영역을 빠르게 잠식하고 침범했다. 그러나 이들 노동계급유한회사 임원과 관리자는 이윤-공유와 자기-고용을 경험하면서 노동자를 대표하는 노동조합 간부와 함께 그에 대한 가장 강력한 반대자가 되었다. 프랑스 이론이 랭카셔 실천으로 흘러 들어가는 과정을 훑어보면서, 랭카셔에서 개별주의 이론을 적용해 만들어진 실제 산업시스템을 검토해보는 것은 흥미로울 것이다.

먼저 실패를 살펴보자. (나는 다시 한번 독자에게 벤자민 존스의 철저한 기록에 대해 언급해야겠다. 현재 코퍼러티브 뉴스에 공개되어 있으며, 기독교 사회주의자의 간행물과 여타 자료에 근거해 이런저런 생산자 조합에 대해 자세하게 언급하고 있다. 나는 그의 기록에서 자유롭게 인용한다.) 패디햄과 펜들턴 지역의 협동조합은 그 방적공장에서 실제로 일하는 노동자가 설립하고 소유하고 지배했다. 패디햄 협동조합의 특징은 러들로우가 한 특별한 칭찬에 나타난다.

---

31) 노동계급유한회사는 액면가격 1~10파운드 주식으로 설립되는 생산합자회사Joint- Stock Manufacturing Companies를 의미했다. 1인 1표를 실행해 대체로 민주적이었다. 대부분 노동자가 설립했고, 노동계급이 주식 대부분을 소유했다. 이들 회사에서 지금도 운동의 초기 단계처럼 노동계급이 대부분 주식을 소유하고 있는지는 논란의 여지가 있다.

> "모든 출자자(한두 명 예외는 있지만)와 출자자 가족 일부가 공장에서 일한다. 이것은 랭카셔 노동자의 활력과 절제력의 가장 주목할 만한 결실 중 하나다."

여기서 이야기는 끝난다. 그리고 만일 저명한 경제학자의 우연한 조사가 없었다면 다른 생산자 결사체처럼 침묵 속에 가라앉았을 것이다. 제본스Jevons 교수는 1859년 패디햄 방직공 파업에 관한 보고서에서 두 협동조합의 사업과 그 실패 원인에 대해 언급한다.

> "파업이 있기 몇 년 전 그들은 협동조합 2개를 설립했다…. 비슷한 사업이 로치데일에서는 성공했지만 그들은 실패했다."

그는 중요한 말을 덧붙였다.

> "관리자와 직공의 역할이 분명하게 구분되지 않으면 어떤 조합도 성공할 수 없다. 직공으로 일하는 출자자는 자신이 고용한 관리자를 얼마든지 굴복시킬 수 있다. 이러한 난점을 로치데일 사람들은 극복했지만, 패디햄에서는 그것이 다른 원인과 결합되어 두 방적 협동조합을 완전한 실패로 이끌었

다."

와츠Watts 박사에 따르면 팬들턴 협동조합도 비슷한 원인 즉, 일하는 출자자와 외부 출자자 간의 싸움 때문에 해산되었다.

증언은 더 있다. 객관적 관찰자 제인스 케이 셔틀워쓰Jaines Kay Shuttleworth 경은 1863년 늘어나는 노동계급유한회사를 검토하고 자기 소유지에 있었던 한 회사의 실패를 언급하면서 이들의 장래를 걱정했다.

> 주주가 자기 가족을 방적공장에 고용하는 혜택을 가질 정도로 협동의 원칙을 도입하려는 욕구가 있었다. 하지만 그 직접적 효과는 더 엄격한 규율을 세우고, 방적공장에 필요한 기계를 더 주의해서 다루는 것이 아니었다. (방적공장에는 군대보다 엄격한 규율이 필요한데) 분기별 회의에서 노동자들의 가장 짜증스러운 불만은 작업반장을 향했고, 감히 주주 노동자를 면직한 작업반장은 다음 회의에서 해고될 위험이 매우 높았다. 그리고 함께 일하는 사람들의 복종을 얻지 못한 불쌍한 경영인은 바로 해고되었다. 소위 협동의 원칙 같은 것을 현재 랭카셔 생산자에게 적용하는 것은 전혀 낙관적

으로 보이지 않는다.

로치데일 선구자는 개별주의 이론을 생산 공장에 적용하는 데 신중했다. 미첼헤이Mitchell Hey 방적공장은 1854년에 설립되었다. 홀리요크에 의하면 "주주명단은 전체 마을에 개방되어 있었고" 처음부터 외부 주주들이 통제권을 가졌다. 한편 개별주의 주창자들은 조합을 산업절약조합법에 따라 등록하고 이윤-공유 조항을 삽입함으로써 원칙에 대한 신념을 나타냈다. 그러나 1862년 주주들은 277대 163으로 '노동에 대한 보상'을 폐지했다. 같은 시기 패디햄, 팬들턴 노동자와 달리 로치데일 노동자는 성공적이었다. 윌리엄 쿠퍼는 이 결정을 개탄하면서 "보너스를 반대하는 사람 대부분은 조합이 번창해 수익을 안겨주는 사업이 된 이후에 출자한 사람들"이라고 썼다. 그리고 아브라함 그린우드는 "오직 영구적 배당에만 관심을 두는 사람들이 참여하게 된 것은 조합이 사업적으로 성공했기 때문이다."라고 기록했다.

같은 변화가 올덤의 선방적공장Sun Mill에서도 일어났다. 그곳은 처음에 열정적인 협동조합인(올덤매장 Oldham Store 조합원)이 추진했고 노동자가 자기-고용주가 되었다. 대부분 노동자는 주주였고, 애초에 주주와 그 가족의 우선 고용을 주장하는 결의안을 채택했다.

선방적공장은 여전히 사업적 명성을 지키고 있다.

그러나 내가 알기로는 종업원 중에서 주주가 되는 경우는 극히 드물다. 종업원 이윤-공유제는 1869년에 도입되었지만 1875년 중단되었다. 주주들은 "그것이 의도했던 목적(즉, 노동의 양적, 질적 발전)에 영향을 미치지 못했다."라고 주장했다. 선방적공장 역사가인 마크로프트Marcroft에 의하면 보너스를 받는 사람은 임금이 줄어들었고, 보너스를 중단하면서 임금이 20% 인상되었다.

노동자 이익에 따라 설립된 방적공장 역사에서 미첼헤이와 선방적공장은 전형적인 길을 보여준다. 오늘날 노동계급유한회사들은 이윤-공유제를 모두 포기했다. 노동조합 간부들에 의하면 개인회사에 비해 처우가 좋지 않기 때문에 노동계급유한회사의 노동자 주주들은 자신이 주주로 있는 일터에 고용되길 원하지 않는다. 벤자민 존스는 "더 자유롭게 주주 권한을 행사할 수 있다고 느끼기 때문에, 노동자는 자신이 일하는 곳이 아닌 다른 방적공장 주식을 선호"하는 것이 올덤 지역 노동자의 일반적 생각이라 했다. 이는 충분히 이해할 만한데, 종업원이 된 주주는 (합자회사법Joint Stock Act에 의해) 이사회에 선출될 권리를 박탈당하기 때문이다.

이런 노동자들의 입장을 1877년 윌리엄 너털 William Nuttall은 다음과 같이 요약했다. (B. 존스가 인용한 내용이다.)

당신 친구들은 방적공장에서 일하는 사람들이 단독으로 그 방적공장을 소유하는 것이 훨씬 좋다고 말한다. 나는 올덤의 경험을 통해 확인된 노동자들 생각은 다르다고 반박하겠다. 노동자는 가장 좋은 임금을 받을 수 있고 가장 편안한 곳에서 일하길 원한다. 동시에 자신이 일하는 곳이든 아니든 상관없이 가장 많은 이자와 배당을 받을 수 있는 곳에 투자하길 원한다.

다시 말해 노동자는 자신이 선택할 수 있다면, 자본가로서의 선택과 노동자로서의 선택이 완전히 분리되길 원한다.

랭카서 지역 협동조합 방적공장을 성공으로 간주하든 실패로 간주하든 결론은 분명하다. 개별주의 이론은 실행 불가능한 것으로 포기되었다. 명민하고 솔직한 랭카셔 사람들은 '모든 사람이 자신의 고용주가 되는' 꿈에서 깨어나 자신이 진퇴양난에 빠졌음을 깨달았다. 노동자 지배는 사업 실패의 핵심적 원인이었다. 그리고 사업이 성공하면 노동자 주주는 외부 자본가로 대체되었고 (노동자가 떠나거나 남거나 상관없이) 노동자 자치와 이윤-공유제는 바로 파괴되었다.

합자회사의 범위와 한계는 이 책의 주제가 아니므로

협동조합 운동의 맥락에서 노동계급유한회사를 다룬다. 랭카서 지역 전체에 흩어져 있으면서 올덤에 집중되어 있는 노동계급유한회사는 생산자 결사체도 소비자 결사체도 아니다. 개별주의 산업 협동 유형이나 민주적 산업 협동 유형에 속하지도 않는다. 그러나 비록 다른 합자회사처럼 자본의 이익을 위해 설립되었지만, 노동계급 결사체로서 원칙과 실천에서 산업민주주의를 실질적으로 지향했다. 영리한 노동조합주의자가 주주와 이사가 되면 기업의 사업과 기술에 대한 지식을 얻게 되는데, 이를 근거로 회사의 수익과 손실을 공개·평가함으로써 노동조합의 압력 수단으로 활용했다. 이는 해당 산업 조직에 막대한 가치를 가져다주었다. 뛰어난 랭카서 방적공 조직과 올덤 노동조합 표준 임금률의 유연성, 그로 인한 기계 성능 개선과 '속도 향상'은 노동자, 고용주 모두에게 이익이 된다. 공동의 적을 앞에 둔 공동 행동, 노동자 조직과 고용주 조직의 상호 인정과 타협 등 이 모든 유익한 결과는 대체로 노동계급유한회사 덕분이다. 더구나 노동자가 추진, 지배, 소유하는 합자회사를 통해 노동계급이 생산기업 관리, 감독을 잘할 수 있음을 입증하면서, 정신노동에 대한 중간계급의 잘못된 생각을 효과적으로 폭로했다. 이윤은 정신노동의 양도할 수 없는 당연한 특권이고, 이러한 특권이 없으면 정신노동자는 토라진 프랑스 요리사처럼 회사에 봉사하지 않는다는 것이 중간계급의 주장이었다. 면방적 업종에서 노동계급유한회사라는 합자회사가 개인회사를 빠르게 대체한 것은 이윤-수취 기업가의 통제에서 고정 급여를 받는 정규직 임직원의 통제로 넘어가는 산업과 상업의 점진적 발전에서 유명한 사례다. 하지만 랭카셔 노동계급유한회사는 더 중요한 일을 해냈다. 상투적이고 터무니없는 비용을 요구하지 않는 노동계급 중에서 직원과 관리자를 선발했기 때문에, 정신노동자 소득을 실질적 필요 즉, 자기 역량을 완전하고 효율적인 상태로 보존하는 데 필요한 개인적 비용 수준으로 줄일 수 있었다. 상층계급 주주들이 상층계급 직원에게 주었던 연봉 2천~5천 파운드가 적절한 소득인 2백~4백 파운드로 줄었지만, 기술력과 성실성은 전혀 손상되지 않았다.

그러나 여기서 노동계급유한회사와 민주적 협동조합 간의 유사성은 끝난다. 노동계급유한회사는 이윤-수취자를 없앴지만, 이윤은 존속시켰다. 노동조합 간부에게 제공된 정보에 의하면, 자본에 대한 평균 이윤은 5%까지 감소했다. 그러나 과거 여러 방적공장에서 주식 자본에 대해 60%까지 지급한 적이 있고, 투자금에 대해 평균 12~15%를 지급한 개별 사례들이 있다. 한편 갑작스러운 손익의 돌풍은 이러한 주식의 실제 운영자와 보유자를 부유하게 하거나 가난하게 만든다. 이렇게 해서 올덤과 랭카셔 다른 지역에 조직적으로 투기하는 타락한 정신이 퍼졌다. 지역 주식시장이 유행하면서 랭카셔 시민들의 관계는 거칠어지고 양심은 무디어졌다. (브라이스Bryce 교수의 표현을 인용하자면) 이런 형태의 "가격차-이윤, 즉 이익을 늘리는 과학과 기술의 발전은 세상의 부를 늘리는 기술이 아니라 개인이 예외적으로 큰 몫을 차지하는 기술이다." 이런 교활한 도박은 미국과 영국 문명의 가장 어두운 면이며, 미래의 경제적·도덕적 발전에 비관적 그림자를 드리운다.

이제 원래 주제로 돌아오자. 1853~1865년 사이에 기독교 사회주의자와 그 동료 사상가의 활동은 뜸했으며, 불규칙하게 발생하고 몰락했던 생산자 결사체 움직임도 잠잠했다. 북부 지역 협동조합인의 요구와 계획은 협동조합 매장과 노동계급유한회사 설립 그리고 북부잉글랜드 도매협동조합 활성화에 집중되었다. 1861~1862년 면화 기근이 있었다.[32] 그 결과로 1860년대 후반 랭카서 노동자의 활기는 마비되었고 자원은 고갈되었다. 한편 스코틀랜드 형제들은 여전히 합자 상점 joint-stock shop을 시민의 매장citizen's Store으로 전환하는 고민을 하거나, 느리지만 꾸준히 협동조합 민주주의를 글래스고 남동부 지역에 확산시키고 있었다. 그리고 글래스고에서 가장 중요한 제빵사 연합 조직이자 연 매출이 7만 파운드에 달하는 스코틀랜드제빵조합

---

32) [옮긴이] 미국 남북 전쟁 과정에서 남부 연합정부는 영국의 외교적 승인을 받아내기 위해 면화 수출을 전면 금지했다. 이후에는 북부의 봉쇄로 남부의 면화가 영국으로 수출되지 못했다. 1862년에는 미국산 면화 수출이 거의 끊겼다. 이는 랭카서 지역 경제를 깊은 불황에 빠지게 했다.

Scottish Baking Societies은 연합기관을 설립 중이었다.

한편 남부 지역과 수도권 협동조합은 자선적 자본과 자선적 통제라는 영양분과 버팀목이 사라지자 급속히 시들어간 외래종에 불과했다. 오직 한 결사체만이 이집트인들 사이의 요셉처럼 개인회사가 정복하지 않은 땅을 어슬렁거리면서 자기-고용의 깃발을 높이 들고 있었다. 1858년 조각가와 도금공이 설립한 레드라이온스퀘어Red Lion Square가 바로 그 결사체다. 이들은 협동조합 운동에서 지금은 헵던브릿지퍼스티언조합Hebden Bridge Fustian Society이 점하고 있는 지위를 25년간 차지하고 있었다. 실패의 한가운데서 이룬 예외적 성공으로 개별주의자의 생각과 연설에서 단연 돋보이는 존재였다. 하지만 그 예외는 '예외가 규칙의 증거가 된다'는 옛 속담에 맞는 그런 예외가 아니었다. 이 결사체는 손실로 출자 자본 전액을 날리고 몇 년 전에 무너졌다. 저당권자와 채권자에게 지급한 돈은 파운드당 2실링 6펜스였다. 영업권, 주식, 공장은 종업원 중 3명에게 팔렸다. 평범한 개인회사 형태로 바뀌면서 사업이 번창한다고 알고 있다.

그러나 1865~1866년 무렵 개별주의 협동조합인 진영에서 주목할 만한 움직임이 나타났다.

1866년 브릭스Briggs가 탄광에 이윤-공유제를 도입하면서 공동 경영co-partnership 이론은 추진력을 얻었다. 1866~1869년 사이 11개 중요한 회사가 이를 따라 설립되었으며, 그 중 미들스보로Middlesborough의 폭스앤드헤드Fox and Head, 핼리팩스Halifax의 크로슬리Crossley가 많이 알려졌다. 같은 해 E. O. 그리닝Greening은 철문생산 산업파트너쉽Industrial Partnership[33]을 맨체스터에 설립했다. 1866년 6월 회의에서 그리닝 사례가 대대적으로 홍보되었고, 이윤-공유제를 주장하는 대표적 인물들과 결사체 설립자들은 인류애를 담아낸 다양한 계획을 제출했다. 당시 로치데일 매장과 도매협동조합의 활동이 대중적으로 알려지지 않았던 반면, 브릭스와 그리닝이 토론을 벌인 이 회의에 유명 정치인과 학식 높은 교수들이 축하 편지를 보내고 타임즈Times, 스펙테이터Spectator, 모닝 스타Morning Star 등 다양한 지역 신문 지도자들이 뒤를 이었다는 것은 신기하고 주목할 만한 사실이다. 같은 해에 코브던공장Cobden Mills이 설립되었는데(설립자는 휴, 닐, 러들로우, 모리슨, 그리닝), 기독교 사회주의자가 올바른 기반 위에 생산자협동조합을 설립하려했던 가장 유명한 시도였다. 이 공장은 계속 손해가 났고 결국 1890년 처분했다. 요크셔 협동조합인은 아이들의복생산조합Idle Cloth Manufacturing Society을 설립했다.

---

33) [옮긴이] 주식회사, 유한회사, 개인회사 등과 같이 기업의 한 형태를 지칭하는 것이다.

1864년 울버햄프턴 열쇠공은 결사체를 설립했다. 이곳은 1879년 중부 지역 회의에서 영웅이라 불릴 정도였지만 1881년 해체되었다. 재단, 부츠, 신발, 캐비닛 제작, 여타 수공업에서 계속 결사체가 나타났고, 건축공과 기계제작공 결사체도 꽤 많이 생겨났다.

하지만 개별주의 생산이론을 실행하기 위한 가장 중요한 실험은 1870~1874년 사이 노섬벌랜드, 더럼, 요크셔, 스코틀랜드 지역의 엔지니어, 철강 노동자, 광부들에 의해 진행되었다. 우즈번엔진공장Ouseburn Engine Works, 스코틀랜드철공소Scottish Iron Works, 올덤·앱슬리Apsley·쉐필드Sheffield 지역 엔진·철·공구 작업장 이야기는 결국 크게 실패했다는 같은 내용이다. 이 실험에서 노동조합은 약 6만 파운드를 잃었고, 이 경험으로 대규모 노동조합은 작업장 결사체에 대해 넌더리가 났다. 이후 모든 노동조합 대회Trade Union Congress, 협동조합 대회에서 간부들은 필요할 때 바로 회수할 수 없는 사업에 노동조합 기금을 투자할 수 없다고 발언했다. 나는 그러한 결정이 옳다고 칭찬하고 싶지만, 그것이 문제를 해결해주지는 않는다. 오스트레일리아 파업을 지원하거나 리버풀 면직업자 대항에 필요한 실직 기금을 위해 진행하는 대규모 특별 모금은 수월한데, 왜 자치 작업장self-governing workshop 설립을 위한 특별 모금은 어려운지 생각해 봐야 한다. 잉글랜드 도매협동조합과 북부 지역 협동조합 매장은 결국은 협동조합의 돈줄인 식품·잡화부grocery department가 자치 작업장 투자 실패에 대한 부담을 안게 된다는 교훈을 얻었다. 아직 초기에 있는 스코틀랜드 도매협동조합 역시 스코틀랜드철공소에서 발생한 1만 파운드 손실 때문에 거의 막다른 골목에 이르렀으며, 10년간 성장이 어려웠다.

한편 그리닝이 운영하던 산업파트너쉽은 1870년 문을 닫았다. (코퍼레이터Co-operator와 코퍼러티브 뉴스 보도에 의하면) 세상에 널리 알려진 브릭스Briggs의 이윤-공유제 역시 폐기되었다. 폭스앤드헤드 등 덜 알려졌던 기업들의 이윤-공유제도 같은 운명이었다. 때로는 해명과 함께 때로는 아무런 말도 없이 여러 기업에서 이윤-공유제를 폐기했고, 브릭스Briggs가 운영하던 회사의 노동자들은 이윤-공유제 중단에 흔쾌히 동의했다. 역사적 사례를 드는 것이 거칠게 비난하는 것으로 오해받을 수 있으므로, 다른 실패 사례를 자세히 설명하는 건 부담스럽다. 간단히 말하면 합자회사법이나 산업절약조합법에 근거해 등록하거나 1870년 이전부터 존재했다고 알려진 수백 개 생산자 결사체 중 3개만이 남아 있다. 그곳은 1860년과 1862년에 각각 설립된 에클스생산조합Eccles Manufacturing Society과 페이즐리생산조합Paisley Manufacturing Society 그리고 1869년에 설립된 맨체스터인쇄조합Manchester Printing Society이다. 2부에서 1870년부터 현재까지 등록된 조합 중에서 사라진 백 여 개는 제외하고, 생산자 이익을 위해 설립된 혹은 그렇다고 주장하는 실제 존재하는 조합들을 개괄해 보자.

2부 현재의 생산자 결사체

조사에 이용한 기초 자료는 1890년 협동조합연합회 중앙이사회에서 발간한 생산자협동조합 목록이다. 우선 이 목록에서 도매협동조합 생산부와 생산자가 아닌 소비자 이익을 위해 조직된 제분소, 제빵조합은 제외한다. 그리고 산업절약조합법에 근거해 등록했지만 실제로는 주식회사가 되었고, 이윤과 지배구조에 노동자가 참여하지 않는 미첼헤이Mitchell Hey 같은 조합도 제외한다.[34] 이렇게 되면 2,308,028파운드 매출의 106개 조합은 74개의 생산조합과 5개의 농업조합으로 줄어들고 이들 연 매출은 455,477파운드다. 74개 생산조합 중 20개는 운영되지 않고 있다. 아예 처음부터 운영하지 않았거나, 작년에 폐업했거나, 일시 중단 상태에 있는 것이다. 이렇게 되면 54개의 생산조합과 5개의 농업조합만 남는다.

---

34) 부록Ⅰ 참조. 미첼헤이는 로치데일생산조합Rochdale Manufacturing으로 등록되어 있다. 그리고 브롬리건축조합 Bromley Builders과 오크마운트자조조합Oak Mount Self-Help 이 54개 생산조합 안에 포함되어 있다.

협동조합인 개별주의 분파를 대표하는 54개 생산조합의 구성이 복잡하고 다양해서 각 조합에 대한 자세한 조사 없이는 어떤 설명도 하기 어렵다. 하지만 조심스럽게 사소한 차이를 제거하면 4가지 유형으로 분류할 수 있다.[35]

Ⅰ유형 : 기독교 사회주의 모델로 만들어진 노동자 결사체이며, 경영위원회를 조합원 중에서 선발하고 조합원만 고용한다.

Ⅱ유형 : Ⅰ유형과 같은 성격의 노동자 결사체지만, 종신終身 이사장이나 위원회 위원이 있어서 이들을 따르겠다고 자발적으로 서약하거나 따르도록 강제한다.

Ⅲ유형 : 노동자 자치 결사체지만, 외부 노동자를 고용하며 실제로는 작은 고용주들이다.

Ⅳ유형 : 외부 주주와 협동조합 매장이 대부분을 출자하지만, 노동자 지분 참여가 장려되거나 강제된다. 지분 참여 노동자는 경영위원회에서 활동할 수 없다.

부록에 있는 분류 목록을 보면 첫 번째 유형에는 8개 조합뿐이고 그중 4개는 규모가 작아 연 매출 천 파운드

---

35) 두 개의 유형에 동시에 속할 만한 조합들도 있다. 이런 경우는 그 조합의 지배적인 특성을 고려해서 소속 유형을 정했다.

미만이다. 넬슨자조조합Nelson Self-Help Society, 레스터부츠·신발조합Leicester Boot and Shoe Society, 케터링부츠·신발조합Kettering Boot and Shoe Society, 코번트리시계공조합Coventry Watchmakers, 런던제본공조합London Book Binders 그리고 같은 유형의 소규모 조합들은 '노동자 형제애' 이상理想에 충실한 유일한 결사체로 명예롭게 언급될 만하다. 그들 자신의 관점에서 이들 노동자 결사체는 비판받을 여지가 없다고 생각하겠지만, 유감스럽게도 조합원 다수는 한창 젊을 때의 혼란을 여전히 겪고 있다. 이들 조합의 매출 총액은 49,623파운드이며, 조합원 노동자 440명을 고용하고 있다. 그러나 주의 깊게 조사해보면 8개 중 5개는 조합원 집에서 작업하도록 일거리를 넘겨주고 있음을 알 수 있다. 이들 조합원이 작은 고용주인지는 확인하기 어렵다.

두 번째 유형에는 비교적 규모가 큰 조합 4개가 포함되어 있다. 브릭스톤건축공협동조합Co-operative Builders of Brixton은 외부인 3명이 위원회 종신終身 위원이 된다는 규칙을 발기인들이 삽입하지 않았다면 첫 번째 유형에 속했을 것이다. 더구나 이 조합은 투표권을 얻기 위한 출자 기준과 근무 기간 조건이 까다로워 노동자 조합원 179명 중 40명만 투표권을 가지고 있다. 허더즈필드Huddersfield 인근에 있는 톰슨앤선즈조합Thomson & Sons은 톰프슨Thompson이 스스로 종신 관리자로 취임했고, 후계자를 지명할 권리를 가졌다. 스코틀랜드트위드조합Scotch Tweed Society 설립자 클래퍼턴Clapperton은 관리자 지위를 확보했다.[36] 이 유형에 속하는 다른 하나는 5년 전 번리Burnley 방직공들이 (이들은 생존 조합, 소멸 조합 포함 7개 조합을 설립했다) 자기-고용주가 되기 위해 불운 속에서도 열정적 노력으로 생존시킨 조합 중 하나다. 7개 중 4개는 실패했고, 하나는 자립하지 못해 자본을 제공한 중개인에게 손발이 묶여 있다. 이 중개인은 실을 조합에 공급하고 생산물 전체를 가져간다. 그리고 남은 둘 중 하나인 넬슨자조조합은 손실이 난 사실 외에 별로 알려지지 않았지만 첫 번째 유형에 포함했는데, 재난적 상황에도 불구하고 규약의 본래 모습을 유지했기 때문이다. 마지막 남은 하나는 두 번째 유형에 포함된 번리자조조합Burnley Self-Help Society이다. 7개 조합의 창설자로, 그 역사가 파란만장하고 전형적이다. 첫해에 이윤이 크게 났다. 그러나 존스의 흥미로운 기록을 인용하자면

---

36) 나는 스코틀랜드트위드조합이 (노동자 결사체에 사용하기 위해 E. V. 닐Neale이 만든) 일반적 규약을 받아들였기 때문에 관리자를 해고할 수 있는 명목상 권한을 가질 수 있었다고 믿고 있다. 이 규약에는 특별 총회에서 재적 조합원 2/3 동의로 관리자를 해고할 수 있는 조항이 있다. 이 조항은 종업원 주주와 같은 수의 외부 주주가 존재할 경우, 종업원 주주들의 관리자 선출·해고 권한을 효과적으로 제한하는 역할을 한다. 부록에 실려있는 외부 주주에 대한 종업원 주주 비율은 이 조항에 대한 흥미로운 시사점을 던져 주고 있다.

"1890년 3월까지 7개의 반기 대차대조표를 분석하면 총매출 130,135파운드, 임금 26,382파운드, 대출이자 668파운드다. 노동자는 보너스로 348파운드를 받는데, 임금에 대한 세금 815파운드를 벌충하기 위해 사용한다. 노동자는 여기서 467파운드 손실을 보게 되는데 총임금의 1.75%에 해당한다. 만일 주주가 그 손실을 부담하면 주주는 연 1.5% 이자를 받게 된다. 하지만 노동자가 그 손실을 떠맡는 덕분에 연 5% 이자를 가져간다." 한편 조합은 3명의 관리자를 떠나보냈다. 한 명은 조건이 더 좋은 개인회사로 떠났다. 다른 두 명은 노동자 주주들이 해고했다. 실패로 낙담하고 내부 불화로 혼란에 빠진 조합은 첫 번째 관리자에게 사업 관리를 맡아줄 것을 간청했다. 그는 동의했지만, 최고 통제권을 요구했다. 지난 가을 양자는 합의서에 서명했다. 밴크로프트 Bancroft는 강력한 권한과 함께 10년간 재직을 보장받았다. 그와 위원회 사이에 분쟁이 생길 경우, 잉글랜드 도매협동조합의 미첼Mitchell이 최종 조정자가 된다.

불행하게도 세 번째 유형에 속하는 조합이 21개로 가장 많다. 협동조합연합회 안에 있는 생산자 결사체 중 거의 절반이 포함된다. 엄격한 기준을 적용한다면 이들 결사체를 생산자 결사체 유형의 하나로 분류하기 어렵다. 왜냐하면 이들 대부분은 비조합원들로부터 이윤을 뽑아내는 작은 고용주들의 결사체이기 때문이다. 정직하게 거래하고 바른 목적을 지닌 집단 안에 들어 있는 이들 조합에 대한 정당한 평가가 필요하다. 협동조합연합회 회원으로 받아들이고 협동조합 이름으로 도매조합·매장·정부·선의의 외부자와 거래를 할 수 있도록 허용하기 전에 비조합원 고용에 관한 규약, 실제로 지급되는 임금률, '이윤 계정 처리' 등을 면밀하게 조사해야 한다. 이 유형 사례로 내가 직접 조사한 6개 조합에 대해 자세한 내용을 제시한다. 바람직하지 않은 사례를 선택하려는 의도는 없었다.

> i. 27명의 노동자로 구성되어 있고 노동자 위원회가 있다. 집에서 일하는 100명의 비조합원을 고용하고 있다. 지난해 자본과 적립금에 대한 배당이 각각 20%였고, 급여에 대해 조합원은 1파운드당 3실링, 비조합원은 1실링을 배당했다. 노동조합 임금률은 지키지 않는다. 일부 일거리는 소규모 중개인에게 넘기고 있는데, 조합은 이 부문에서 노동하는 사람들의 근로 조건에 대해 어떤 조사도 하지 않았다.
>
> ii. 1번에서 도보로 5분 거리에 있다. 1번 조합에서 가입이 거절된 노동자들이 불만을 품고 설립했다. 조합원은 30명이

며 외부 고용 인원은 밝히지 않는다. 일부 일거리는 중개인에게 넘긴다. 자본에 대한 배당은 5%인데, 이윤은 나지 않는다.

iii. 1번, 2번과 비슷한 규약을 갖고 있다. 자본에 대해 30% 배당하고, 비조합원은 그 절반을 배당한다. 종업원 대부분이 비조합원이다. 중개인에게 일거리 일부가 넘어가며, 이 일거리는 집에서 일하는 노동자에게 넘어간다. 조합 사무국장은 기존 조합원이 신규 조합원 가입을 반대하는 것에 대해 개탄한다.

iv. 주주는 6명이며 3명은 조합에서 일한다. 한 명은 관리인, 한 명은 사무국장 그리고 나머지 한 명은 좋은 급여를 받는 노동자다. 노동자 30명을 고용하고 있고, 그중 12명은 급여가 2실링 6펜스에서 시작되는 소년이다. (내가 방문한 날 2명의 미성년 소년이 있었는데 이들을 고용한 것은 공장법 위반이다.) 이 조합의 임금 수준을 제출받은 노동조합 간부는 동종 업계 보통 임금률 이하라고 공표했다. 조합은 노동에 대해 파운드당 1실링 6펜스를 배당한다고 말한다.

v. 이 조합은 비교적 괜찮다. 노동자 57명, 4개 협동조합, 3개 노동조합 지부로 구성된 해당 업종 노동조합 임금률을 지급한다. 25명 종업원 중 5명만 조합원이다. 종업원이 아닌 다른 조합원은 더 좋은 일자리를 찾고 있다. 내가 직접 방문했던 다른 2개의 조합처럼 이 조합이 외부 노동자를 고용하는 이유는 조합원들이 개인회사 취업을 선호하기 때문이다.

vi. 이 조합의 규약은 지금은 비난할 점이 없어 그 이름을 밝힌다. 런던유대인담배제조공Jewish cigarette makers of London은 최근 영국인 비조합원을 고용하는 지부를 개설했다. 종업원에게 조합 가입을 제안하고 노동조합 표준임금률을 지급한다고 한다. 하지만 이 조합은 두 번째 유형과 같은 경향을 보이는 흥미로운 사례다. 1년 전 조합은 급하게 자본이 필요했는데, 그때 네 사람이 나타나 자신들이 위원회 위원이 되는 것을 조건으로 투자를 했다. 그들은 임금률이 지나치게 높다고 주장했다. 조합에 원재료를 공급하던 중개인이 사장 역할을 하면서 노동자 대표로 활동하는 조합원 4명과 자본이 간접적으로 지명한 4명 사이에서 권력의 균형을 유지한다. 이렇게 변화된 경영 시스템으로 인해 이 조합은 번창할 가능성이 있다.

불행하게도 세 번째 유형에 속하는 생산자 결사체는 비교적 생명력이 있다. 평균 7년 4개월을 지속했다. 총매출은 124,054파운드다. 1,240명을 고용하지만 그중 330명만 조합원이다. 하청업자가 고용한 노동자나 집에서 일하는 하청 노동자는 여기에 포함되지 않았다.

가장 많은 생산자 결사체가 포함된 세 번째 유형은 양의 탈을 쓴 늑대처럼 '노동자 형제애'를 앞세워 동료를 착취한다. 그에 비하면 네 번째 유형 생산자 결사체의 제도와 지배구조를 고쳐 온 '진정한 박애'는 가식적이지만 그래도 좀 나은 편이다. 네 번째 유형에 속하는 13개 조합은 실제로는 산업파트너쉽이다. 오래된 개인회사나 현대적 유한회사에 비해 규모가 작지만, 첫 번째, 두 번째 유형의 생산자 결사체보다는 규모가 크다. 이들 조합 대부분의 주요 주주는 협동조합 매장이다. 나머지는 개인 자본가가 소유하고 지배한다. 통상적으로 종업원이 주주가 되도록 권장하며, 이는 때로 의무사항이 되기도 한다. 그러나 대개의 경우 종업원은 이사로 활동할 수 없다. 실제로 경영위원회에 종업원이 한 명이라도 참여한 사례는 없다. 더구나 이들 조합에서 권력 균형은 노동자가 아닌 사람들 손에 있다. 이 유형에서 가장 두드러진 사례는 헵던브릿지퍼스티언조합이다. 그 규약과 발전을 살펴보자.

이 조합은 1868년 면직물fustian 재단사 집단이 설립했고, 현재 관리자가 주도했다. 조합이 성공하면서 금방 인근 매장의 관심을 끌었다. 작년까지 자본은 7.5% 우선 청구권을 가졌고, 지금은 자본에 대한 이자가 5%로 고정되어 있다. 충성도 높은 인근 매장들의 꾸준한 구매와 관리자의 능력, 정직성 덕분에 처음부터 번창했다. 노동자는 (2/3가 여성이다) 이사로 활동할 수 없고 처음부터 실제 경영에 참여하지 않았다. 처음에는 노동자 몫의 이윤을 자본으로 축적했기 때문에 모든 노동자가 강제로 주주가 되었다. 그런데 5년 전 노동자가 자기 지분을 외부 자본가에게 양도하는 행위를 금지하는 조처가 취해졌다. 이윤을 추구하는 주주가 조합의 지배 권력이 되는 것을 막기 위해서였다. (이윤을 추구하는 주주들이 존재하게 된 것은 미첼헤이의 퇴행적 정책 탓이다.) 조합이 사업적으로 성공하면서 액면가를 100파운드까지 올릴 수 있는 주주 권한까지 결부되어 공개 시장에서 양도할 수 있는 주식의 가치가 엄청나게 치솟았다. 조합의 미래에 대해 상관하지 않는 노동자는 자기 주식을 가장 높은 가격을 제시하는 사람에게 내주었다. 이런 상황에서 급하게 새로운 조항을 규약에 삽입한 것이다. 이제 노동자에게 누적되는 모든 이윤은 출금가능주식withdrawable share으로 적립된다. (출금가능주식은 팔 수 없는 주식이다. 주주가 신청하면 조합이 액면가로 돌려준다. 이 경우 투표권을 상실한다.) 투표권을 갖는 주주가 되길 원하는 종업원은 양도 가능한 주식을 신청할 수 있지만, 개인에게 넘기지 않고 조합에 액면가로 팔겠다는 계약에 동의해야 한다.

네 번째 유형에 속하는 여타 조합들은 다양한 규약을 보여주고 있다. 초기이고 작은 규모인 선드라이즈 협동조합Co-operative Sundries은 아직 종업원 누구도 이사회 일원은 아니지만, 종업원이 이사로 선출될 수 있도록 허용한 점이 특이하다. 한편 에든버러인쇄회사 Edinburgh Printing Company는 종업원에게 지분 참여를 권장하지 않았고, 보너스를 현금으로 지급했다. 이는 일종의 이윤-공유제로 자본에 대해 14.2%, 임금에 대해 파운드당 1실링 4펜스를 지급했다. 중앙이사회 보고서를 보면 이윤이 발생하는 곳에서는 자본에 대해 높은 금리가 지급되는 것을 알 수 있다. 이 유형에 속하는 결사체는 가장 생존율이 높아 평균 연수年數가 13년이다. 총매출은 179,499파운드, 총자본은 98,233파운드다. 내가 확인한 바로는 1,274명을 고용하고 있고 그중 455명이 조합원이다.

지금까지 분석에 부록Ⅰ의 '분류에 포함되지 않은 조합' 5개는 빠졌다. 그중 4개 조합에 관해서는 구체적인 내용을 확보할 수 없었다. 유일하게 정보를 확인할 수 있는 런던생산조합London Productive은 3명의 종업원이 위원회 위원이므로 네 번째 유형과 다르다. 그리고 비조합원을 고용하지만 작은 고용주들의 결사체(세 번째 유형)로 규정할 수도 없다. 이 조합은 외부 자본가들이 노동자 이익을 위해 설립했고 모든 노동자가 지분 참여하도록 장려하고 있다. 수익을 낸 적이 없고, 자본에 대한 이자도 지급하지 않았다. 농업조합은 5개 결사체 중 2개가 비용이 많이 들어가는 자선적 사업체로, 수천 파운드에 달하는 손실이 발생했다. 스코틀랜드농업조합Scottish Farming Association은 최근에 설립되었다. 이전에 설립된 4개 농업결사체 중에는 애싱턴조합Assington Association만이 노동자가 지배구조에 실질적 지분을 갖고 있다.

매우 애매하고 관계가 먼 조합까지 포함해서 기독교 사회주의자의 열망을 나타내는 모든 형태의 조합을 대략 살펴보았다. 여기서 중요한 사실 하나를 확인할 수 있다. 기독교 사회주의 이념은 노동자 형제애 그리고 (저지 휴즈Judge Hughes의 말을 인용하자면) '조합원이 조합원 중에서 관리자와 위원회를 선출하는' 자치 협동조합 작업장을 지향하는 공정한 비전이다. 이 이념은 로치데일 선구자에게도 일부 수용되었고, 협동조합인 개별주의 분파는 협동조합 매장과 도매협동조합에게 이를 주목하도록 끊임없이 강요했다. 하지만 기독교 사회주의 이념은 막연한 환영幻靈처럼 산업에서 사라져 버렸다. 실재한다는 느낌도 들지 않으며, 돋보기로 봐도 점점 알아볼 수 없게 되고 말았다. 54개 결사체를 주의 깊게 살펴보면, 이윤-공유제를 일부 채택한 사실상 자본가 결사체들이 매출의 1/3 이상을 차지하고 있다. 물론 이윤-공유제를 채택한 결사체 중 일부는 노동자가 주주가 되도록 강제하거나 장려하고 있지만, 예외 없이 외부 주주가 권력의 균형을 유지하고 있다. 게다가 소수 집단이 된 종업원 주주는 경영위원회에서 활동할 자격이 없어지면서 실제로는 권한을 박탈당한다. 왜 종업원 주주들이 자신의 통상적 권리를 빼앗겨야 하는가? 관리자와 감독을 효과적인 노동자 통제에서 벗어나게 하고, 노동자를 자기 노동을 지휘하는 주권자 자리에서 완전히 쫓아내 단순한 투표자로 전락시킬 목적이 아니라면 말이다. 사실 네 번째 유형에 속하는 헵던브릿지퍼스티언조합, 맨체스터인쇄조합, 레스터양말조합Leicester Hosiery Society, 선구자들의 조합 3곳 그리고 같은 유형의 여타 조합 노동자들은 자신이 속한 조합에 대한 통제력에 있어 리즈매장Leeds Store에 속한 재단사, 제화공, 건설공과 같은 위치에 있다. 내가 아는 한 그들은 보통 철도회사 짐꾼이나 올덤유한회사Oldham Limited 방적공과 전혀 다르지 않은 처지다. 이곳 노동자들은 공개된 주식시장에서 개인적으로 혹은 노동조합을 통해 주식을 취득함으로써 철도회사나 방적공장에 대한 통제력을 가질 수 있을 뿐이다.

외형적인 거래 규모가 아니라 다수의 조합 내부로 돋보기를 돌리면 무해한 자기기만 대신 적극적 해악이 드러난다. 소위 노동자 결사체는 끊임없이 작은 고용주 결사체로 바뀌고 있다. 이는 위험스럽게 착취 시스템 sweating system에 가까워지는 산업 조직이다. 노동자 결사체에서 노동자는 자기-고용주가 되는 장점에 대해 무관심하거나 회의적이다. 그들은 개인회사가 보장하는 안정성을 오히려 선호하며, 협동조합 작업장은 돈만 주면 무슨 일이든 하는 사람에게 맡겨둔다. 그리고 방직공들이 열정에 넘쳐 성공적으로 시작했지만, 얼마 못 가 독재자에게 결정권을 넘긴 번리자조조합 같은 결사체들도 있다. 선견지명이 있는 발기인은 용의주도하게 종신 관리자를 자기 자리로 확보하기도 했다. 54개 결사체는 총매출이 449,228파운드지만 다방면으로 분산되어 있다. 이 중에는 정교한 현미경으로 봐야 할 만큼 매우 작은 점과 같은 8개 산업 조직이 있다. 첫 번째 유형에 속하는 레스터부츠·신발조합, 코번트리시계공조합, 케터링부츠·신발조합, 넬슨자조조합 그리고 총자본금

755파운드인 소규모 4개 조합이 그들이다. 8개 조합 중 규모가 큰 3개는 설립한 지 4년이 안 됐다. 한편 코번트리시계공조합은 16년간 생존했고 숙련된 기공技工들이 집에서 작업한다. 조합 권력은 완전히 외부 주주들 손에 있으며, 그 수가 일하는 조합원보다 많고 자본 대부분을 소유하고 있다.

지금까지는 단순히 사실만을 서술했다. 이제 사업 실패의 공통 원인에서 처음부터 계속 생산자 결사체를 괴롭혀온 특이한 혼란을 규명해보려 한다. 바로 이 혼란이 이들 결사체를 사라지게 하거나, 빠르게 자본가 결사체나 개인회사로 환생幻生하도록 이끌었다.

반복되는 실패에 관한 우울한 기록에 세 가지 고충이 계속 나타나고 있다. 자본 부족, 고객 부족 그리고 경영 훈련 부재다. 첫 번째 문제는 모든 관계자가 인정할 것이다. 적은 자본으로 사업을 시작한 결사체는 원료를 구매할 때 제대로 할인받을 수 없고, 지역 시장에서 소규모로 구매할 수밖에 없다. 이는 열악한 기계와 설비로 이어진다. 사업 기회를 상실하고, 부실한 원료와 열악한 수단으로 생산하게 된다. 이들은 자본주의 시스템을 개혁하겠다고 나섰지만, 자본을 끌어들이기 위해 파멸을 초래할 정도의 이자율을 제시하고 지급한다. 민주적 협동조합에서는 절대 금지된 그리고 개인회사에서도 드문 고리대금의 제물이 된다. 모든 사례에서 과도한 이자와 수익률 감소는 임금을 낮추거나 노동을 늘리는 방식으로 노동자에게 그 부담을 전가한다. 이는 대개의 경우 급속한 파멸을 의미한다.

한편 살아남은 결사체는 빠르게 변질된다. 이들 결사체는 아직 기계 사용으로 전환되지 않은 업종이나 착취 시스템이 유지되고 있는 소규모 산업영역에서 작은 고용주 역할을 시작하거나 접고 있다. 상원 위원회에서 수집한 방대한 증거를 연구한 사람은 알 것이다. 작은 고용주 시스템은 가장 저급한 산업 조직이며, 기계 도입과 대규모 자본 투자에 의한 '수익률 증가' 그리고 노동 조직 발전으로 차츰 사라지고 있다. 작은 고용주 결사체는 이러한 영역에서 공장법과 노동조합을 피해 가며 잔존하고 있다. 이들은 좋은 근로 조건을 회피하거나, 하청노동을 착취하거나, 고객을 속여야만 생존할 수 있다. 협동조합의 후원을 받기 위해 내거는 '이윤-공유'는 저임금과 저질 제품을 감추는 세련되고 완곡한 표현일 뿐이다.

섬유, 철강, 석탄과 같은 영국 주요 산업에서 노동자 개인들 또는 노동자 조직이 단독으로 자신이 일하는 공장, 광산, 작업장의 자본가가 되는 것은 현실적으로 불가능하다. 6만 파운드 자본금에 200명을 고용하고 있는 방적공장을 예로 들어보자. 만일 6만 파운드를 노동자 200명에게 준다면, 능숙하고 알뜰한 사람은 일하는 사람이 아니라 고용주가 될 것이다. 사실상 외부 자본은 사업 시작부터 필수적이며, 자본을 한 명의 백만장자가 소유하든 6만 동료 노동자가 소유하든, 자본을 소유한 자본가는 자산을 수익성 있게 운영하도록 요구할 것이다. 이제 곧 보게 되겠지만 노동자 자치로는 이를 실현할 수 없다.

두 번째 문제인 고객 부족은 실패로 가는 지름길이다. 결사체로 결속한 숙련 기계공이나 기공技工은 자기 업종에서 기술은 정통할 수 있지만, 사업은 완전 문외한이다. 이들 결사체는 흔히 노동교환소라는 과거의 오류에 빠져 설립된다. 노동자가 생산한 제품이 유효한 수요에 맞는지 상관없이 노동자의 기술과 근면은 반드시 가치를 창출한다는 착각에 기초해서 설립되는 것이다. 협동조합 작업장은 흔히 불황기에 설립되거나 쇠락하는 업종에서 설립된다. 임금 삭감에 저항하기 위해 혹은 실업자에게 일자리를 주기 위해 설립된다. 이런 조합은 분명히 실패할 운명에 있다. 우리는 무제한 경쟁이 수요에 공급을 맞추는 방법이라는 원로 경제학자를 믿을 수도 있고, 협동조합인이나 국가사회주의자처럼 민주적 통제가 효율적 대안이라고 주장할 수도 있다. 하지만 공급 과잉으로 경기가 극도로 과열된 시기에 과열된 산업에서 공급을 더 늘리는 방식으로는 경쟁 시스템의 불안정한 변동을 회피할 수 없다는 사실을 경제자유주의자 economic individualist와 경제사회주의자economic socialist 모두 분명히 알고 있다. 실업자를 위한 작업장은 현명한 구빈법 정책일 수도 있고 아닐 수도 있다. 하지만 이런 작업장이 상품 교환에 기초한 활발하고 독립적인 사업 시스템이 될 수는 없다.

기독교 사회주의 모델로 만들어진 생산자 결사체의 마지막 혼란은 경영의 부재이며 이는 가장 파국적이다. 종업원이 종업원 중에서 경영위원회를 선출하고 그 위원회가 관리자와 감독을 선택하는 공장 상황을 상상해보자. 분업화되고 상호의존적인 고도로 조직된 시스템에서 위원회, 관리자, 반장은 모두 함께 긴밀하게 연관되어 일한다. 낮 동안 위원회 위원들은 관리자에게 종속된다. 누군가는 그들의 작업을 평가하고, 급여를 정하고, 잘못에 따른 감봉을 하고, 행동을 통제해야만 한다. 관리자와 반장은 수많은 조직 활동과 관리를 수행해야 하고, 회사의 번창은 이를 얼마나 엄격하게 실행하느냐에 달려있다. 그러나 저녁에는 상황이 달라지고 관계는 역전된다. 관리자는 이사회 앞에서 하인이 된다. 관리자가 위원회 위원의 작업을 관대히 봐주지 않았다거나, 그의 친척이나 친구를 해고했다고 가정해 보자. 그리고 작업하기 어렵지만 제품으로 만들면 수익이 보장될 가격으로 구매한 질 좋은 천을 도급노동자 일거리로 넘겼다고 가정해 보자. 저녁 상황에서는 이런 모든 사업 정책이나 관리 방침이 이사로 활동하거나 선거권을 가진 종업원의 개인적 이익을 고려해서 논의되고 검토된다. 짐

꾼이 역장을 선출하고, 역장이 교통감독관을 선출하며, 종업원이 이사회를 선출하는 시스템으로 운영되는 철도 회사를 생각해보자. 이런 구조를 가진 결사체의 내부 작동을 관찰한 사람이라면 고도로 조직화된 산업에서 이런 형태의 지배구조는 불가능함을 깨닫게 된다. 이제 우리는 협동조합인 개별주의 분파의 실천과 이론 사이에 얼마나 커다란 간극이 있는지 알 수 있다. 이것은 일하는 주주들이 자산 소유자로서의 통상적 권리를 빼앗기고, 자신이 일하는 회사의 지배구조에 적극적으로 참여할 권한을 박탈당하는 교묘하고 정교한 장치다. 우리는 협동조합 공장이 주식회사로 완전히 전환되면서 주식 투기가 일어나는 모습을 지켜봤다. 이는 순수한 자본가 산업 조직으로의 회귀다.

나는 개별주의 생산자협동조합 이론이 현실적으로 붕괴된 원인에 대해 간략하게 분석하면서 감정이나 선험적 추론에서 벗어나 사실에 충실하려 했다. 하지만 기독교 사회주의자와 후계자들은 그들 계획에서 나타나는 경제적, 관리적 어려움은 상관하지 않으면서 협동조합을 오로지 윤리적 기초 위에 세웠다고 늘 주장했다. 나는 그들의 전제가 완전히 부당하다고 생각한다. 이 분파의 지도자들은 자치 작업장 계획을 설득할 때도, 그 계획의 온전한 목적이 실패한 뒤 이윤-공유라는 보상 방법을 설득할 때도, 노동자의 인격적 독립과 인격적 개선 욕구에 호소한다. 이러한 호소에 영향을 받은 노동자 집단은 더욱 성실하게 노력한다. 하지만 이들은 자본가 사업주가 아닌 노동자가 수혜자가 될 수 있다고 생각했기 때문에 행위를 변화시킨 것이지, 타인에 대한 봉사의 이념을 수용한 것은 아니다. 노동자는 남을 돕기 위해서가 아니라, 이런 사업 시스템에서는 효율적 노동으로 이득을 얻고 비효율적 노동으로 피해를 보기 때문에 실력껏 일하는 것이다. 세들리 테일러Sedley Taylor는 이윤-공유에 관한 책에서 이윤-공유 시스템의 기본적 정당성은 더 많이 노력하도록 유인하는 데 있다고 노골적으로 주장했다. 이런 식으로 낡은 아담 스미스 경제학에 순진하게 기대는 것을 탓하고 싶지는 않다. 내가 거부하는 것은 그것을 도덕적 문제로 이해하는 것이다. 이런 형태의 자기중심적 행위는 도덕적인 것도 비도덕적인 것도 아니며, 도덕과는 관계없는 감정 범주에 속하는 것이다. 기독교 사회주의 이론을 중심으로 하는 이상주의idealism를 이해하려면 기독교 사회주의 운동의 역사를 살펴봐야 한다. 이 운동의 주창자들은 생산자 결사체 결성 동기가 자신을 사회에 헌신하도록 추동하는 동기와 같다고 오해했다. 이런 오해는 매우 자연스럽게 이루어졌다. 탁월하고 재능있는 중산층 신사들은 노동계급 결사체 결성을 위해 시간과 돈을 바쳤다. 그들을 추동한 것은 최고의 도덕적 감정이었다. 목적이 무엇이 되었든 그들은 이윤이나 임금 같은 보상 없이 개인적 안락을 희생하고 재산 손실을 감수하면서 공동체에 봉사했다. 그러나 노동자는 자기-고용주가 되기 위해, 자기 노동에 대해 더 많은 보상을 받기 위해 그들의 봉사와 자본을 받아들였을 뿐이다. 노동자를 이끈 것은 생활 개선이라는 지극히 당연한 욕구였다. 그들 행위에는 어떠한 이상주의도 없었다. 초기 생산자 결사체의 역사를 읽거나 현재 결사체의 분투를 살펴보면, 과거와 현재의 사실 연구가 하나의 같은 결론에 이르게 될까 두렵다. 한 명의 이윤-수취자를 다수의 이윤-수취자로 대체한 산업 조직은 산업의 도덕적 변화를 향한 진일보가 아니라는 결론 말이다. 작은 결사체 간의 피 튀기는 싸움, 내부를 혼란에 빠뜨리는 불화·반항·질투·의심을 자세히 관찰하다 보면, 로버트 오언의 도덕적 격언을 기억하고 싶어진다.

"개인의 이득을 위한 가격차-이윤은 인간 본성의
모든 저급한 열정을 일깨워 활성화시킨다."

이제 내가 왜 생산자 결사체 구조가 반민주적이라고 암묵적으로 전제했는지 말해야겠다. 첫째, 그것은 민주주의에 관한 관점을 묘하게 왜곡해, 공동체를 작은 생산자 자치 집단으로 쪼갠다. 그러면 이들은 그 특성상 죽기까지 서로 싸우거나, 높은 가격과 낮은 품질을 대중에게 강요하기 위해 단합하게 된다. 노동을 손에 넣은 자본가든, 자본을 손에 넣은 노동자든, 또는 양자의 공동 경영이든, 모든 노동자 결사체의 이익은 분명히 공동체의 이익과 대립된다. 이런 근본적 대립은 경쟁자가 나타나거나 고객 확보를 위해 서로 경쟁해야만 막을 수 있다. 이들은 생산비와 판매가격 간의 큰 차이를 확보하려는 이윤 추구자이며 항상 이윤 추구자가 되어야만 한다. 이윤을 추구하기 때문에 끊임없이 경쟁과 단합이라는 두 개의 서로 다른 마음에 직면한다. 어떤 산문 시인의 말을 패러디해 보자.

> "처음에는 이것에 끌리고 다음에는 저것에 끌리네. 경쟁의 도박에서 독점의 약탈로 뛰어오르네. 독점의 약탈에서 경쟁의 도박으로 내려오네. 무엇이 가장 이익인지 알지 못하네."

협동조합 운동에 존재해왔거나 현재 존재하는 생산자 결사체가 만들어낸 산업 독점의 위협은 거의 없다. 지금까지 이들 작은 조합이 연합하려는 시도는 심지어 부츠 같은 단일 업종에서도 거의 성과가 없었다. 사회주의가 발전하고 있는 지금 같은 시기에도 깊은 침체에 빠져있는 개별주의에 대한 처방을 찾는 가장 좋은 방법이 있다. 생산자 결사체가 모인 회의에 참석해 '만연한 개별주의'를 확인해 보는 것이다. 회원 모두 똑같이 참여해 만든 중앙기관에 의무를 위임하거나 통제권을 부여하는 어떠한 연합 제안에 대해서도 그들은 침묵으로 반대하거나 냉소적으로 유감을 표한다. 자본가 생산자는 (자유무역 국가에서는 실현되기 어렵지만) 가격 인상을 위한 강력한 단합이 주는 이점을 깨닫기 시작했는데, 노동자 결사체는 여전히 서로 피 튀기게 싸우는 원시적 단계에 머물러 있다.

하지만 폐단은 여기서 끝나지 않는다. 노동자가 자기 노동을 관리할 사람을 노동자 중에서 선출하는 자치 협동조합 작업장이 이상적인 산업민주주의 형태라 치자. 그럼 과연 그 이상은 실현되었는가? 40년간 끈질기고 헌신적인 노력으로 수백 개 생산자 결사체가 설립되었지만, 자치 작업장에 어느 정도 근접하는 규약을 가진 곳은 이직 초기 단계에 있는 8개(4개는 아주 작은 규모)뿐이다. 나머지 46개는 협동 생산의 정통 주창자로 인용되고 있지만, 귀족적·금권적·군주적 규약 등 놀라운 다양성을 보여주고 있어 체계적 분류가 불가능할 정도다. 첫째, 윌리엄 톰프슨의 회사는 세습 군주제고, 번리 자조조합의 밴크로프트는 규약으로 독재를 보장받고 있다. 건축공협동조합은 높은 출자금과 장기 근무자만 조합에 가입할 수 있고 스스로 정한 종신 위원 덴트Dent, 미넷Minett, 커티스Curtis가 지배하고 있다. 둘째는 틀림없는 과두제oligarchy 소집단이다. 이들은 작은 고용주 결사체로 주로 부츠, 신발, 양동이, 난로망, 못, 자물쇠, 솔 등을 만든다. 셋째는 작업장 민주주의를 한다면서 조합원의 임원 피선거권을 박탈하는 '공동 경영'이라는 자애로운 자기기만이다. 자립·자치 민주주의를 실현하는 작업장이라는 관점에서 본다면 이렇게 임원 피선거권을 박탈하는 것은 말도 안 되는 일이다. 아주 단순한 정치적 비유를 들어보자. 영국이 정치적·산업적 문제를 해결하기 위해 프랑스에 자금을 요청했고, 프랑스는 그 대가로 행정부를 구성하는 영국 의회 의원을 프랑스인으로 선출할 것을 요구했다고 하자. 과연 영국은 자유롭고 민주적인 나라가 될 수 있을까? 나아가 이 비유가 '공동 경영'에 대한 정확한 비유가 되기 위해서는 프랑스인에게 영국 주민이 보유한 투표권보다 더 많은 수의 투표권을 부여해야 한다. 이것이 바로 헵던브릿지퍼스티언조합, 레스터양말조합, 맨체스터인쇄조합 자본가들이 '공동 경영'이라는 이름으로 행하고 있는 (자치 작업장이라는 관점에서 보면) 독재의 정확한 모습이다. 이런 가식적인 사이비 민주주의가 100만에 가까운 영혼이 참여하는 열린 민주주의 대표, 민주적 도매협동조합의 관리자들에게 충고하는 것이다. '양육하는 감독에 길들여진' 노동자 집단에게 '좋은 설비를 갖추고 재고가 풍부한, 번창하고 있는 사업을 넘겨주는' (닐Neale의 표현에 따르면) '즐거운 의무'를 수행하라고 말이다.

일부 협동조합인은 노동자 자치 형제애를 포기하고, 고용주와 종업원 간 이윤-공유를 옹호한다. 자본가 사업주는 고용주로서 독재적 특권을 유지할 수 있고, 노동자는 임노동으로부터 해방되었다고 상상할 수 있는 편리한 타협이다. 한편 '이윤'은 애매한 자금이어서 온갖 방법으로 계산되고 분배될 수 있다. 명확하게 규정된 자금을 충실하게 분배할 수도 있고, 방법에 따라 임금이 줄어들거나 같은 임금에 노동시간이 늘어날 수도 있다. 과도하게 유보자금을 늘리거나 터무니없는 이자율을 적용한 감가상각으로 이윤을 줄일 수도 있다. 나는 성과, 수익, 경비 절감에 따른 보너스같이 (D. F. 슐로스Schloss 말을 인용하자면) '한쪽으로 기울어진 관행을 자존감을 높이는 방식으로 포장하려는' 시도는 이윤-공유제에서 제외한다. 모든 형태의 보너스는 분명히 도급 노동의 변종이다. 교활한 고용주는 노동자가 더 열심히 일해 측정 가능한 성과를 내도록 자극하고 일정한 금액을 지급한다. 다양한 도급 노동 시스템의 장단점에 관한 논의는 재단사 업무 시간 기록 분석이나 올덤 방적업 노동조합 표준 임금률 분석만큼이나 협동조합을 논하는 이 책의 범위를 벗어난다. 하지만 분명히 해 둘 것이 있다. 보너스와 달리 이윤-공유는 문자 그대로 사업의 수익과 손실을 공동 관리하는 고용주와 종업원 간의 정직한 결속 행위이고, 사업체별로 세밀한 감사가 이루어진 대차대조표의 손익을 근거로 엄격하게 정해진 방식에 따라 노동자 소득이 규제되는 것을 의미한다.

임금제도로서 (또는 임금제도의 대체로서) 이윤·손실-공유제를 반대하는 가장 우선적 이유는 원칙의 부재다. 노동자에게 할당되는 이윤의 정확한 비율에 관한 명확한 원칙이 없다는 점을 지적하는 게 아니다. 구체적 내용이 어떻든 모든 이윤-공유제는 육체노동자에 대해 노동의 양이나 질에 따라 보상하지 않는다. 그리고 (최소 생활 기준에 따른) 노동자의 필요에 근거해서 보상이 계산되지도 않고, 종사하고 있는 산업의 호황과 불황에 따라 소득이 변동되지도 않는다. 이제 몇 가지 핵심적 내용을 분리해서 검토해 보자. '가격차-이윤'은 '구매 행위'와 '판매 행위' 간의 차이를 확보할 수 있는 기회와 기업가 능력에 달렸다. 고도로 조직된 산업에서 노동자 임금은 '구매 행위'를 구성하는 지출 중 작은 부분에 불과하며, '판매 행위'는 육체노동자의 어떠한 행위와도 완전히 무관하다. 도급 노동이 만연한 모든 업종에서 여타 생산비에 대한 임금의 비율은 노동자 노력에 따라 변동되지는 않지만, 좋은 기계 사용에 따라 무한히 높아질 수도 낮아질 수도 있다. 그리고 우수한 기계 도입 여부는 전적으로 고용주가 결정한다. (이윤-공유제는) 노동자가 실질적인 자기-고용주가 아니라면, 자신이 출자하지도 않은 자본금의 지분을 주겠다는 제안을 받는 것이며 또 아무 책임이 없는 손실에 부담을 지는 것이다. 사업이 잘될 때 이윤-공유 회사는 노동자에게 표준 임금 이상의 금액을 줄 수 있고 모든 게 순조롭다. 하지만 불황이 닥치면 노동자는 임금 삭감을 받아들이거나 사업 손실을 메꾸기 위해 '부과금' 형태로 임금 일부를 반환할 것을 요구받는다. 설령 노동자들이 이에 동의한다 해도 노동조합 사무국장은 그들에게 임금 현상 유지를 주장하거나 '쥐새끼 같은' 회사를 그만두도록 촉구할 의무가 있다. 왜냐하면 이윤-공유 회사에서 노동자 소득이 그 업종의 현행 임금 아래로 떨어지면, 경쟁하는 다른 고용주들이 이를 이용해 전반적으로 임금을 삭감할 것이기 때문이다. 그리고 만일 이윤-공유 회사가 상당수를 점하게 되면 노동조합은 붕괴될 수밖에 없기 때문이다. 이렇게 표준 임금(최소 생활 기준 보장을 위한 임시적 시도)은 사라지고, 노동자는 각자의 회사에서 고용주의 무모한 경쟁과 불균등한 능력 그리고 탐욕이나 선의에 휘둘리게 된다.

만일 육체노동자가 자신이 종사하는 산업의 전반적 호황과 불황에 따라 과실과 어려움을 나누는 게 합당하다면, 회사별로 각자 수익과 손실을 공유하는 방식은 출발부터 분명히 잘못된 것이다. 해당 업종 상황에 대한 고용주의 적응 능력이 아니라 전반적 산업 상황에 근거해서 공식적, 비공식적으로 임금연동제를 적용하는 게 합당하다. 석탄과 철강 산업에서는 생산품 가격에 근거한 임금연동제를 채택해 왔다. 섬유 산업같이 복잡한 산업에서는 전문적인 노조 간부와 고용주 대표 간의 협의를 통해 같은 결과를 끌어낸다. 두 경우 모두 평화적 해결을 위해 강력하고 안정된 노동조합이 필수적이다. 이때 노동조합에는 시장 변동을 능숙하게 이해하는 경험 많은 간부가 있어야 한다. 그리고 고용주에게 공정한 조건을 요구할 뿐 아니라 전체 노동자가 따르게 할 수 있어야 한다. 임금연동제에 관한 최고 권위자 프라이스Price는 『산업 평화』에서 다음과 같이 말했다.

"수평적 산업 분업을 수직적 산업 분업으로, 즉, 노동자 단체와 고용주 단체의 대립을 어떤 단일 기업 노동자(고용주가 된 노동자 포함)와 다른 기업 노동자의 대립으로 바꾸어 놓는 것은 분명히 필연적 경향은 아니다. 오히려 그 반대 방향으로 가는 경향이 있다."

'고체'에 관한 초등학교 지식이 매우 기초적인 진실을 입증해 줄 수 있다. (개별 회사 단위의 이윤·손실 공유제에 따른) 임금 때문에 수평 막대가 수직으로 절단되고 있는데, 어떻게 가격에 따라 위아래로 움직이는 뚫을 수 없고 단단한 수평 막대(산업의 전반적 호황·불황에 따른 임금변동제의 기하학적 표현)를 유지할 수 있겠는가?

이제 이윤·손실-공유제에 대한 노동조합의 반대를 개괄해 보자. 과거 브릭스Briggs와 오늘날 조지 라이브세이George Livesey 같은 이윤-공유 고용주들은 근로시간 연장, 임금체불, 비노조원 선호 등을 통해 의도적으로 노동조합을 침식하려 했다. 그리고 동일노동·동일임금을 무너뜨리면서 노동자 조직 단결에 어려움을 초래했다. 하지만 무엇보다 이윤·손실 공유제는 노동조합주의의 뿌리를 잘라내는 역할을 한다. 왜냐하면 노동조합은 노동에 대한 최저 가격을 설정하기 때문이다. 교육과 지출의 최소 기준에 근거해서 노동의 대가를 공동체에 요구하는 것이다. 지금까지 노동조합은 생산품 가격에 맞춰 임금을 정하는 대신 임금에 맞춰 생산품 가격을 조정하는 것을 목표로 했다. 이는 노동조합이 대외적인 경쟁 현실을 무시한다고 고용주들이 끊임없이 불평하는 데서 충분히 알 수 있는 사실이다. 이런 식으로 산업 경쟁의 압력을 막는 댐을 쌓기 위해서는 댐 전체가 온전하도록 조심해야 한다. 손실-공유제로 매우 작은 누수만 생겨도 댐 구조 전체에 치명적인 영향을 주게 된다. 노동조합주의는 경쟁의 압력을 노동자 임금이 아닌 다른 곳으로 돌리고 고용주의 교활함과 자본의 힘을 통제하는 데 상당히 성공했다. 사실은 이것이 특정 산업의 전반적 상황에 따라 규제되는 공식적·비공식적 임금연동제가 갖는 온전한 의미다. 일단 이 원리가 인정되면 노동조합 간부는 임금을 갉아먹는 개별 고용주에 대해 다음과 같이 주장한다.

> "우리는 당신이 원료를 얼마에 구매하는지 시장 시세를 통해 알 수 있다. 우리는 당신이 생산품을 얼마에 판매하는지 알 수 있다. 평균 수준의 능력과 기계를 갖추고 있다면, 당신은 노동의 대가를 충분히 지급할 수 있다. 만일 당신이 평균 이상의 능력과 기계를 갖추고 있다면, 당신은 잉여금을 가질 자격이 있다. 그러나 만일 당신의 능력이 평균 이하라면, 많은 사람이 당신의 무능으로 인해 고통받는 것은 부당하다. 당신은 고용주를 그만

두고 더 나은 사람을 위해 그 자리를 비워주어야 한다."

이에 대한 예시로 올덤 면방적 업종에서 있었던 에피소드를 하나 들겠다. 몇 년 전 획기적으로 발전된 기계를 갖춘 새로운 공장 집단이 오래된 회사들과 경쟁하기 위해 들어왔다. 신인들과 경쟁이 안된다는 사실을 깨달은 오래된 공장은 임금을 갉아먹기 시작했다. 그리고 이윤을 내는 기업들도 '당연히 발생하는 잉여'를 추가로 만들기 위해 이를 따라 했다. 다행히 노동자들이 잘 조직되어 있었기 때문에 성공적으로 임금 삭감을 막아냈다. 경쟁력 있는 기업들은 업종 전체에 동일한 임금률이 지켜지기만 한다면 이전 임금 수준으로 되돌리길 원했다. 이제 오래된 공장은 기계와 경영을 개선하거나, 아니면 준비된 후배들에게 길을 열어줘야만 했다. 만일 방적공이 잘 조직되지 않았다면, 수익이 최저생활수준에 이를 때까지 임금을 낮추는 각축전이 분명히 벌어졌을 것이다. 여기서 무능하거나 부실한 장비를 가진 기업가는 노동자 임금을 삭감하고 노동자 능력을 영구히 저하시키면서 한계에 도달하게 된다. 그리고 사업은 수익 감소와 인건비 상승 압박으로 절망의 구렁텅이에 빠지게 된다. 여기서 옛 공장이 번리자조조합 같은 진정한 생산자 결사체라 해도 같은 결과가 나타날 것이다.[37] (번리

---

37) 남아 있는 2개의 번리자조조합은 종업원 임금 삭감으로 손실을 메우면서 생존해 왔다.

자조조합의 원래 설립취지문을 인용하면) 설립자는 "조합에 닥친 부담에 대응하는 최선의 방안을 노동자에게 요구할 것이다. 그것은 비용 절감 아니면 임금 삭감이다." 공장에 우수한 기계를 새로 갖추는 것은 비용 절감이 아니다. 따라서 임금 삭감이 유일한 대안이 된다. 하지만 이 경우 노동자는 소득 감소로 고통받을 뿐만 아니라 회사 자본으로 축적되어 있었던 임금까지 잃게 될 것이다.

경험 많은 노동조합주의자가 이윤·손실 공유제를 의심의 눈빛으로 바라보는 것은 정당한 일이다. 노동자를 분열시켜 결국 모든 저항을 분쇄하는 교활한 방법일 뿐만 아니라, 노동조합원의 자기 복종과 집단적 노력으로 세운 '표준 임금'이라는 단단한 방어벽을 뚫고 산업 경쟁의 압력을 노동자 소득에 전가하려는 의도된 혹은 무의식적 시도라는 의심 말이다.

노동조합 관점에서 이윤-공유 보상 방법을 반대하는 이유를 설명했다. 이제 생산자 결사체의 경우를 생각해 보자. 이윤-공유제 실행으로 인해 노동계급이 겪는 궁극적 피해와는 별도로 개별 노동자의 손익을 평가하는 것은 대단히 어렵다. 지난해 기록을 보면 단 20개 생산자 결사체만 노동자와 이윤을 공유했다. 만일 이 이윤을 54개 생산자 결사체에 고용된 전체 노동자가 나누었다고 하면 1인당 연 1파운드도 되지 않는다. 손실이 난

3곳에서 손실 일부가 노동자 임금에 부과되었다는 사실이 보고되었고, 자본에 대한 이자를 삭감했는지는 알 수 없다.

하지만 이게 다가 아니다. 이익을 내는 조합 중 9개는 작은 고용주 결사체다. 여기서 노동에 대한 배당이 조합원과 비조합원에게 같은 비율로 지급되는지, 어느 정도 일감이 도급업자에게 또는 자기 집에서 종속적 노동자를 고용하는 조합원에게 넘어가는지 알 수 없다. 모든 이윤-공유 사례에서 노동자의 순손실 또는 순이익을 확정하기 위해서는 이윤-공유 회사나 조합에서 지급되는 임금률을 다른 곳과 비교해야 한다. 이 작업을 하기 어려운 이유는 (대부분의 생산자 결사체가 설립되고 있는) 비주류 업종에는 우연히도 노동조합이 제시하는 임금률이 존재하지 않는 경우가 많기 때문이다. 그리고 노동조합 임금률이 있어도 그것이 도급 노동에 기초하고 있다면 공정한 임금률 평가 기준으로 삼기는 어렵다. 도급 노동에 의한 순소득은 원료의 질과 기계의 성능·속도에 따라 달라진다. 레스터부츠·신발조합 제화공은 노동조합 임금률에 파운드당 1~2실링 보너스까지 받지만, 도매협동조합 소속 웨스트엔드공장West End works 제화공보다 많이 벌지 못하며 때로는 더 적게 번다고 한다.[38] 한편 일급日給 노동의 경우는 노동 강도가 계속

---

38) 부록 II에 있는 D. F. 슐로스Schloss의 편지를 보라.

높아지고 있다는 점을 고려해야 한다. 그렇다면 이윤-공유로 배당되는 '이윤'이란 단지 경쟁적 노동 시장에서 부과된 과중한 노동의 대가로 주어진 임금 증가에 불과한 것이다.

끝으로 덧붙이고 싶은 말이 있다. 기독교 사회주의자와 그 추종자들이 '노동자 형제애' 이념 실현에 실패한 것은 지성과 헌신이 부족한 탓이 아니다. 그들의 행위는 훌륭했지만, 그들의 이론은 그릇된 것이었다. 처음부터 그들은 로버트 오언이 깨달았던 사실을 무시했다. 그들은 산업혁명이 가져온 근본적 변화를 간과했다. 대규모 자본 투자에 따른 수익 증가, 정교한 규율을 갖는 공장시스템, 치열한 경쟁에서 시장을 확보하는 능력이 그것이다. 협동조합인 개별주의 분파는 자본주의와 경쟁 산업시스템competitive system of industry 개혁에 접근하지 못했고 그 시스템에 적응하지도 못했다. 그들은 단지 그들의 신념이 잘못된 것임을 증명했을 뿐이다. 기업가를 없애고 생산자 집단을 자기-고용주로 전환하는 방식으로 현재 산업 문제를 해결하려는 것은 농민 소유자 집단을 만들어 토지 문제를 해결하려는 시도 혹은 임차권 부여를 통해 도시 토지 소유에서 늘어나는 부도덕한 '불로소득'을 제거하려는 헛된 해결 방안과 같은 부류의 생각이다. 개인적 생산자가 노동 수단과 노동 생산물을 모두 소유하는 사회는 이제 희망이 될 수 없다. 직접 원료를 구매하고 자신의 생산품을 판매해서 이윤을 만들어내는 원시적 노동 형태로 돌아가는 것은 바람직할지는 몰라도 더 이상 실현될 수 없다. 같은 방식으로 육체노동자 10, 20, 50, 200명을 모아서 생산한다 해도 어려움이 줄어들지는 않는다. 오히려 200명 개인의 경제적 무기력에 결사체의 도덕적 어려움까지 더해져 어려움은 불가능이 된다. 자본을 소유하고 자신이 설립한 기업을 통제하는 진정한 생산자 결사체는 산업혁명이 진행되지 않은 업종에서만 존재하고 이들 대부분이 매우 소규모라는 사실은 의미심장하다. 새로운 산업은 개별 노동자를 거대 자본에 종속시키고 유능한 전문가가 이끌어 간다. (성공은 우수한 기계의 신속한 도입과 원거리 시장 확보에 달려있다. 단, 예기치 않은 국내외 사건으로 인한 실패는 대규모 자본이라 해도 어쩔 수 없으며, 보험으로 대비할 수 있을 뿐이다.) 이런 새로운 산업 세계는 이미 도래했고 오래 지속될 것이다. 더구나 모든 산업과 상업으로 급속히 확대되고 있다. 노동자가 더 부지런하게 일해서 (이런 노력이 바람직할지는 몰라도) 자본, 규율, 경영 능력 부족을 해결할 수 있는 영역은 나날이 줄어들고 있다.

지금 노동자 앞에 놓여 있는 과제는 개별적으로 잃어버린 것을 집단적으로 되찾는 일이다. 노동조합은 노동자에 필요한 교육과 소비에 대한 일정 기준을 요구할 뿐만 아니라 자본가 행위를 어느 정도 규제하면서 그러한 방향을 촉진한다. 하지만 지방자치단체와 국가의 시민, 소비자협동조합과 도매협동조합의 조합원 입장에 설 때 노동자는 한발 더 나아갈 수 있을 것이며, 대의제를 통해 국가의 산업을 관리할 수 있다. 민주적 협동조합은 대의제 자치representative self- government를 산업에 도입하려는 노력을 통해 '국가 안의 국가a State within a State'를 형성해 왔다. 이 국가의 범위와 그것이 다른 사회 권력과 맺는 관계에 대해 다음 장에서 논의한다.

6장
국가 안의 국가

영국 협동조합 운동에 대한 이상한 오해가 있다. 이는 많은 사람에게 영국 협동조합 운동이 신념을 버리고 약속을 깼다는 인상을 주었다. 그 때문에 협동조합인은 주교, 귀족, 정치인, 경제학자, 자칭 노동결사체 양부모가 내뱉는 신랄한 비난과 격한 훈계에 주기적으로 시달렸다. 그 오해의 기원은 '협동조합 국가Co-operative State' 규범을 실천하는 공인된 중앙기관인 협동조합연합회의 역사 속에서 찾아볼 수 있다. 협동조합 선전·정치 연합의 발전 과정에 대한 개괄이 필요한 이유다.

(기억하겠지만) 로치데일 운동 초기에 북잉글랜드 협의회 활동은 두 갈래로 나뉘었다. 하나는 도매협동조합을 설립해서 매장 관리 기술과 사업 조직을 발전시키는 것, 다른 하나는 미개척 지역 선전 활동과 협동조합 위상에 관련된 법 개정을 통해 협동조합 운동을 확대하고 강화하는 것이었다. (앞서 언급했듯이) 기독교 사회

주의자는 1852년 산업절약조합법을 입안하고 추진하는 과정에서 북부 지역 협동조합인에게 매우 귀중한 도움을 주었다. 법을 계속 개정하고 잘 활용해서 협동조합인이 국가의 산업, 상업, 금융에 충분히 참여할 수 있었던 것은 기독교 사회주의자의 지식, 행운, 끈덕진 노력 덕분이다. 특히 J. M. 러들로우와 E. V. 닐Neale의 역할이 컸는데, 유능한 법률가였던 이들은 무보수로 협동조합 운동의 옹호자, 법안 입안자, 변호사로 활동했다. (E. V. 닐은 40년간 실제로 그런 역할을 했다.) 기독교 사회주의 문인과 연설가들은 협동조합 대의를 위해 무료 강사가 되었고 엄청난 양의 소책자를 발간하고 논설을 썼다. 어떤 이는 협동조합 운동의 사고 능력은 기독교 사회주의자에 의해 형성된 것이라 주장한다. 그러나 로치데일 민주적 협동조합 시스템과 뷔셰Buchez 추종자의 '노동자 형제애' 계획을 비교하는 나의 가치 평가에 동의하는 사람은 이런 주장을 거부할 것이다. 하지만 기독교 사회주의 지도자들이 수년간 출판과 연단, 의회 복도와 위원회실, 그리고 법정 대기실에서 협동조합 운동의 목소리를 낸 것은 명백한 사실이다.

따라서 기독교 사회주의자가 협동조합 운동의 정치·선전조직에서 중요한 자리를 차지하는 것은 자연스럽고 정당했으며 불가피했다. 하지만 그들이 법률가, 문필가, 웅변가로서 탁월한 재능을 가지고 있어 자기 활동 영역에서 한동안 주도적 역할을 담당하게 된 것은 협동조합 운동에는 불행한 일이었다.

협동조합연합회는 북잉글랜드협의회North of England Conference Association와 1869년 런던 대회 임시위원회provisional committee of the London Congress 두 조직이 연합해서 시작했다. 이들의 목표는 같았지만 매우 다른 내력과 규약을 가지고 있었다. 북잉글랜드협의회는 20년간 로치데일 운동을 실천해 온 지역 조직이 통합된 대표 조직으로 랭카셔, 요크셔, 더럼, 노섬벌랜드 협동조합 센터에서 연례 회의를 개최할 목적으로 연합했다.

한편 런던 대회는 1851~1852년 기독교 사회주의자들이 수도권에서 개최한 회의가 부분적으로 이어져 다시 나타난 것으로 톰 휴Tom Hughes가 주재했다. 구성원 대부분은 브릭스와 그리닝 같은 산업파트너쉽 대표들이 뿌려놓은 운동을 후원하는 중산층과 외국인 동조자들이었다. 북부 지역과 스코틀랜드 소비자협동조합 대표들은 거의 참석하지 않았고 수도권 포함 단 20개 협동조합 매장만 대표를 파견했다. 대회에서는 외국 통신원의 자세한 보고를 듣고, 공들여 만든 문서를 검토하고, 다소 이론적인 여러 결의안을 통과시켰다. 저명한 신사로 구성된 임시위원회를 선출했으며, 노동계급 대표로 노동조합 사무국장 2명을 포함시켜 보충했다. 그리고 1870년 대회 장소를 맨체스터로 정했다.

1870년 성聖금요일 베리에서 열린 북잉글랜드협의회 연례 회의에서 (협동조합 신문 창간, 법 개정 논의와 함께) 협동조합 대회Co-operative Congress와의 통합을 검토하는 위원회가 구성되었다. 몇 주 뒤 양측의 통합을 위한 대회가 노동계급 조합 대표들의 참석이 부진한 가운데 맨체스터에서 열렸다. 대회는 우호적 분위기였고, 통합 '희망자' 14명[39], 북부 지역 소비자협동조합 대표 15명, 노동조합 사무국장 2명, 글래스고 대표로 구성된 대회이사회Congress Board가 지명되었다. 1872~1873년 볼턴과 뉴캐슬 대회에서 민주적 소비자협동조합 설립자와 자치 작업장 옹호자는 협동조합연합회Co-operative Union로 통합되었다. 이때부터 중앙이사회Central Board는 협동조합 운동의 공식적 대표가 되었고, 해마다 '민주적 산업 의회the parliament of democratic industry'라고 불리기도 하는 협동조합 대회를 소집했다.

　현재 협동조합연합회는 조합원이 100만인 1,300개 협동조합이 느슨하게 결합된 조직체다. 회원 조합은 각자 정해진 몫을 중앙 기금에 납부한다. 대표성을 확보하기 위해 전국을 중부, 북부, 북서부, 남부, 스코틀랜드, 서부, 아일랜드 등 7개 지구로 나누었다. 연합회 일은 64명의 중앙이사회가 관리하고, 이사는 각 지구별로 정

---

39) [옮긴이] 기독교 사회주의자들이 중심이 된 런던 대회 임시위원회 측을 말하며, 이들이 통합을 적극적으로 희망했다는 뜻이다.

해진 비율에 따라 해당 지역 회원 조합이 선출한다. (연합회 규약을 인용하면) "중앙이사회에 파견할 대표 선출방식은 각 지구별로 자유롭게 정한다." 중앙이사회는 대회 주간에만 모이며, 나머지 기간에는 각 지구이사회sectional board로 흩어진다. 지구마다 다르긴 하지만 지구이사회는 지역 조합협의회와 밀접한 관계에 있고 주로 지역 문제에 집중한다. 협동조합연합회 중앙 행정은 7개 지구이사회에서 파견한 13명의 대표로 구성된 연합이사회united board가 맡고, 실제 업무는 연합이사회 하부 위원회가 맨체스터 중앙 사무실에서 처리한다. 연합이사회 업무가 협동조합 운동 발전에 미치는 중요성은 종종 간과되어왔다. 협동조합 국가의 내부 조직은 사무총장과 사무차장의 빈틈없는 역량에 의해 완성되고 발전된다. 회원 조합들 사이에, 조합과 대중 간에 제기되는 법에 관련된 세세한 문제는 토론을 통해 결정한다. 지방 법원 판결이 불리할 경우 상급 법원에 제소하기 전에 이의를 제기한다. 이웃 매장 간의 사업 구역 경계에 관해 검토하고 결정한다. 전문가가 정리한 규약 초안, 회계 매뉴얼, 검사시스템 등을 널리 보급한다. 의회 담당 위원회는 의회와 행정부가 교체될 때 영향받을 수 있는 협동조합인의 경제적·사회적 이익을 보호하고, 정치 선전과 배후 조종을 빈틈없이 결합해 노동하는 소비자의 중대한 민주주의 이해관계를 적극적으로 촉진하고 보호한다. 이 모든 일이 연합이사회의 업무다.

협동조합연합회는 회원 조합의 대표로 구성된 연례 대회에 의해 운영되고, 각 회원 조합은 조합원 500명당 1명의 대표를 파견할 수 있다. 대회의 결정은 집행기관과 연합회 회원 모두에게 구속력을 갖는다. 하지만 협동조합 대회는 입법 의회라기보다는 다양한 의견을 가진 다양한 협동조합인의 거대한 토론장이자 유익한 만남의 장이다.

　사무총장과 사무차장의 일상 업무, 각 지역 지구이사회 활동, 의회 위원회의 기민하고 지속적인 역할 등 다양한 중요 활동은 핵심 협동조합인 이외 사람들에게는 무시되거나 평가절하되어왔다. 반면 협동조합 대회는 성령강림주간에 영국의 대규모 산업·상업 중심지에서 열렸고, 정치 거물, 유명 문인, 경제학자, 유명 귀족, 재산가의 개막 연설과 갈채로 막을 올렸기 때문에 언론에 보도되었다. 그리고 언론의 홍보 효과 덕분에 노동 문제에 관심 있는 모든 사람의 주목을 받을 수 있었다. 하지만 기삿거리가 별로 없는 평일 의회 휴회기에 협동조합 대회 측이 제공한 '보도자료'에 대한 기자들의 뜨거운 관심에도 불구하고, 대회 주간에 진행되는 내용은 런던과 지역 신문이 띄워준 '지도자들'이 그런 것처럼 협동조합 운동 현실과는 아무런 관련이 없다. 이는 아타나시오 신경信經과 영국 국교회 대재참회식大齋懺悔式이 런던증시 움직임이나 외무부 급보와 관련이 없는 것과 마찬가지다. 내가 이야기하고자 하는 논점을 명확히

하기 위해 이윤-공유 사례를 들어보겠다.

(협동조합연합회가 분명히 기독교 사회주의자의 후원을 받아 조직되었던) 1873년 뉴캐슬 대회 이후 '노동과의 이윤-공유'는 협동조합 운동의 신념을 지키는 슬로건으로 확인, 재확인되었다. 하지만 민주적 소비자협동조합과 연합제분협동조합 대표들은 처음부터 매장 직원, 판매원, 제분소 반장, 종업원과 이윤을 나누거나 그들에게 권한을 넘겨줄 어떤 의지도 없었다. 그들은 관심도 없는 협동조합인 개별주의 분파의 신조를 대회 때마다 '세 번의 만세 삼창'과 함께 반복해서 낭독했다. 한편 이들 조합 관리자들은 개별 협동조합 매장의 생산부 확장과 두 개의 도매협동조합 설립 과정에서 확고한 일관성을 가지고 오언주의 원칙과 민주적 방식을 실천했다. 자신들이 진심으로 주창하는 자치와 이윤-공유 작업장 주장에 대해 겉으로만 따르고 말로만 찬성하는 회원들의 반응에 질린 기독교 사회주의자는 실행을 위한 논의를 제기했다. 저지 휴즈는 1887년 칼라일Carlisle 대회에 모인 협동조합인을 향해 다음과 같은 감정적이고 용감한 연설을 했다.

> "우리 앞에는 두 개의 길이 있습니다. 두 길을 다 갈 수는 없습니다. 둘 중 바른 하나를 선택하는 것이 무엇보다 중요합니다."

그리고 도매협동조합 생산 공장을 자치 작업장으로

즉각 재조직할 것을 제안하는 이중으로 된 결의안을 지지하는 발언을 했다.

"이윤-공유를 할 수 없는 것입니까, 하지 않는 것입니까? 무엇이 맞고, 무엇이 틀렸나요? 만일 하나가 맞고 다른 하나가 틀렸다면, 어느 것이 맞고 어느 것이 틀린 건지 말하세요. 그리고 맞는 것에 충실하고, 틀린 것은 포기하세요."

그는 만일 협동조합인이 자치와 이윤-공유 작업장의 기본 신조를 부정한다면 자신과 동료들은 협동조합연합회에서 물러나겠다고 강조하면서 자신의 솔직한 호소를 마쳤다. 격렬한 토론이 이어졌고 모든 문제는 다음 대회로 넘겨졌다.

듀즈베리 대회는 떠들썩한 열광으로 생산 공장의 이윤·손실-공유 원칙을 재확인했고, 만장일치로 홀리요크의 다음과 같은 언급을 정당화했다.

"대회가 민주적 협동의 심장부가 되는 지역에서 열렸고 그 주제를 소비자협동조합에서 1년 내내 검토했기 때문에 결정은 신중했고 확고했다."

입스위치Ipswich 대회는 관념적 결의안의 후속 조치로 협동조합연합회 소속 전 회원 조합이 생산부에서 이윤-공유 원칙을 실행할 준비가 되었는지, 그리고 연합 기관을 구성해 대회 결의안을 지지하는 데 '적극 노력'

할 준비가 되었는지 답하게 하라고 연합이사회에 지시했다.

　이윤-공유라는 협동조합 신조에 대해 질문한 결과는 어떻게 나왔을까? 1,503개 조합 중 488개만이 중앙이사회 질의에 회신할 필요가 있다고 생각했다. 나머지는 대회에 참석한 대표 다수가 열렬하게 받아들인 결의안에 대해 무관심하거나 반대한 듯하다. 274개 조합은 이윤-공유 지지를 위해 '적극 노력'하겠다고 했고, 이윤-공유제를 직접 채택할 용의가 있다고 답한 곳은 단 180개였다. (글래스고 대회Glasgow Congress 보고서에서) 중앙이사회 생산위원회는 "실망스러운 회신을 확인해 보니 더 이상 어떤 활동도 의미가 없겠다."라고 무기력하게 언급했다. 하지만 운이 좋게도 이 사안은 묻히지 않았다. 이윤-공유를 지지했던 180개 조합은 1년 뒤 이윤-공유 원칙을 규약에 넣었는지, 이윤-공유제 즉각 채택을 권유할 예정인지 답해 달라는 요청을 받게 된다. 단 35개 조합만이 회신했으며, 그중 14개는 생산자 결사체였다. 회신을 보내온 21개 소비자협동조합 중 12개는 (이윤·손실 공유제나 자치 작업장을 실행하지는 않지만) 평소 노동자에게 보너스를 지급하고 있었고, 4개는 보너스 시스템을 조합원에게 제안하려 준비하고 있었다. 나머지 5개는 이윤-공유제를 검토하지 않겠다고 답했다. '적극 노력'할 의지가 있다고 답했던 274개 조합의 반응은 훨씬 더 부정적이었다. 19개 조합만이 회신했는데, 14개는 '이윤-공유 이념에는 충분히 공감하지만, 연합기관에 이윤-공유제 실행을 위한 계획'을 제안할 능력이 없다고 답했다. 나머지 5개 조합은 신념과 용기를 가지고 5개의 서로 다른 계획을 만들었고 연합기관에 제안할 준비가 되었다고 했다. 1,300개 소비자협동조합 대표가 모인 듀즈베리 대회Dewsbury Congress에서 이루어진 '신중한 결정'의 결과를 요약하면, 4개 조합이 보너스 시스템을 조합원에게 권할 준비를 하고 있고, 5개 조합이 5개의 상충하는 이윤-공유제 계획을 연합기관에서 채택해줄 것을 제안하고 있다. 만일 우리가 '대단히 기독교적인 이 나라'에서 협동조합인을 엄청난 사기꾼으로 비난할 생각이 아니라면, 협동조합 대회 진행 내용은 영국 협동조합 운동의 진정한 의미와 실천 지향을 대변하지 못하고 있다고 단호하게 주장해야 한다.

기독교 사회주의자와 신봉자들은 장식에 불과한 지금의 전국 협동조합 대회를 만들었다. 그런데 말주변 없는 북부 지역 협동조합인은 다년간 이들을 유용한 서비스를 제공하면서 연설가와 문필가로 활동한 협동조합 운동의 이상주의자로 여겼다는 사실을 생각해 보자. 그들 중 매우 유능하고 헌신적인 한 명이 18년간 협동조합연합회 사무총장으로 근무했음을 상기해 보자. 그리고 사업하는 사람들의 모임이라 내세우지만 실제로는 사업 논의는 하지 않고, 심지어 중앙이사회를 선출하지도 않는 연례 대회를 기억해 보자. 그러면 왜 회원 조합들이 자신에게 할당된 대표 입장권을 열성적인 추종자들(이들은 어떤 소비자협동조합에 1실링을 주고 대표 입장권을 얻기도 했다)이나 '이상주의' 경향 조합원에게 나눠주는지 이해할 수 있다. 이런 식으로 대회에 참석한 사람들의 이상주의적 의견을 대회에서 결의안으로 채택하는 것은 그다지 해롭지 않다. 하지만 협동조합 운동의 실질적인 정책이 검토되고 결정되는 협동조합 매장과 도매협동조합 분기별 회의에서 그러한 결의안을 논의하는 것은 매우 불편하다. 협동조합 대회의 대표성을 강화하는 게 좋을지 어떨지는 협동조합인이 결정할 문제지만, 지금의 연례 대회를 진정한 '민주적 산업 의회'로 인정할 수는 없다. 그 타이틀은 오히려 도매협동조합의 분기별 회의에 더 잘 맞는다. 하지만 협동조합 대회는 지금 존재하는 방식으로도 다양한 쓰임새가 있다.

협동조합 대회는 협동조합연합회에 종속되기는 하지만 필수적인 행사다. 대회에서 중앙이사회는 협동조합 관련 통계를 수집하고 분석할 수 있다. 이 통계 자료를 근거로 협동조합 성장에 관련된 사업적·정치적 사건들을 보고할 수 있고, 해마다 공개적인 토론 자료로 제출해서 연합회 직원이 더 발전적이고 효율적으로 일하도록 자극을 줄 수 있다. 더구나 대회를 통해 힘을 결집하고 조합원, 매출, 자본 성장을 요란하게 선언하는 것은 철도회사, 신문기자, 상인, 생산업자만이 아니라 의회 의원들에게도 강한 인상을 주어 협동조합연합회의 재정적 힘과 '조직력'을 실제로 느낄 수 있게 한다. 그리고 내부 규칙과 관습에 따라 천박한 상업적 방식의 광고를 금지하는 협동조합을 사업 조직으로 홍보하는 기회가 된다. 오직 배당 시스템에만 자부심을 느끼는 협동조합인은 대회의 이런 장점에 대해 생각해 보면 좋겠다. 끝으로 가장 중요한 쓰임새가 있다. 대회는 협동조합 국가의 각 지역 지도자들이 모이는 장을 제공한다. 공통의 어려움에 대해 비공개 대화를 나누고, 경쟁적 이해관계를 우호적으로 조정하며, 개인의 경험을 친밀하게 교환하는 기회가 된다. 이를 통해 직원·위원회 위원·대표 사이에서는 크게 성장하는 공동체에서 함께 봉사한다는 의식이 주는 묘한 열정과 고결한 경쟁이 발생한다. 일반 협동조합인이 지적으로 더 성실해지고 사회적 책임감이 높아지면, 협동조합 대회는 협동조합 운동의 대표성을 넘어 전국적 의회National Assemblies 중에서 가장 중요하고 고무적인 의회가 될 것이다.

협동조합 국가의 중앙기관에 관한 개요를 끝내기 전에 주목해야 할 두 가지 문제가 있다. 첫째는 협동조합연합회와 도매협동조합 간의 관계이고, 둘째는 1871년 협동조합 운동의 공식 기관지인 코퍼러티브 뉴스*Co-operative News* 창간이다.

협동조합 기록 연구자는 실천적·민주적 협동조합을

대표하는 도매협동조합과 지난 몇 년 전까지도 협동조합인 개별주의 분파가 지배해온 협동조합연합회 간의 긴장 관계에 주목할 것이다.

잉글랜드와 스코틀랜드 도매협동조합 이사들은 협동조합 대회 결의안을 자신이 관장하는 조직에 관련된 문제에 대한 정당한 지시로 절대 생각하지 않는다. 모든 문제를 분기별 대표자 회의에서 차분하고 꾸준하게 논의하고 결정하는 방식의 정당성은 듀즈베리 대회 이후 벌어진 결과를 통해 충분히 확인되었으며, 민주적 연합의 규약에도 완전히 합치한다. 협동조합인 개별주의 분파와 협동조합인 민주주의 분파democratic school의 관점에 대해 어떻게 생각하든, 협동조합연합회는 분명히 민주적 연합이기 때문에 연합회 회원 가입 조건에 관한 특별 규약을 결정하는 경우를 제외하면 회원 조합 내부 문제와 아무런 관련이 없다. 도매협동조합 분기별 회의에서 어떤 대표가 볼턴 매장 운영에 영향을 미치는 결의안을 발의한다고 상상해 보라! 그리고 타워햄릿조합Tower Hamlets Society에서 공급하는 제품의 생산 조건에 관한 토론을 제기한다고 생각해 보라! 도매협동조합과 마찬가지로 협동조합연합회도 특정한 목적을 위한 협동조합 매장들의 연합체다. 협동조합연합회의 경우 그 목적은 법률, 정치, 선전, 교육이다. 연합회 회원은 공동 문제에 관해 일정한 집행 권한을 중앙이사회에 위임했을 뿐이다. 만일 중앙이사회를 지방정부 위원회Local Government Board[40]가 구빈법 구제위원회 Boards of Poor Law Guardians[41]에 대해 갖는 것과 비슷한 권력을 부여받는 통제 이사회board of control로 바꾼다면, 이는 자치 조직들의 연합이라는 조직 구조의 근간을 무너뜨릴 것이다. 도매협동조합 규약만이 아니라 협동조합연합회 규약에서 회원 가입 조건을 명확하게 규정하는 원칙을 주장하는 것은 바람직할 수 있다. 그리고 중앙이사회가 도매협동조합 은행부와 생산부에 관한 구체적 내용을 담는 결의안을 입안하는 대신, 주식회사나 개인회사와 확실히 구분되는 협동조합에 관한 명확하고 종합적인 정의를 공식화해서 대회에서 결의했다면 아무도 불평하지 않고 오히려 많은 회원이 반겼을 것이다. 우리가 두 갈래 길에 서 있고 '자치와 이윤-공유', '열린 민주주의 협동조합 매장' 둘 중 하나를 선택해야만 한다는 저지 휴즈의 주장에 동의한다. 어느 길을 선택하든 대립적 방법과 양립 불가능한 목표로 인한 불화는 끝났을 것이다. 만일 협동조합인이 전자를 선택했다면 협동조합연합회는 엄격하게 선별된 조합들의 조직으로 급속히 축소되었을 것이다. 연합회는 레스터부츠·신발조합, 코벤트리시계공조합, 런던제본공조합, 케

---

40) [옮긴이] 지방정부위원회는 잉글랜드와 웨일즈 지방 행정을 감독하는 중앙 정부 소속 감독 기구로 1871~1919년 사이에 존재했다.

41) [옮긴이] 구빈법 구제위원회는 영국 구빈법에 관련된 행정을 관리하는 기관으로 1835~1930년 사이에 존재했다.

터링부츠·신발조합과 변변치 않은 동료들, 십중팔구 '민주 산업 연합'으로 재구성하려는 의지할 곳 없는 조합들로 구성되었을 것이다. 후자를 선택했다면 로치데일 시스템에 기초하면서 정치 민주주의 방식을 따르는 '대표들에 의해 통치되는 열린 민주주의'가 협동조합 원리가 되었을 것이다. 협동조합연합회는 1,300개 매장, 대다수 제분소와 제빵조합 그리고 두 도매협동조합을 계속 포괄할 것이다. 그리고 생산협동조합으로 분류되는 모든 혼종적 조직들이 이윤-공유에 반대하는 영국 협동조합 운동과 결합했다는 이유로 그들을 배제했던 '이윤-공유' 조직 집단과 함께 민주주의 원리로 운영되면서 협동조합연합회에 참여했을 것이다.

도매협동조합과 협동조합연합회 간의 불화는 다행히 옛이야기가 되었다. 도매협동조합은 처음부터 협동조합연합회 회원이었다. 최근 협동조합연합회가 잉글랜드 도매협동조합 회원이 되면서 출자 회원 조합 회의에 참석해 이사회에 이의를 제기할 수 있게 되었다. 맨체스터에 사무실을 두고 있는 양 연합은 도매협동조합 이사와 직원이 협동조합연합회 중앙이사회에 선출되고 협동조합연합회 이사와 직원이 도매협동조합 이사회에 선출되기도 하면서 공통 요소가 생겨 긴밀하게 연결되었다. 중앙이사회는 법적 문제 조정관, 교육·선전조직, 정치적 힘으로 기능하면서 중요성이 점점 커졌기 때문에, 연합회 일을 도매협동조합 정책에 종속시키거나 재앙이 될 수도 있는 연합회 진실성에 대한 공격으로 둘의 관계를 후퇴시키는 일은 없을 것이다. 협동조합인이 결사체 권력을 적절하게 제한할 수 있는 확실한 방법을 원한다면, 협동조합신문조합Co-operative Newspaper Society을 독립적 기관으로 만들어 낸 성공 사례를 참조하는 게 좋다. 초기에 유아 단계에 있는 코퍼러티브 뉴스를 중앙이 사회의 시녀로 만들려는 시도가 있었다. 협동조합인은 건강한 분별력으로 도매협동조합, 협동조합연합회, 대규모 협동조합 매장이 주주로 참여하는 별도의 연합기관이 신문을 소유하고 지배해야 한다고 결정했다. 이렇게 해서 코퍼러티브 뉴스는 유능한 편집인이 이끌어가게 되었고, 상충하는 의견을 공정하게 쓸 수 있는 충분한 힘을 갖게 되었다. 그리고 매주 37,000부를 발행하면서 모두가 인정하는 유일한 협동조합 운동의 기관지가 되었다.

이제 협동조합 국가의 중앙기관과 구성 부문에 대해 분명히 알게 되었다. 하지만 국가의 역사에서 내각, 의회, 재판소 같은 중앙기관에 대해 완벽하게 설명하면서 민중의 삶은 망각하기 쉽다. 마찬가지로 협동조합 기관을 개관하면서 영국 협동조합 운동에서 중요한 의미를 갖는 민주적 지방자치의 한 형태인 협동조합 매장 시스템(그에 기반을 둔 연합과 함께)의 성공과 실패를 쉽게 간과할 수 있다.

부록Ⅲ을 살펴보면 민주적 협동조합의 범위와 한계를 파악할 수 있다. 이 자료는 지역별로 인구 100명당 매출(단위 파운드)을 보여주고 있는데, 이를 통해 영국 전역에 협동조합 매장 시스템이 어느 정도 확대되고 있는지 알 수 있다. 아일랜드는 민주적 협동조합의 불모지여서 빠졌다. 그리고 부록Ⅲ에는 지난 30년간 실패의 모습을 보여주는 수치도 있다.[42] 이들 자료를 보면 협동조합이 단단히 뿌리를 내리고 있는 지역, 시도했지만 성공하지 못한 지역, (이런저런 이유로) 노력하지 않는 지역이 보인다.

만일 내가 협동조합 대회에서 연설한다면, 이 자료에 근거해서 성공한 많은 지역이 그에 앞서 실패를 겪었다는 사실, 그리고 실패 이후 매장이 영구적으로 소생하고 활기차게 성장하면서 (많은 실패에도 불구하고 성공하지 못한) 런던과 버밍햄 지역 주민이 계속 노력하고 새롭게 시도하도록 용기와 자극을 주고 있다는 사실을 강조할 것이다. 그리고 아직도 많은 지역이 불모지라는 사실은 적극적인 선전 활동이 절실하게 필요함을 보여주고 있다고 주장할 것이다. 이렇게 수치 자료를 검토하면서 알게 되는 사실은 실천을 위한 신념과 주장에 도

---

[42] 실패는 수도권에 가장 많다. 더럼과 랭카셔 지역에서 많이 실패했고, 현재 성공을 보여주고 있는 모든 지역에서 실패 사례는 쉽게 찾아볼 수 있다. 버밍햄과 그 주변 지역은 실패 사례가 넘치고, 리버풀과 남부 웨일즈 역시 실패의 경험이 두드러진다. 부록Ⅲ 참조.

움이 될 수도 있다. 하지만 연구자는 민주적 협동조합이 두드러지게 성공한 지역과 실패한 지역을 보면서 그 이유에 대해 어떤 해명이나 단서를 찾으려 할 것이다.

이 문제에 충분히 답하기 위해서는 산업 조건, 협동조합의 민족적 특성, 비협조적 주민 등에 관한 구체적인 정보가 필요한데 나에게는 그런 정보가 없다. 그럼에도 불구하고 몇 가지 의견을 제시할 텐데, 이는 더 정밀한 연구를 통해 반박되거나 입증될 수 있겠다.

첫째, 켈트족[43]은 민주적 자치 발전에 우호적이지 않은 것처럼 보인다. 아일랜드, 웨일즈, 콘월Cornwall, 스코틀랜드 서부 하일랜드는 협동조합의 움직임이 없거나 실패로 끝났다. 잉글랜드에서는 가난, 저밀도 인구, 농업 중심 산업 구조 때문에 어떤 지역이 협동조합 불모지가 되었다고 설명할 수도 있다. 하지만 남부 웨일즈 광부들의[44] 무력감이나 무관심은 민족적 특성 말고는 설명하기 어렵다. 왜냐면 잉글랜드와 스코틀랜드 탄광지역에서는 협동조합 매장 시스템이 솟아올라 꾸준히 발전하고 있기 때문이다. 켈트 지방을 제외하면 탄광업 다음으로 엔지니어링, 조선업, 섬유업(특히 면방적업과 제

---

43) [옮긴이] 영국에서 고대 켈트족의 후예로 알려진 민족은 웨일즈, 콘월, 맨섬, 스코틀랜드, 아일랜드 민족이 있다.
44) 최근 남부 웨일즈에서 협동조합이 새로운 출발을 했다고 알고 있다.

조)이 협동조합 매출이 가장 높다. 농업 지역은 매출이 가장 적은데, 노동자가 분산되어 있고 가난하기 때문이다. 하지만 인구가 적은 지역에서만 실패하는 게 아니다. 인구 밀집 지역에서는 소규모 작업장과 가내 작업 업종에서 실패 사례가 가장 많이 나타난다. 이들 업종은 착취산업에 관한 상원 위원회 보고서에 조사돼 있는데, 지방에 있는 일부 부츠제조업을 제외하면 모두 빠르게 공장시스템으로 전환되고 있는 업종이다. 하지만 이 정도 관찰로 어떤 업종과 실패·성공의 연관성을 일반화하고 싶지는 않다. 왜냐면 주의 깊게 검토해보면 예외가 많이 발견될 것이기 때문이다. 예를 들어 요크셔와 스코틀랜드 소모사梳毛絲·모직 의류 공장 노동자들은 활기 넘치는 협동조합인인 반면 잉글랜드 서부 지역 의류업 노동자는 무기력하거나 무관심하다. 스코틀랜드와 잉글랜드 전체에서 두드러진 업종 하나만을 선택해야 한다면, 주저 없이 기계·용구 제작업을 들 수 있다. 글로스터 Gloucester, 입스위치, 크루Crewe 등 이 업종이 집중된 지역은 불모지 한가운데 만들어진 성공의 오아시스와 같다. 그리고 리즈, 올덤, 뉴캐슬 지역 역시 같은 업종이 집중된 지역인데, 이들은 협동조합 국가의 심장 지역에서 본거지 역할을 한다.

눈에 띌 정도로 민주적 협동조합과 노동조합 조직이 동시에 나타나는 현상은 분명한 사실이며, 이제 곧 보겠지만 협동조합 사업의 경제적 성과와 중요한 관련이 있다. 내가 수집한 정보에 근거해 조심스럽지만 하나의 결론을 내릴 수 있다. 성공과 실패에 관한 가설적 요소에서 민족 차이를 제거하면, 협동조합은 산업혁명에 의해 완전히 공장으로 전환된 업종에 종사하는 주민들 사이에서 가장 번성하고, **소규모 이윤-수취자**와 가내 작업장이 지배적인 업종에서는 실패한다는 것이다. '착취 시스템'으로 이루어진 산업 전체에 노동조합이 없다는 것은 최근 연구에서 밝혀진 가장 두드러진 사실이다.

이제 찾아내지 못한 성공과 실패의 원인은 남겨두고 민주적 협동조합의 뚜렷한 효용과 성과로 넘어가 보자.

북부 지역, 스코틀랜드 제조·광업 지구, 중부 마을에 대해 자세히 아는 사람은 협동조합 매장이 넓은 의미에서 시민정신을 훈련하는 학교로서 국가적으로 중요한 역할을 한다는 사실을 부정하지 않을 것이다. 아직 자치 단위가 되지 않았거나 이제 막 자치 단위가 된 도시에서는 '협동조합 매장'이 선출된 빈민법 구제위원회나 교구위원회 이상으로 지역의 유일한 지역 자치단체로 역할해 왔고 지금도 하고 있다. 협동조합 대표나 위원회 위원은 부유한 도시의 시장, 부시장보다 더 중요한 위치에 있고 대다수 주민에게 존경과 신뢰를 받고 있다. 질서정연하고 진취적인 지방자치단체 시민이라면 활기찬 공적 의식, 절충 능력, 집요한 끈기, 날카롭게 공무원을 선출할 수 있는 능력, 자발적 복종, 공무원에 대한 감시와 관용 등을 갖추어야 하는데, 이는 협동조합 매장의 성공에 필요한 조합원의 지적·도덕적 자질과 같다. 따라서 지방자치단체와 협동조합 매장은 같은 조건에서 함께 성공하게 된다. 하지만 실패할 때는 서로 다른 결과를 가져온다. 어느 지역 주민이 공동체 복지에 소극적이고 무관심하다면, 변덕스럽고 규율이 없어 결사체에 필수적인 자발적 복종을 할 수 없다면, 말과 행동이 자만·지나친 기대·부정직한 동기에 지배된다면, 그 지역 협동조합 매장은 설립되지 못하거나 금방 실패해서 사라질 것이다. 하지만 같은 조건에서 지방자치단체나 지방의회는 부패하고, 낭비하는, 나태한 혹은 대표성 없는 상태로 지속될 것이다. 여기서 정치자유주의자political individualists와 정치사회주의자political socialists 모두 협동조합 매장을 촉진하고 유지하기 위해 열심히 노력해야 할 이유를 발견하게 된다. 우선 자유주의자는 자발적 소비자 결사체가 인위적으로 만들어진 지방정부나 주州 당국의 개입을 불필요하게 만든다고 주장할 것이다. 그러면서 협동조합인이 지방정부에 앞서서 제공하는 무료 도서관과 독서실 사례를 제시할 것이다. 한편 사회주의자는 잉여금 일부를 배당하고 나머지는 내부 유보 자산으로 축적해 전체 조합원이 공동으로 소유하는 그리고 원하는 사람은 모두 조합에 가입할 수 있는 열린 민주주의 협동조합 매장이 곧 실질적 공동체 기관communal institution이라고 생각할 것이다. 또한 공동 소유communal possessions에 대한 자부심과 대의제 자치 능력도 (이런 역량 없이는 페이비언협회Fabian Society나 사회민주연합 Social Democratic Federation[45] 계획이 실현될 수 없다) 고무되고 발전하리라 여길 것이다. 민주적 협동조합은 자유주의자에게는 국가사회주의State Socialism의 대안으로, 사회주의자에게는 모든 사회주의 조직의 디딤돌로 간주될 것이다. 실제로 교육을 통해 협동조합인은 자유롭고 신중하게 선택하는 시민으로 성장한다. 협동조합인은 독립할 수 있는 충분한 힘이 있고 지방자치단체·주·국가의 시민에 필요한 충분한 이성과 경험을 갖추고 있다. 협동조합 운동은 의무를 지키는 데 단련된 결사체, 대규모 형태로 발전한 지속성 있는 결사체가 얼마나 쓸모가 있는지 입증하고 있다.

하지만 협동조합 구조의 근간에는 연구자들이 간과하지 말아야 할 약점이 있는데, 대의제 자치 형태의 협동조합이 좁은 영역에 제한되지 않으려면 반드시 개선해야 한다. 고객-조합원 대다수는 투철한 협동조합인이 아니다. 일반 조합원은 '협동조합 매장'과 거래하기 위

---

[45] [옮긴이] 1881년 다양한 경향의 사회주의자들이 모여 민주연합 Democratic Federation을 창설했다. 마르크스주의자였던 하인드만Henry Mayers Hyndman이 주도했고, 1884년 사회민주연합the Social Democratic Federation으로 개명했다. 1900년 노동조합, 페이비언협회, 독립노동당과 함께 영국 노동당을 창당했다.

해 조합에 가입했을 뿐이다. 이는 알뜰한 지주나 런던 주택보유자가 육·해군인매장Army and Navy Stores에서 주문하는 것과 매우 비슷하다. 그들은 협동조합 매장 물품이 싸거나 질이 좋다고 믿으며, 분기별 '배당'으로 저축을 하거나 분기별로 지출하는 비용을 충당하려 한다. 가입한 매장의 운영 전반이나 일부를 개선·발전시키기 위해 노력하는 대신, 한 번만 불쾌한 경험을 해도 쉽게 인근 매장으로 옮겨간다. 반면 일반납세자는 무관심하면 자신이 피해를 보기 때문에 더 쉽게 공공기관 감시에 나서게 된다. 그리고 협동조합 운동의 기본단위가 되는 고객은 여성이며, 지방자치단체와 국가의 기본단위가 되는 납세자, 의회 유권자는 남성이다.[46] 여성의 미래 발전에 관한 많은 의견이 있겠지만, 오늘날 여성에게는 궁극적으로 그 개인과 가족에게 이익이 되는, 결사체를 통해 보장되는 복리에 대한 폭넓은 의식이 개탄스러울 정도로 부족하다는 사실을 부정할 사람은 거의 없을 것이다. 여성은 작은 편익을 위해 자신이 속한 계급이나 자신이 사는 공동체에 영향을 미치는 더 큰 편익을 포기한다. 이제 다시 한번, 협동조합 운동이 서로 배타적 의견을 가진 사람들이 함께 노력해야 할 기반이 될 수 있음을 확인해 보자. 여성의 정치 참정권을 진지하게 반대하는 사람도 가정에 필요한 물품을 공급해주는 조직에

---

46) [옮긴이] 영국에서 여성의 선거권은 1918년 허용되었고, 30세 이상의 '세대주나 세대주의 부인'인 여성으로 제한되었다.

여성이 적극적으로 참여하는 것은 완전히 찬성할 것이다. 이는 여성이 가정에서 주부로서 차지하는 위치에서 오는 당연한 결과이며, 여성의 남는 에너지를 발산할 수 있는 안전한 수단이기 때문이다. 한편 시민-여성에 관한 폭넓은 관점을 가진 사람은 여성의 협동조합 매장 가입과 운영 참여를 적극적으로 권장할 것이다. 왜냐하면 보통선거권에 따르는 공공적 책임과 지방자치단체·국가 행정에 대한 힘든 의무를 준비하기 위해 여성에게 절실히 필요한 훈련 과정으로 여기기 때문이다. 여성의 협동조합 활동 참여를 남는 에너지의 무해하고 안전한 배출구로 볼 수도 있고, 생필품 공급 매장 활동을 통한 국가 살림살이 훈련으로 인식할 수도 있다. 그리고 민주적으로 운영되는 협동조합을 미래 시민을 위한 훌륭한 학교로 인정할 수도 있다. 그러나 협동조합 활동이 여성 조합원에게 미치는 영향에 대해 어떻게 평가하든 결론은 다음과 같이 분명해야 한다. 민주적 협동조합이 중요한 사례를 넘어 중요한 현실이 되고 지배적인 산업 조직 형태가 되려면, 협동조합 지도자들은 현재와 미래 계획을 세울 때 여성 고객에 대한 적극적이고 성공적인 선전 활동을 최우선으로 고려해야 한다. 그리고 영국 여성이 모든 소비자 결사체에서 풍부하게 경험하면서 왕성하고 충실한 조합원으로 자리 잡아야 한다.[47]

---

[47] 이런 맥락에서 협동조합 여성 길드Women's Co-operative Guild 활동의 가치는 아무리 높게 평가해도 지나치지 않다.

충실한 조합원과 유능한 경영이 결합해서 이루어 낸 것은 개별 협동조합 매장의 사업적 성공만이 아니다. 영국 백만 협동조합인은 소비자로서 (고용주로서는 직접적으로, 소비자로서는 간접적으로) 수천 명 동포의 생활과 노동 조건을 결정한다. 협동조합 매장과 그에 기반한 연합은 한편의 노동자가 다른 편의 노동자를 억압하는 거대한 기관이 될 수도 있고, (정치 민주주의로 정치 주권을 확보했듯이) 산업민주주의의 기초를 이루면서 영국 노동계급이 산업에서 주권을 확보하는 수단이 될 수도 있다. 하지만 이러한 전망이 확실히 실현되기 위해서는 협동조합 운동과 노동조합 운동의 결혼이 필수적이다. 이 결혼은 어느 하나가 다른 하나에 동화되어 사라지거나 종속되는 것이 아니다. 하나는 소비자로 조직된 시민이고, 다른 하나는 생산자로 조직된 노동자다. 이 둘은 맞은편에 있지만 서로 보완적이므로, 평등한 조건으로 자발적인 상호 의존 관계를 맺을 수 있다. 첫째 서로 분리되면 발생할 경제적 단점, 둘째 이미 형성되어 있는 상호 지원, 셋째 철저한 신뢰와 지속적인 지원을 통해 양측이 얻게 될 엄청난 힘을 생각해 보자.

수년 전 독일 사회주의자 라쌀레Lassalle는 협동조합 매장 시스템에 대해 중요한 반대 주장을 했다.

"협동조합 매장이 점점 더 전체 노동계급

을 포괄하게 되면, 협동조합 매장에서 판매하는 생활필수품 가격이 낮아지게 되고 이에 따라 임금도 같이 하락하게 될 것이다."

협동조합 매장을 단순한 생활비 절감 수단으로 전제하고 그런 매장이 미조직 노동자 주거 지역에 있을 경우만을 가정한다면, 임금 '철의 법칙'에서 도출한 라쌀레의 특이한 추론은 일리가 있을 수도 있다. 하지만 협동조합 매장 물품 가격과 임금 관계에 대해서는 제대로 설명하지 못한다. 협동조합인은 그 전제부터 부정할 것이다. 협동조합 매장은 질을 높이기 때문에 가격을 많이 내릴 수 없다고 할 것이다. 그리고 매우 좋은 재료를 사용하기 때문에 가격이 낮아지지는 않지만, 양질의 물품에 대한 욕구를 자극한다고 주장할 것이다. 잘 만들어진 가구는 또 다른 가구에 대한 관심을 끌어들이고, 좋은 가구는 카페트에 대한 수요를 자극한다. 좋은 드레스에는 좋은 외투가 필요한 것과 마찬가지다. 이는 가구나 의류와 같은 특정 상품에만 해당되는 것일 수 있지만, 매장에서는 이 경우에도 단순히 거래만 하는 것이 아니라 싼 게 비지떡이라고 고객을 설득하는 교육을 한다.

하지만 가정용품의 경우 좋은 질이 양을 늘려 결과적으로 생활비가 줄어들 수도 있다. 좋은 석탄은 열효율이 높고, 질 좋은 차 세 스푼이 질 낮은 차 다섯 스푼보다 더 좋은 차를 우려낸다. 그리고 노동자가 조직화되지 못한 업종에서는 임금이 지역마다, 생활비 수준에 따라 다르다는 사실 또한 라쌀레의 이론을 지지해준다. 예를 들어 런던 노동자는 집세가 낮은 지방 도시 노동자보다 시간당 임금을 더 받는다. 그리고 리즈 지역에서 일하는 유대인 재단사는 런던의 열악한 노동 착취 공장에서 일할 때보다 적은 임금을 받을 것이다. 생존 임금 수준에서 일하는 노동자에게는 라쌀레의 법칙이 어느 정도 적용된다. 협동조합 매장을 통해 생활필수품 가격 인하로 발생하는 뜻밖의 이익을 포착해서 보존할 만큼 충분히 조직화되지 않은 노동자 역시 마찬가지다. 그 이유는 분명하다. 생존에 필요한 일정 수준의 방, 옷, 음식에 익숙해진, 노동조합의 보호를 받지 못하는 노동자가 있다고 가정해 보자. 이들은 현재의 생활 조건을 유지할 수 있는 수준의 임금이면 주저 없이 받아들일 것이다. 그러면 다른 노동자도 이 수준으로 내려갈 때까지 임금을 낮추게 될 것이다.

나는 열성적인 협동조합인에게 최고의 협동조합 매장 인근에 살면서 소상인들이 외상으로 물품을 공급하는 노동자 구역보다 (생활비를 절감했으니) 낮은 임금을 받아들일 수 있냐고 물어본 적이 있다. 그는 자신 있게 대답했다. "물론이죠." 하지만 잠시 뒤 유감스러운 어조로 "최소한 노동조합의 허락은 있어야겠죠."라고 덧붙이면서 그의 태도는 온순해졌다. 북부 지역 고용주는 협동조합 시스템의 독특한 장점을 금방 알아챘고, 협동조합 시스템으로 생활비가 낮아졌으니 임금을 삭감할 수 있다고 중재 위원회에서 변론하거나 노사협의회에서 주장했다. 이에 대해 노동조합 간부들은 웃으면서 무시했는데, 고용주가 이런 주장을 근거로 임금을 삭감하려는 계획을 노동조합은 막아낼 수 있기 때문이다. 고용주가 '대외 경쟁'이라는 편리한 무기를 내세우면서 독선적인 강제 논리로 협동조합인의 '배당'을 탈취하려는 시도는 무산될 것이다. 협동조합 시스템으로 노동자의 소비 지출이 절약되는 것은 전국민적 이익이며, 국내외 시장에서 생산업자들이 받아내는 상품 가격과는 아무런 상관이 없다. **단, 노동조합이 표준임금표라는 잘 쌓은 제방을 완전한 상태로 지킬 수 있어야 한다.** 노동조합이, 오직 노동조합만이 노동자의 배당금과 '협동조합 매장' 할인 혜택을 빼앗기지 않게 지켜줄 수 있고, 매력적인 시민의 매장에서 제공하는 낮은 가격과 양질의 상품 혜택을 온전히 보장해 줄 수 있다.

노동조합 운동이라는 보완 장치가 없으면 협동조합 매장은 긍정적 역할을 못 할 뿐만 아니라 적극적인 억압 기구로 빠르게 성장할 것이다. (소비자의 이익이 무엇인지 자문해 주는) 도매협동조합과 협동조합 매장 이사들이 국내외 착취 시스템에서 만들어진 물품을 회원에게 독점적으로 공급한다고 가정해 보자. 그래서 부츠제화공, 재단사, 가구공, 도공, 가정용품 제작공, 농부, 농업 노동자, 매장 판매 제품 생산에 고용된 숙련공 등 10만에 이르는 노동자가 자신이 주권을 가지고 있는 자기 조합에서 좋은 조건으로 25실링어치 물품을 구매할 수 있다고 한들, 일자리를 잃거나 '착취 시스템'에서 일하게 된다면 무슨 소용이 있겠는가? 협동조합 매장 시스템을 비판하면서 협동조합인의 책임을 그들이 소유한 작업장에서 생산되는 제품으로만 제한하는 것은 근시안적이다. 소비자 결사체는 지출에 대한 완전한 통제권을 가지고 있고 각각의 물품이 생산되는 구체적 조건을 얼마든지 확인할 수 있으므로, 협동조합인은 자신이 소비하는 물품 생산에 고용된 모든 남성, 여성, 어린이의 생활과 노동 조건에 어느 정도 책임이 있다. 이러한 도덕적 의무는 매장과 도매협동조합의 작업장과 생산부를 전 산업으로 확장할 때 가장 잘 수행할 수 있다. 하지만 여기서도 노동조합은 반드시 있어야 한다. 노동조합이 없다면 협동조합인은 임금을 정할 수 있는 기준을 갖지 못한다. 노동조합이 같은 업종에서 경쟁하는 기업에 통일적인 임금률을 강제할 힘이 없으면, 협동조합 고용주는 공정한 임금을 유지하기 힘들다. 협동조합 국가가 경쟁적인 산업시스템에 둘러싸여 있는 상황에서 협동조합 작업장이 임금 인상을 위한 지렛대로 활용될 수 있겠지만, 전체적인 임금 하락이 지속되면 유일한 예외로 오래 살아남을 수 없다. 조만간 생산부는 문을 닫거나 개인회사 수준으로 임금을 조정해야만 할 것이다.

다른 한편 소비자협동조합 시스템이 없는 경우 노동

조합 운동에 나타나는 단점 또한 많다. 공장 노동자는 고용주가 생필품을 판매하고 주택을 임대하는 트럭 시스템을 잊지 못한다. 트럭 시스템은 여전히 '착취' 산업에서 교묘한 억압 수단으로 활용되고 있다. 많은 북부 지역 협동조합 매장은 부자 고객의 사주를 받은 소매상인이 파업하는 노동자에게 외상을 주지 않은 사건을 계기로 시작되었다. 하지만 이러한 문제는 소소한 것이다. 시간이 가면서 대규모 자본가들 간의 경쟁은 상업 독점체로 발전했고, 소규모 소매상인들 간의 작은 경쟁은 품질을 속이고 외상, 이자, 거래장부로 노동자를 얽어매는 방식으로 진행됐다. 노동조합은 개별 상인의 사기에 대한 방어 수단이 없다. 자본가들이 담합해 가격을 올리는 정치적 방식의 이윤-수취에 대해 노동조합은 아무런 대응도 하지 못한다. 오히려 노동조합은 고용주들의 자기 방어를 위한 견고한 결사체 즉, 자본가 트러스트의 성장을 촉진하는 역할을 한다. 그래서 석탄 시장 성장으로 광부 노동조합이 상당한 임금 인상을 얻어냈음에도 불구하고, 탄광 소유자는 임금 인상을 구실로 늘어난 인건비 이상의 가격 인상을 주장해 막대한 수익을 올리게 되는 것이다.

 소비자협동조합 시스템의 개입이 없어도 자기 이익에 밝은 상인과 생산업자가 소비자에게 항상 최고 품질과 최저 가격을 보장할 거라 주장하는 사람이 있다. 미래에는 어떨지 모르지만, 과거와 현재의 경쟁 시스템을 검토해 보면 많은 결점이 발견된다. 불필요한 개인 상인의 증가, 소자본가들의 비경제적 방식과 소비자에 대한 소소한 기만, 악성 부채 채권자가 된 상인의 상습적 약탈 등이 그것이다. 협동조합 매장은 이런 경쟁적 거래의 모든 뿌리 깊은 결점을 제거했다. 1889년 협동조합 제분소는 단호한 태도로 밀가루 신디케이트를 붕괴시켰다. 이는 민주적 협동조합이 규제 없는 경쟁의 가장 현대적인 발전 형태인 자본가 트러스트로부터 대중을 보호하는 데 조용하게 성공한 사례다. 노동조합만이 모든 지위, 산업, 직업 노동자의 교육과 생활비에 관한 명확한 기준을 지킬 수 있다면, 협동조합 매장(사실상 모든 소비자 결사체)은 구매와 판매 행위 사이에 발생하는 모든 이윤이 직간접적으로 공동체 전체에 배분될 때까지 독점 가격에 구멍을 내고 부정한 품질을 폭로하는 독특한 역할을 한다.

먼저 협동조합과 노동조합의 상호의존성에 대해 간단히 분석해 보았다. 이제 '마음과 마음이 단결'하는 온전한 연합을 제안하기 전에 서로가 알게 모르게 제공하는 유익함부터 살펴보는 게 좋겠다. 먼저 노동조합이 성공하기 위해서는 협동조합 매장 성공에 필요한 기민성, 자발적 복종, 불굴의 정신, 진실성이 마찬가지로 필요하다. 이는 어느 하나의 민주적 결사체 경험이 다른 민주적 결사체를 위한 경험적 기초가 된다는 것을 의미하는데, 많은 지역과 산업에서 노동조합과 민주적 협동조합이 동시에 나타나는 이유다. 다음으로 협동조합 매장이 보유한 인출 가능 자본을 노동조합이 비상 기금으로 사용하면서 파업이나 공장 폐쇄에 처한 조합원을 지원하고 안정적인 융자를 제공할 수 있다. 그렇게 되면 고용주는 자신의 적대자가 상당한 재정적 힘을 가지고 있음을 알게 되고, 노동자는 재정적 책임에 대한 적절한 감각을 갖게 되어 노사 양측을 조정과 타협으로 이끌게 된다. 앞에서 노동계급유한회사와 관련해서 언급했듯이 노동조합은 생산 원가와 제품 가격의 구체적 내용에 관한 정보를 토론과 자료를 통해 확보할 수도 있다. 끝으로 민주적 협동조합은 대규모 자본과 확보된 시장의 힘으로 '착취가 만연한' 업종을 대규모 공장 산업으로 전환해 위생적인 작업장과 노동조합의 확고한 기반을 확보했다. 상원 위원회 보고서에서도 드러났지만, 가내·소규모 작업장 시스템이 노동조합의 성장과 안정화에 가장 큰 사회적·경제적 장애물임은 분명하다. 웅장한 건물과 기계화된 시설을 갖춘 협동조합 제빵소와 지하나 뒷마당 소굴에서 하는 개인 사업을 비교해 보라. 쉴드홀에 있는 스코틀랜드 도매협동조합의 양복·셔츠 매장과 글래스고의 노동 착취 상점을 비교해 보라. 잉글랜드 도매협동조합에서 운영하는 레스터의 웨스트앤드부츠공장 West End Boot Works을 방문해서 소고용주 시스템의 순소득, 노동시간, 위생조건과 비교해 보라. 소비자협동조합 시스템이 노동조합 조직에 남긴 가장 독특한 업적은 소매업을 소규모 기업petty enterprise에서 대규모 산업great industry으로 전환하는 데서 나왔다. 민주적으로 운영되는 비슷한 성격의 대규모 시설에서 일하면서 동료애를 느끼는 매장 관리자와 점원은 자신의 지위를 금방 깨닫게 되었고, 지금까지 조직화되지 않았던 그들은 공동의 이익과 직업적 열망을 꾸준히 발전시키고 있다. 최근 협동조합 종업원의 노동조합이 출범했는데, 전국 점원 노동조합 연맹의 선구자가 되어 영국 시민 중에서 가장 무지하고, 억압받고, 분열된 집단의 이익을 보호하고 인권을 확대하면서 훈련하는 역할을 기대해 본다.

간부와 지도적 조합원이 두 운동의 상호 보완적 특성을 폭넓게 이해하고 서로의 어려움을 넓은 마음으로 공감한다면, 소비자로 조직된 주민과 직장인으로 조직된 노동자는 금방 서로에게 매력적인 쌍둥이 세력이 될 것이다. 오늘날 노동조합 대회의 의회 위원회와 협동조합 중앙이사회의 의회 위원회는 대체로 같은 사람들, 아니면 적어도 같은 가족을 대표한다. 노동자는 노동조합의 대표적 고객이고, 가정주부는 협동조합의 대표적 유권자다. 양 조직 간부들은 양쪽 고객이 상대방에 대해 분명히 이해할 수 있도록 해야 한다. 노동자 남편이 살림하는 부인이 구매하는 물품 가격을 올리는 것은 자멸을 초래하는 어리석은 짓이다. 아내가 남편 소득을 최저생활 수준으로 깎는다든지 남편을 해고한다면 더 큰 파멸을 가져온다. 남편과 부인 그리고 그들을 대표하는 조직의 목표는 본질적으로 같다. 그들의 공동 목표는 현재 다른 계급이 가져가는 불로소득을 자신과 후손에게 넘겨주는 것이다. 실질적 시민권 보장에 필요한 개인적 지출을 초과하는 잉여 소득은 공동체 구성원 전체의 것이다. 양 조직의 깃발에는 '모든 시민을 위한 기회의 평등'이 새겨져 있을 것이다. 모든 형태의 민주적 조직이 추구하는 궁극적 목표가 무엇이든 상관없이, 당면한 목표를 위해 두 운동의 긴밀한 정치적 연맹이 유지될 수도 있다. 협동조합연합회는 노동조합 대회 의회 위원회가 공장법, 고용주책임법Employers' Liability Act, 트럭법Truck Acts, 기술 교육, 단결의 자유, 기관사·선원 자격증 등의 사안에 의회가 주목하도록 압박하는 활동을 지원할 것이다. 이것은 직장인으로서 노동자의 안전·지위·기술을 보장·유지·발전시키는 수단이다. 협동조합인이 불순물금지법Adulteration Acts, 상품표기법Merchandise Marks Acts, 도량형법Weights and Measures Acts을 옹호하는 활동 그리고 임금 인상을 구실 삼은 지주와 자본가의 이윤 확대를 위한 보호무역주의 회귀 시도에 반대하는 활동을 노동조합 대회 의회 위원회는 지원할 것이다. 부정한 품질을 드러내고 생활비를 낮추는 것은 노동조합원에게 이익이고, 민주적 조직의 통제와 투명성으로부터 자유로운 무책임한 고용주·제조업자·상인을 법으로 엄격하게 규제하는 것은 협동조합인에게 이익이 된다. 이게 다가 아니다. 협동조합인은 조합원 모임과 분기별 회의에 노동조합원이 참여해 매장에서 판매되는 특정 제품이 어떤 생활과 노동 조건에서 생산되는지 설명하도록 장려할 것이다. 협동조합인은 자신이 고용주인 모든 산업에서 노동조합을 인정할 것이다. 파업 파괴자를 고용하는 인쇄업자, 건축업자, 제조업자와의 거래를 거부할 것이다. 협동조합인은 철도와 부두 회사들이 노동조합을 인정하고 노동자를 정당하게 대우하도록 고객이자 투자자로서 막대한 영향력을 발휘할 것이다.

 노동조합은 협동조합 매장 덕분에 충실한 지원을 받고 있다. 그런데 지나치게 근시안적인 위선이 나타나고 있다. 공정한 노동 조건을 위한 조직·선전 활동을 하면서 급여를 받는 노동조합 사무국장이 자기 아내에게 '협동조합 매장'을 이용하지 말고 착취 시스템 특허품이라는 꼬리표가 붙은 저가 상품을 사도록 부추기는 것이다. 협동조합 작업장을 노동자 근무 조건을 개선하는 강력한 지렛대로 만들기 위해 노동조합원은 왕성하게 활동하는 협동조합인이 되어야 하고, 이사·관리자·연합기관 파견 대표로서 노동자 권리와 함께 소비자 책임을 요구해야 한다. 협동조합 매장 평조합원(대부분 노동조합원이거나 노동조합원 가족이다)은 매장 판매대에서 '착취 시스템'에서 만들어진 제품을 추방해야 한다. 노동계급 소비자 대중은 개인 상인을 단호히 배척하고 협동조합 매장을 고수해야 하며, 칭찬과 비판을 하면서 경쟁이 아닌 민주적 통제를 통해 가격을 낮추고 질을 높이도록 확고하게 요구해야 한다. 모든 시민이 소비자로서의 책임을 완전히 자각할 때, 현재의 산업 전쟁 상태를 벗어나 '개인을 위한 전체, 전체를 위한 개인'이라는 협동조합 원칙에 확고하게 기초한 위대한 산업 공화국Republic of Industry을 세울 수 있다. 로버트 오언이 발견한 협동 산업시스템은 로치데일 선구자와 민주적 추종자들의 헌신·지혜·끈기에 의해 '국가 안의 국가'로 발전했다. 전 민중은 그 구성원으로서의 위치를 결단력과 지성을 가지고 자각해야만 한다.

7장
이상과 현실

이제는 근대 협동조합 운동이 로버트 오언의 협동산업시스템을 어디까지 실현했는지 평가할 수 있다.

오언의 새로운 사회시스템의 핵심은 가격차-이윤을 제거하고 이윤-수취자를 노동자로 대체하는 것이었다. 그는 가격차-이윤을 산업사회에 나타난 금단의 열매, 인간을 흥분시켜 사기와 이기적 독점으로 이끄는 강한 독약, 산업전쟁의 원천으로 간주했다. 그리고 이윤-수취를 통해 수요-공급을 조정하는 방식은 노동자의 필요에 대한 과학적 확인으로 대체될 수 있다고 생각했다.

가격차-이윤은 민주적 협동조합을 통해 완전히 제거되었다. 공동체에 의한 이윤 흡수는 이중 효과로 나타났다. 협동조합 시스템에서는 물건을 판매하는 사람이 고객을 속여 얻을 수 있는 개인적 이득이 없다. 외상이나 할부제 판매 책략, 미끼 상품을 싸게 팔면서 다른 상품으로 바가지를 씌우는 기만, 불순물을 섞거나 부정한 물품을 파는 사기 그리고 정치적 방식의 거대한 트러스트와 자본가연합을 통해 가격을 올리는 행위 등 크고 작은 산업독재는 민주적 협동조합이 영향력을 미치는 지역에서 궁지에 몰렸다.

이것이 가격차-이윤을 제거한 즉각적이고 직접적인 결과다. 그러나 원가 판매가 산업 조직에 미치는 궁극적 효과가 훨씬 더 중요하다. 민주적 협동조합은 이윤-수취자와 이윤을 제거해 공동체에 기여하는 한편, 축재畜財의 기술이 나타나는 기반을 없애고 뿌리 뽑는 독특하고 위대한 성취를 이루었다. 산업 전체가 민주적 협동조합 방식으로 조직되면 매매 조작하는 주식 도박과 시장 독점은 사라질 것이다. 증권거래소는 회계전문가가 통화 유통을 효율화하고 거래를 조정하는 상호은행부mutual Banking Department로 대체될 것이다. 왜냐면 소비자 결사체에서는 로치데일 이용실적배당 시스템을 통해 자본에 대한 이자가 저절로 줄어들어 주식이 액면가 이상으로 절대 올라갈 수 없기 때문이다. 생산자 결사체의 경우 그 구성원이 노동을 손에 넣은 자본가든, 자본을 손에 넣은 노동자든, 혹은 산업파트너쉽이든, 만들어지는 이윤에 따라 주가는 등락하게 된다. 올덤유한회사 주식만이 아니라 헵던브릿지퍼스티언조합 주식에서도 도박이 나타난다. 그리고 민주적 협동조합이 순수한 도덕적 금융을 보장하게 된 것이 산업절약조합법에 근거한 조합 형태 덕분이라고 생각한다면 그것은 잘못이다. 그런 법적인 조합 형태가 주가 등락을 막을 수 없다는 사실은 (원래 노동자 결사체였던) 헵던브릿지퍼스티언조합과 (원래 소비자 결사체였던) 공무원공급조합의 사례를 통해 입증된다. 둘 다 산업절약조합법에 근거해 등록했지만, 주주 또는 노동자들이 이윤을 나눠 가졌다.

협동조합 매장과 그에 근거한 연합기관은 열린 민주주의를 실천한다. 원가를 초과하는 잉여 전체 그리고 우월한 지리적 이점이나 경기변동에 따라 발생하는 '불로수익 증가분'을 가장 최근 가입자를 포함한 모든 조합원과 공유한다. 그리고 토지·건물 상각과 미래 세대 사용을 위한 충분한 준비금으로 비축한다. 뷔셰 이념에서 처음으로 제시되었던 나누거나 양도할 수 없는 자본, 개인이 아닌 '영구히 지속될' 결사체의 자산은, 이렇게 묘한 방식으로 실현된다. 과거 노동의 산물이 미래의 필요를 위한 유산이 되는 것이다.

현재 대다수는 아니지만 많은 북부 지역 협동조합 매장에서 자본에 대한 이자가 5%에서 4%로 떨어졌고, 이마저도 조합 매장에서 최소량을 구매해야만 지급하는 경우가 많다. 요컨대 소비자 조직은 자본가에게 시중 금리를 초과하는 이자를 공물로 바치는 것을 거부한다.

민주적 협동조합은 개별적 이윤-수취 방식으로 수요-공급을 조절하는 게 필요 없음을 실제로 확실히 입증했는가? 이는 어렵고 까다로운 질문이다. 투자금에 대한 수익을 기대하는 보통 주주를 대표하는 동시에 (협동조합 매장의 관리자·대표 또는 조합원으로서) 가격 대비 최고 품질 보장을 원하는 소비자 이익을 대표하는 소유주 통제 조직이 지닌 경제적 가치가 엄청나다는 것은 쉽게 알 수 있다. 도매협동조합 분기별 회의와 전국 각지에서 열리는 구매담당자 회의에서 연합기관 이사와 직원은 (개별 소비자 욕구를 확인하고 필요에 맞춰 공급하는 일이 직업인) 전문가 고객의 비판을 경청하는 유익한 경험을 한다. 한편 중앙기관 구매담당자와 이사는 제품의 가격 경쟁력 외에 그 제품의 진정한 가치와 열악한 근로 조건에서 생산되는 저가 상품에 관해 소비자 대표들을 교육할 기회가 많다. 개별 협동조합 매장의 월별·분기별 조합원 회의에서 직원과 이사는 레스터 부스 사이즈, 포장된 차의 풍미, 베이컨 조각 색깔에 대한 조합원의 구체적 불만을 받아들여야만 한다. 조합원은 만족할 만한 설명을 요구하거나 즉각적인 배상을 주장한다. 조합원 기호 수준의 확실한 향상, 제품의 진정한 가치에 대한 소비자의 지식, 협동조합 지역 소비 특성인 수요의 안정성은 바로 이러한 경영자와 고객 간의 긴밀하고 지속적인 연계에서 나온다. 여기서 우리는 협동조합이 공동체의 욕구를 확인하는 준과학적準科學的 접근법을 알 수 있다.

현재 협동조합 운동은 '국가 안의 국가'를 형성하고

있고, 협동조합 시스템은 개인주의적이고 경쟁적인 사회에 둘러싸여 있다. 이런 상황에서 상품 가격을 낮추고 품질을 높이는 데 민주적 통제가 개별적 이윤-수취 방식을 완전히 대체할 수 있다고 주장하기는 어렵다. 오늘날 협동조합 매장 직원은 소매상인의 저가 판매 노력에 자극을 받는다. 도매협동조합은 개인 상인·생산업자와의 경쟁 때문에 늘 긴장 속에 활동한다. 협동조합 매장 조합원과 도매협동조합에 파견된 매장 대표가 일반 시장에서 구매한 더 좋은 품질, 더 낮은 가격 상품을 근거로 비효율적 관리에 불만을 제기하기도 한다. 한편 소비자 결사체가 외부와의 경쟁 없이 독점화되었을 때, 과연 운영의 효율성이 계속 지켜질 수 있는가 하는 문제도 있다. 이 중요한 문제에 대해 생각해 보자.

먼저 개인 간, 공동체 간 경쟁이 반드시 이윤-수취와 관련되어 이루어지는 것은 아니라는 사실을 상기하면 좋겠다. 외교 대사부터 마을 교장까지 공무원은 많은 경쟁자 중에서 선발된다. 물론 부정하게 또는 허술하게 선발될 수도 있지만, 이는 산업 경쟁에서도 역시 발생하는 문제다. 구매담당자가 뇌물을 받기도 하고, 시장에서 겉만 번지르르한 조잡한 제품이 튼튼한 제품보다 잘 팔리기도 한다. 독일 황제는 많은 장군 중에서 총사령관을 선택하고, 영국 수상은 경쟁하는 많은 정치 지도자 중에서 선택된다. 그리고 모든 공무원은 시험 형식으로 전형화된 채용 경쟁을 통해 선발된다.

산업 영역에서 모든 주식회사는 이윤 배당에 이해관계가 없는 고용된 임직원이 경영관리하며, 가격차-이윤은 그들의 경영관리 효율성을 평가하는 기준이 된다. 런던·북서철도회사London and North Western Railway가 주주에게 배당 지급을 중단하면, 아마 이사회는 물러나고 직원은 바뀌게 될 것이다. 하지만 경영 능력에 대한 정말 건전한 평가라면 사업에서 발생하는 이윤이 결코 유일한 기준이 될 수 없다. 이스트앤드East End 슬럼 지구에서 엄청난 세를 받는 지주들은 숙련공 주거지에서 세금을 받는 글래스고 지방자치단체보다 훨씬 높은 이윤을 뽑아내지만, 지주들이 글래스고 의회와 공무원보다 부지런하거나 뛰어난 것은 아니다. 이윤-수취 없이 효율적으로 경쟁하는 사례도 많다. 레스터와 노샘프턴Northampton 지방자치단체가 가스, 수도, 교육, 오락을 주민에게 제공하는 책임을 맡았다고 해 보자. 만일 레스터가 노샘프턴보다 잘 운영하면, 양쪽 주민에게 금방 알려질 것이다. 노샘프턴 시민은 불만을 느끼게 될 것이고, 더 좋은 도시로 이사 갈 것이다. 예를 들어 도매협동조합은 레스터 노동자들의 뛰어난 머리와 기술 때문에 그 곳에 공장을 짓는데, 이런 우수성은 대체로 레스터 시민이 높은 수준의 건강하고 안락한 생활을 누리는 덕분에 나온 것이다. 레스터 생활비가 시민에 대한 별다른 혜택도 없이 엔더비Enderby 마을보다 높다면, 엔더비에 레스터보다 많은 부츠 공장이 생길 수도 있다.

이런 사례를 보면 지방자치단체 간 경쟁이 개인 상인들 간 경쟁보다 치열한 것 같다. 모든 지방자치단체는 주민에게 생활필수재를 원가로 공급하기 때문에, 여기서 '적자생존' 법칙은 가격 경쟁력이 아니라 지역 주민의 지성과 인격 경쟁력에 따라 작동된다. 왜냐면 지방자치단체의 효과적인 공동체 서비스는 그 지역에 해러드Harrod 백화점이나 화이틀리Whiteley 쇼핑센터가 있느냐가 아니라 그 지역 시민의 민주적 자치 역량에 달려 있기 때문이다.

협동조합 운동에는 이윤 이외의 것으로 경영 효율성을 측정하는 사례가 많다. 볼턴 협동조합 매장 조합원은 자기 조합 운영 비용이나 누손漏損을 올덤 조합과 비교한다. 그리고 스코틀랜드 도매협동조합과 잉글랜드 도매협동조합이 생산한 부츠를 비교하고, 잉글랜드 도매협동조합 뉴캐슬 지부와 런던 지부에서 손질한 베이컨을 나란히 놓고 비교한다. 때로는 새로 설립한 소비자 협동조합이 오래된 상점과 가격·품질 경쟁을 하면서 구태의연한 야만적 힘겨루기를 하기도 하는데, 이런 경쟁은 조합 목적에 맞지 않는다. 서로 경쟁하는 7개 조합이 있는 블랙번Blackburn 지역은 적극적인 다수 조합원의 비판을 듣는 직원들이 운영하는 대규모 매장이 있는 볼턴이나 리즈 지역보다 서비스가 나쁘다. 협동조합 운동의 성과를 일반화하려면 안정적인 대규모 조합을 공동체가 민주적으로 통제하는 게 같은 지역에서 이웃 매장들이 경쟁하는 것보다 훨씬 나은 방식이라고 확실히 주장해야 한다. 그렇다고 여기서 조합원에게 지급되는 배당 총액이 ('배당금'을 이윤의 일종으로 간주해서) 효율적 경영의 기준이 되지는 않는다. 포파셔Forfarshire에 외떨어져 있는 협동조합 매장은 파운드 당 5실링을 배당하는데, (몇몇 작은 마을에서는 고객 유치 경쟁 때문에 6실링을 지급한다) 공급 물품이 비싸고 질 나쁘기로 유명하다. 소비자 결사체에서 어떤 서비스를 이용하기로 한 고객은 관심만 있다면 개별 생산자와 전문가들이 제공한 서비스 품질 평가를 위한 완벽한 자료를 확보할 수 있다. 조합원은 자신의 욕구 만족에 대해 당연히 평가할 수 있지만, 서비스를 제공하는 능력에 대해서도 평가할 수 있다. 사회적 가치와 사회적 비용을 비교 평가할 능력을 갖추게 되는 것이다. 이러한 조합원의 신뢰와 호의를 얻기 위해 직원들은 서로 경쟁하며, 이것이 이윤-추구를 대체하게 된다. 효율적 서비스의 궁극적 기준과 척도는 소수의 자본가나 노동자에게 돌아가는 이득이 아니라 공동체 전체에 돌아가는 이득이 된다. 요컨대 무한 이득을 위한 개인 간 경쟁과 이윤-수취 회사의 불안정한 고용은 안정적 고용과 명시된 임금을 위한 개인 간 경쟁으로 대체되는 것이다. 나라 전체 상업과 산업을 협동조합 매장, 지방자치단체, 주, 정부 등 공동체가 맡게 되더라도, 개인 간 경쟁은 여전히 직원과 공무원을 선발하는 효과적인 수단이 될 것이고 공동체에 서비스를 제공하는 다양한 생산자 집단들의 능력과 근면성을 자극하는 강력한 수단이 될 것이다.

로버트 오언이 주장한 새로운 사회시스템의 기본적 원칙인 가격차-이윤 제거는 근대 협동조합 운동에서 실현되었다고 볼 수 있다. 로버트 오언은 이윤-수취를 더 크고 영구적인 사회의 이익에 반反하는 낭비적이고 비도덕적인 보상 방식이라고 비난했지만, 개인 간 고용 경쟁을 통해 노동의 가격을 결정하는 것 또한 반대했다. 1장의 문장을 인용하면 "오언은 (인간의 온갖 노고를 포함하는) 노동은 필요에 따라 보상되어야 한다고 주장했다. 즉, 노동이 충분히 효율적인 상태를 유지하는 데 필요한 생활비를 지급해야 한다는 것이다. 여기에는 개인과 인류의 육체·지성·인격을 꾸준히 발전시키는 교육 그리고 질병·노동력 상실·노후를 대비하는 수당이 포함된다."

오늘날 거대한 경쟁적 산업시스템에는 오언이 생각했던 노동 보상 방식과 완전히 상반되는 두 가지 모습이 있다. 첫째, 정신노동자는 자기 필요에 비해 과도한 소득을 공동체로부터 뽑아간다. 둘째, 육체노동자는 부의 생산자·시민·부모로서 그들의 능력을 떨어뜨리는 생활 수준, 겨우 연명하는 수준으로 전락한다.

민주적 협동조합은 첫 번째 해악을 제거해 왔다. 크고 작은 재산을 모으고 늘리기 위해 경쟁하는 이기주의자들도 많지만, 산업에서 완전히 공적인 역할을 하는 사람들도 있다. 주급 2파운드를 받는 마을 매장 관리자부터 수백만 파운드 물품을 취급하는 연봉 400파운드 부서 책임자까지 고정 급여를 받는 직원 집단이 그들이다. 거상巨商과 큰 자본가는 이런 수준의 급여가 베어링Baring 형제[48] 재정을 안전하게 운영할 수 있는 좋은 두뇌나 사업가 스틸스트란드Steelstrand를 도와줄 면화시장 전문가를 끌어들이기에는 매우 부족하다고 말한다. 하지만 협동조합의 성장세, 연합기관과 더불어 매장 시스템이 꾸준히 발전하는 모습, 해마다 산업과 상업에서 다양한 사업이 증가하는 협동조합의 흐름은 인간의 동기에 관한 편향되고 관념적인 견해를 충분히 반박하고 있다. 자본가 경영인에게는 불투명한 소득과 불법적 지출이, 중간계급 직원에게는 중간계급 주주가 그들의 사회적 지위를 과대평가해 지급하는 터무니 없는 급여가 효과적인 보상이 되지만, 협동조합 관리자들에게는 대규모 공동체의 호의, 성장하는 강력한 조직에서 유능하고 활발하게 일하면서 공정하게 얻게 되는 정치적 힘과 사회적 영향력이 효과적인 보상이 된다는 사실을 입증한 것이다.

관리자가 조합 발전에 적합한 역할을 하기 위해서는

---

48) [옮긴이] 베어링 형제는 1763년 런던에 베어링브라더스Baring Brothers라는 상업은행을 설립한 금융가다. 미국, 인도와의 교역에 자금을 공급했다.

사람과 직무에 관한 지식이 필요하고 이를 습득하는 데 비용이 발생하는데, 협동조합 조합원이 자멸적인 근시안으로 이런 비용에 대한 보상을 거부하는 사례도 많다. 협동조합인은 수많은 시행착오를 겪으면서 정신노동자의 생활에 대해 상상할 수 있는 통찰력을 얻게 되었다. 경영인은 책임감과 끊임없는 정신적 걱정에 시달리기 때문에 정해진 시간 동안 일하고 나머지 시간은 편히 쉴 수 있는 육체노동자보다 넉넉한 개인적 지출이 필요하다는 사실을 경험을 통해 알게 된 것이다. 이제는 조합의 종업원 급여가 조합의 주인인 조합원 평균 소득을 절대 초과할 수 없다고 주장하는 협동조합인은 없다. 이런 주장은 최초의 노동자 결사체를 지배했던 일반적 이론이었고 재앙을 가져올 정도로 비논리적인 원칙이었다. 왜냐면 노동계급 결사체가 공언한 목표는 일하는 노동자 생활비를 실효성 있는 수준으로 높이는 것이었기 때문이다. 이제 노동자는 잘못된 절약이 비효율적 서비스를 초래한다는 사실을 확실하게 인식해야 한다.

협동조합인이 중간 상인 이윤을 없애는 일은 쉬웠지만, 경쟁 시스템 한가운데서 분투하는 협동조합 고용주로서 실질적 시민권을 보장하는 수준으로 육체노동자 임금을 인상하는 것은 불가능했다. 이 문제를 해결하는 과정에서 협동조합인은 노동조합의 지속적인 그리고 때로는 달갑지 않을 수도 있는 도움을 받을 필요가 있다.

왜냐면 노동조합, 프랑스식으로 표현하면 직능조합 association of professionals 이외 어떤 조직도 전체 조합원을 위한 기술 교육과 생활 규모에 관한 표준을 판단할 수 있는 전문 지식과 경험 그리고 그 표준을 보장할 힘을 동시에 가질 수 없기 때문이다. 노동조합은 준비된 자료를 근거로 능력별로 필요한 지출을 추산해서 공동체에 제시한다. 그리고 노동조합은 표준 임금을 제시함으로써 특정 산업에서 어떤 노동자가 낮은 보상을 인내하고 받아들인다 해도 그 산업의 노동자 전체에 대한 보상이 보통 사람이 효율적으로 일할 수 없는 수준으로 떨어지지 않도록 보장한다. 달리 말하면, 짐승과 같은 대우를 기꺼이 받아들인 한 사람이 자기 동료들을 같은 고통의 늪으로 끌고 들어가지 못하도록 한다. 완전 경쟁 임금 체제에서 다른 노동자들의 생활과 노동에 대해 완전히 무관심하면서 낮은 보수를 무턱대고 받아들여 품격을 떨어뜨리게 되는 전형적인 사례로는 이스트앤드 East End 유대인 재단사나 부두 게이트에서 빈둥거리는 아일랜드 떠돌이를 들 수 있다.

다시 한번 강조하지만 협동조합과 노동조합의 결합을 통해 생산자와 소비자는 마주 봐야 한다. 이는 부츠 제화공이 자기가 만든 부츠를 방직공에게 팔거나 방직공이 자기가 만든 옷을 농부 아내에게 처분하는 것을 의미하는 게 아니다. 이런 개인적 관계는 산업혁명으로 변화된 산업시스템에서는 더 이상 가능하지 않다. 개인

간 교환은 권한을 부여받은 대표를 통한 노동자와 소비자 간 협상으로 대체된다. 개인적 교환individualist exchange은 개인적 생산에 따른 것이며, 개인적 생산이 집단적 생산으로 대체되면 개인적 교환은 집단적 거래collective bargaining에 자리를 내주게 된다.

집단적 거래 즉, 개인적 관계를 대체할 사회적 관계에 대해 명확하게 이해해 보자. 산업민주주의가 충분히 발전해서 노동자는 노동조합으로 단결하고 소비자는 소비자 결사체(자발적 협동조합 매장, 도매협동조합 혹은 강제적 지방자치단체, 국가)로 조직되었다고 상상해 보자. 방직공 노동조합 간부는 임금과 기술 훈련 문제를 협동조합 매장이나 지방자치단체 간부들과 토론할 것이다. 외과 의대, 내과 의대는 의대생 시험 주제와 표준을 정하거나 의료비를 책정할 때 지금처럼 보건장관의 민주적 통제를 받게 될 것이다.[49] 노동조합 간부와 협동조합 간부는 같은 공동체 안에서 서로 경합하는 다른 부분의 이해관계를 대변한다. 하지만 같은 국가의 구성원으로서 유권자의 이해관계는 궁극적으로 일치한다. 왜냐하면 산업민주주의 시스템에서는 전체 시민의 생활 수

---

49) 법률이나 의학 분야 직업에 있는 자본가 계급은 노동조합이나 직능조합이 임금이나 시험 기준을 결정하는 것에 대해 반대하지 않는다. 왜냐면 이 분야는 사실상 그들이 독점하고 있는 분야이기 때문이다. 그러나 노동계급의 노동조합이 가진 제한적이고 약한 권한이나 조합원 생계비를 온전하게 보장받으려는 시도에 대해서는 개인의 자유를 침해한다며 격하게 분노한다.

준이 높아지면서 각 개인의 복리well-being도 함께 향상되기 때문이다.

생산자와 소비자라는 서로 다른 시민 집단이 공동체에 속한 모든 집단의 실질적 시민권이 확보되는 '더 큰 편익'을 계속 인정하지 않는다 해도, 특정 상품과 서비스 영역에서 상충하는 양 집단의 이익을 절충하기 위한 실용적 기초를 찾아내는 것은 어려운 일이 아니다. 이에 관해 프리밍 젠킨Fleeming Jenkin은 노동조합에 관한 소론에서 감탄할 정도로 간명하게 표현했다.

> "어떤 집단에 속한 사람들이 자신의 욕구에 근거해 임금을 결정한다면, 그렇게 정해진 임금으로 몇 명을 고용할지 결정하는 것은 그들이 속한 집단에 대한 필요다. 이것이 바로 갈등을 조정하는 방법이다. 만일 그들의 욕구가 크면 그 집단의 소수만이 그 임금을 받거나 아무도 못 받을 수도 있다. 임금을 결정하는 것은 노동을 파는 사람이지만, 몇 명과 계약을 할지는 구매자가 결정한다. 자본은 (또는 공동체는) 정해진 임금을 근거로 몇 명이 필요한지 결정하고 노동자는 고용된 사람의 임금을 결정한다."

전국부츠·제화공조합이 실질적 시민권에 필요한 생활비 이상으로 임금을 인상한다면, 도매협동조합이나 지방자치단체는 부츠와 신발을 수입하고 대신 다른 물품을 생산할 것이다. 석탄가스 화부火夫가 비합리적인 요구를 한다고 판단되면 그들의 요구에 끌려가지 않기 위해 석유나 전등을 선호하게 될 것이다. 법정 변호사와 의사가 무료 재판을 하거나 지역 보건소에서 그리 많지 않은 보수를 받으면서 일하게 될 수도 있다. 상품과 서비스에 관련해 생산자와 소비자 사이에 문제가 발생했을 때, 그것이 자본가와 정신노동자의 불투명한 이윤·손실과 얽혀 복잡한 경우가 아니라면 여론이 최종적이고 거부할 수 없는 최고 법원이 될 것이다. 왜냐면 공동체는 판단에 필요한 모든 근거 자료를 확보할 것이고, 그 판단을 강제할 수 있는 절대 권력이 있기 때문이다. 공동체가 개별자본가보다 더 혹독한 주인이 될 거라고 주장하는 사람들도 있는데, 우체국 종업원의 낮은 임금을 근거로 인용한다. 하지만 설령 그것이 사실이라 해도, 이 주장은 현재 자본주의 산업 조직에서 대다수 국민은 공동체의 종업원이 아니며, 불로소득을 얻는 소수의 권력자는 부를 생산하는 노동에서 벗어나 있다는 사실을 간과하고 있다. 산업민주주의 시스템이 실현되면 다양한 능력의 사람들 모두가 공동체의 종업원이 된다. 이런 상황에서 만일 부두 노동자가 방적공의 정당한 근로 조건을 거부하면, 방적공 역시 부두 노동자의 정당한 근로 조건을 거부할 것이다. 하지만 이런 식으로 모든 사람의 생활이 똑같이 혐오스러워지는 고용 조건을 노동자 공동체 전체가 받아들일 거라고는 생각하지 않는다. 특정

직업이나 산업에서 노동자 집단이 선택적으로 억압받는다면, 그 직업이나 산업에 취업하려는 노동자가 많지 않을 거라는 사실은 경제학자의 머리를 빌리지 않고도 쉽게 알 수 있다. 이 집단의 서비스가 공동체에 유용하다면 근로 조건이 개선돼야 할 것이다. 여기서 우리는 집단적 교섭의 기초에 관한 플리밍 젠킨의 설명으로 되돌아가게 된다.

표준 임금과 가격이 작동되는 산업민주주의 시스템은 잘 훈련되고 효율적인 산업노동자에게만 적용되기 때문에 현실성이 없다고 반박하기도 한다. 달리 말하면, 공동체 이익을 위한 산업 조직에는 공동체에 효율적인 서비스를 제공하지 못하는 사람을 위한 자리가 없다는 것이다. 하지만 노동 착취자가 사라지면서 노동 착취의 불행한 희생자도 대부분 함께 사라질 것이다. 현재 시스템에서는 산업 조직에 부적합한 사람은 결국 구빈법에서 처리되고 있다. 산업시스템이 어떻게 바뀌든 이런 불행한 사람의 문제는 (이들이 길거리에서 죽게 두지 않으려면) 개혁된 구빈법으로 효율적으로 해결할 수 있다. 사악하고 무능한 중상층 사람들은 틀림없이 새로운 극빈자 집단 대부분을 채용해 일을 시키려 할 것이다. 하지만 노동자는 이미 이들 중상층의 낭비와 사치를 지원해 줄 정도로 일하고 있으므로, 극빈층에게 일을 시키기보다는 이들에게 지급하는 수당을 늘리는 변화를 추구해야 한다. 그 변화가 매우 클 수도 있지만, 산업민주주의 시스템이라는 공공적 경제public economy가 반드시 나아가야 할 방향이다. 수요를 안정시키고 생활 기준을 규제하는 산업의 민주적 운영과 통제가 현재 극빈자pauper라 칭하는 집단, 무능하고 사기가 저하된 노동자 숫자를 줄일 수 있을지는 여기서 논의할 문제는 아니다. 하지만 경제·사회 문제 연구자가 주의 깊게 고찰해 볼 가치가 있는 문제다. 이 주제에 관해서는 상원 위원회에서 작성한 착취산업 보고서가 가장 좋은 교과서다.

산업민주주의가 실현되는 사회에서 생활필수재와 편의용품의 공정한 분배는 유일한 사회적 가치도 아니고 주된 사회적 가치도 아니다. 만일 이것이 다라면 인류가 오랫동안 노력한 결과치고는 빈약한 것이 될 것이며, 로버트 오언의 제자에게 어울리지 않는 목표가 될 것이다. 왜냐하면 협동조합인은 인류애human fellowship라는 오래된 가르침, 사회봉사라는 새로운 정신, 그리고 모든 남녀가 개인적 생존과 이익이 아니라 전체 공동체를 위해 일하는 날이 올 것이라는 확고한 믿음을 항상 가지고 있었기 때문이다. 공동체를 위한 시민의 봉사, 모두를 위한 모두의 자유로운 봉사는 영국 협동조합 운동의 도덕적 이념이며 협동조합인이 자랑스럽게 여기는 것이다. 개인 이윤-수취자가 아닌 공동체가 고용주가 되는 사회 조직, 개인적 임금에 무심하면서 자신이 대표하는 노동계급의 전반적 수준을 높이는 데 전념하는 대표자가 단기적·장기적 노동자 복리를 보호하는 노동조직, 이렇게 충분히 발전된 산업민주주의만이 인류애라는 미래 종교를 위한 완전한 경제적 기초가 될 수 있다. 지금 현실에서 노동자는 더 많이 노동할수록 특권 계급의 억압적 권력을 강화해 준다고 느낀다. 그리고 임금에 계산되지 않는 노동을 하는 것은 힘없는 동료에게 낮은 임금과 견딜 수 없는 부담을 강제하는 것임을 안다. 이런 상황에서 무지한 노동조합은 개인 노동의 양과 질 그리고 전체 노동자 생활 수준을 높이는 계몽적 정책 대신 노동의 양과 효율성을 떨어뜨리는 집단적 노력으로 영국 산업 번영을 훼손하는 파멸적인 정책을 (미조직 노동자 관행에서 더 잘 나타난다) 실행하고 있다.

이것은 도덕적, 유토피아적 비전이 아니다. 미래 세대에게 확실하게 약속된 아들Child of Promise[50], '국가 안의 국가'다. 왜냐하면 협동조합 운동 직원들 사이에서 이미 사회봉사 정신이 무르익었기 때문이다. 소매상인과 협동조합 매장·도매협동조합 직원은 같은 직업에 종사하지만, 공동체를 위한 봉사, 고상한 대의를 추진하는 자부심이 두 집단 사이에 커다란 도덕적·지적 간격을 만들고 있다. 끈질긴 작은 이익 추구, 편협한 편견, 인색한 상술이 소매상인 집단의 특징이라면, 공공정신과 사회·경제적 문제에 대한 폭넓은 이해는 협동조합 직원의 특

---

50) [옮긴이] 성서에서 하느님이 100세가 된 아브라함에게 아들을 낳을 것이라 약속하고 그의 부인 사라가 이삭을 낳게 되는데, 이처럼 '약속의 아들'은 하느님의 약속처럼 확실하다는 의미다.

질이다. 이러한 협동조합 신념이 지닌 묘한 힘 안에 세상 사람을 놀라게 한 영국 협동조합 운동의 성공적 운영 비결이 있다. 능력에 비해 적은 급여를 받는 직원과 소액의 보수를 받아들인 의장과 위원회 위원은 성실성과 열정으로 자신에게 맡겨진 사업을 관리하고 감시한다. 협동조합 운동 내부에는 모든 신생 종교에서 나타나는 유다와 같은 배신자도 있다. 뇌물을 받거나 자기 의무를 소홀히 하는 위원회 위원이나 직원이 그들인데, 그들이 확실히 알아 둘 게 있다. 그들은 개인 장사를 하는 많은 동료처럼 단지 그냥 부정직한 사람에 그치는 것이 아니라, 지금 세대와 모든 미래 세대의 수많은 동포를 구원할 수단을 팔아먹는 배신자가 된다는 사실 말이다.

8장

결론

영국 협동조합 운동에 대한 개요를 마무리하는 결론에는 우리가 초기 협동조합인과 마찬가지로 사회주의자라는 사실이 전제되어 있다. 이는 모든 시민이 전심전력으로 공동체에 봉사하고, 공동체는 그에 대한 보답으로 시민의 정신적·육체적 능력을 완전하고 자유롭게 사용하는 데 필요한 개인적 지출을 보상하는 사회를 우리가 나아가야 할 이상으로 받아들인다는 의미다. 실현 가능한 사회주의 국가에 대한 소망과 믿음이 없다면, 협동조합 운동에 관한 이 책은 쓸모없을 것이다. 단지 과거와 현재의 사건에 대한 사실적 진술을 원하는 연구자나 현존하는 사회에 만족하는 철학자는 이 책을 그만 덮기를 권한다. 왜냐하면 이제 남아있는 결론은 그들에게 아무런 도움이 되지 않을 것이고, 앞의 이야기와 부록에 실린 통계를 편하게 이해하는 데 방해되는 자극적인 내용이 될 수도 있기 때문이다.

협동조합과 노동조합의 연대를 통해 로버트 오언의 새로운 사회시스템 즉, 모든 노동자 소득이 실질적 시민권을 보장하는 수준이 되고 모든 시민이 최고 능력으로 기꺼이 봉사하는 상태에 도달한다는 믿음과 희망에 대해 영국 시민은 확실한 근거를 가지고 있을까? 그 해답이 아무런 의심 없이 확신에 차 있다면 오히려 문제다. 설령 노동조합주의자와 협동조합인이 합심해서 활동한다 해도, 자발적 결사체는 훌륭한 경험 훈련을 제공하는 설득력 있는 본보기가 될지는 몰라도 사회 개혁의 유일하고 충분한 방법으로는 부족하다.

왜냐하면 협동조합 운동이 산업민주주의 운영의 난제를 완벽하게 해결한 놀랍고 훌륭한 사례이기는 하지만, 오늘날 국가 산업에서 차지하는 비중은 미미하기 때문이다. 영국 총자본은 100억 파운드로 추산되는데, 이 중 천2백만 파운드만 자발적 소비자 결사체에 의해 운영되고 있다. 하지만 열성적 협동조합인은 전 분야 산업을 포괄할 때까지 자발적인 민주적 협동시스템을 발전시키면 된다고 주장할 것이다. 그러므로 이러한 민주적 자치 형태의 확장에 예상되는 사회·경제적 제약을 간략하게 살펴보는 게 좋겠다.

현재 사회시스템에서 협동조합 운동 확장의 첫째 장애는 특정 계층의 생활 조건이다. 표준 생활 이하로 살거나 고립되어 사는 사람, 거주지와 일자리를 계속 옮겨

다니는 사람은 자발적인 소비자·생산자 결사체를 결성할 수 없다. 하루하루 살아가는 임시노동자, 육체적으로 무력한 노동 착취 희생자, 떠돌이 습관과 불규칙한 욕구를 지닌 거리 행상인 그리고 간이 숙박소 거주자는 영양 부족으로 인한 심각한 피로와 불안이 게으름과 육체적 고갈로 고착되거나 깊어져 민주적 결사체와 민주적 자치에 참여하기 어렵다. 이는 노동조합, 협동조합 대회에서 매번 나오는 불만이며, 증명이 필요 없는 진실이다. 섬유산업이나 광산업처럼 국가가 규제하는 산업에서는 협동조합과 노동조합 조직이 번성하지만, 규제를 벗어난 작업장이나 집에서 일하는 버밍햄과 런던 노동자가 소비자·생산자 결사체를 결성하지 못하는 것은 단순한 우연이 아니다. 지난 50년 노동의 역사는 강제적 결사체compulsory association의 성과인 입법 규제가 특정 계층의 사회적 조건을 자발적 결사가 가능한 수준으로 높이는 유일한 효과적 수단임을 분명히 보여주고 있다. 입법 규제의 부재가 자발적 결사를 불가능하게 하는 주요한 원인이라고 인정하든 않든, 노동계급의 80%가 협동조합과 노동조합 운동의 바깥에 있다는 사실은 반박의 여지가 없다.

가난과 불규칙한 습관이 협동조합의 성장을 제한하지만, 민주적 자치에 대한 욕구와 능력을 더 크게 제한하는 것은 사치가 불러온 까다로움과 무관심이다. 실질적 필요 이상의 소득을 갖는 중상류계급은 이윤-수취 상인의 굴종적인 서비스와 이윤-수취 생산업자의 특이하고 다채로운 생산을 요구한다. 고객의 즐거움과 편익을 위해 시중드는 대가로 급여를 받는, 말없이 아첨하면서 즉각 묵종하는 훈련된 종업원에 익숙해진 상류층 여성의 예민한 감정에는 협동조합 매장 직원의 사무적인 일 처리와 짧은 대답이 거슬린다. 급변하는 유행, 변덕스러운 개인적 허영, 지나친 식탐은 합리적·지속적 필요에 대한 공급을 기초로 하는 산업 조직에서 만족을 얻지 못한다. 고소득을 세심하게 지출하면서 발생하는 심각한 정신적 긴장 또는 모든 욕구의 기계적 충족에 대한 무감동으로 인해 부자 고객은 결사체 회원의 책임을 지고 싶은 마음이 없다. 육체적 혐오와 정신적 고갈은 가난한 자의 문제일 뿐만 아니라 부자들 공통의 병이기도 하다. 중상류층은 개인 소유에 대한 애착과 사회적 야심에서 나오는 경쟁의식 때문에 어떠한 유형이든 민주적 결사체에는 자신의 잉여 에너지를 투입하지 않는다. 따라서 중상류층 지출 대부분을 협동조합 운동 영역으로 가져오기 위해서는 연 400파운드가 넘는 모든 소득에 대해 누진 소득세를 부과해야만 한다. 부자들에게 협동조합을 선전하는 것은 가난한 사람에게 선전하는 것처럼 쓸데없는 일이다. 만일 협동조합인이 이들과 '함께 사업을 하려면' 협동조합 운동의 정치 활동에 특정 항목들을 추가해야만 한다. 그 특정 항목의 특징을 여기서 일일이 열거할 필요는 없을 것이다.

사회적 한계social limits가 협동조합 국가의 경계를 규정하는 유일한 요소는 아니다. 오히려 운영의 한계 administrative limits가 더 중요하다. 왜냐하면 협동조합 매장과 도매협동조합을 운영하는 시민 집단은 반드시 그 조합을 통해 상품과 서비스를 공급받는 실제 소비자이어야 하기 때문이다. 이런 특수한 민주주의 형태가 작동되는 운영 집단 형성이 모든 영역에서 가능한 것은 아니며, 바람직하지 않은 경우도 있다. 실제 승객이 소유하고 운영하는 칼레스-도버Calais and Dover 노선 증기선을 상상하기는 어렵다. 만일 공동체가 서비스를 맡는 것이 바람직하다고 생각하면, 벨기에 정부의 오스텐드-도버Ostend and Dover 노선 서비스 사례를 따라 중앙 정부가 증기선 전국 노선 서비스를 제공하는 것이 좋을 것이다. 철도의 공동체 운영을 목표로 하는 열렬한 협동조합인도 런던앤드노스웨스턴London and North Western(철도회사)을 이용하는 승객과 사업자가 그 회사의 적합한 운영자라고 주장하기는 힘들 것이다. 기차 여행을 하든 하지 않든 상관없이, 모든 국민이 운송료가 지불되는 물품의 소비자 또는 생산자로서 기차라는 운송 수단에 간접적 이해가 걸려있기 때문이다. 만일 철도 이용 승객과 사업자가 운영자가 되면 수많은 소비자의 정당한 투표권을 빼앗는 꼴이 된다. 그리고 철도의 경우 다양한 계층의 승객과 사업자를 실질적이고 지속적으로 대표하는 조직을 구성하기 어렵기 때문에, 안정적이고 통일적인 운영 정책을 실행할 수 없을 것이다. 운송 수단 운영을 맡은 유일한 소비자 조직 사례인 리버풀 부두Liverpool Docks의 경우 유권자인 소비자가 흩어져 있고 관심도 없어, 양호한 부두 관리에 지속적 이해관계가 있는 책임 있는 조직을 구성하기 위해 최소 10파운드 연회비를 내는 사업자만 투표권을 갖는다. 심지어 머시 부두Mersey Docks의 경우에는 정부가 지명하는 4명으로 구성된 이사회가 공동체 전체를 대표한다.

철도, 부두 사례에서 보았듯이 규모가 크고 중요한 일부 산업에서는 열린 소비자 민주주의open democracy of consumers를 통한 대의제 자치가 바람직하지 않거나 불가능하다. 그러나 이 문제가 가장 중요한 운영의 한계는 아니다. 국가적 독점이나 인위적 독점의 경우 실제 소비자는 공동체 대표가 되기에 부적절하다. 예를 들어 농장주와 농업노동자에게 국가의 땅을 내줄 수는 없는데, 그렇게 되면 공동체 일부 구성원이 배제된 소유자 단체가 전체 공동체의 투표권을 갖는 꼴이 되기 때문이다. 광물 자원이 국유화된다 해도 광산이 탄광 소유자나 광부에게 넘어가지는 않을 것이다. 필수적인 성격의 소비일 경우, 그에 대한 소비자 결사체는 강제적이어야 한다. 산업민주주의가 이루어지기 위해서는 수도, 가스, 도로, 가로등 같은 보편적 소비 품목 공급은 당연히 강제적 소비자 결사체가 맡아야 한다. 예를 들어 쉐필드소비자협동조합Sheffield Store은 최근 지방자치단체로부터 상수도 공사를 위해 250만 파운드를 받았는데, 만일 쉐필드조합이 이 돈을 조합원 대상으로 모금해서 투자했다면, 무지나 무관심으로 조합에 속하지 않는 쉐필드 시민의 필수재를 투기적으로 공급하면서 이윤을 얻거나 손실을 보는 자본가 단체가 되었을 것이다. 달리 말하면 앞에서 논의했던 개별주의 산업시스템으로 되돌아가는 것이다.

쉐필드소비자협동조합 사례를 보면, 다른 유형의 민주적 기업에 비해 협동조합이 급속히 성장하고 있지만 운영의 한계와 함께 자금의 한계가 있음을 알 수 있다. 지방자치단체는 강제적 결사체의 권력으로 시민에게 과세함으로써 해마다 수백만 파운드를 모을 수 있지만, 소비자협동조합은 달팽이 속도로 자본을 축적한다. 기펜 Giffen에 따르면, 1885년 지방자치단체가 운영하는 자산은 3억 파운드(가스 산업만 2천백만 파운드)인데, 협동조합 자본금은 천2백만 파운드에 불과하다. 이러한 협동조합 공화국Co-operative commonwealth의 명확한 한계를 종합해보면, 토지와 이동 수단 같은 대규모 국가 자산 그리고 가스·수도·위생 기구 같은 강제적 소비 품목은 자발적 소비자 결사체 활동이 불가능한 영역임을 알 수 있다.

협동조합 국가의 경계에 관해 조금 더 언급해야겠다. 수출 무역 영역 전체가 제외되는데, 그 이유는 중국

유목민 집단과 아프리카 원주민이 로버트 오언의 교리에 기적적으로 귀의하지 않는 한 이 영역에서 실제 소비자가 열린 민주주의 원칙에 따라 운영하는 것은 불가능하기 때문이다. 영국과 거래하는 다른 앵글로-색슨 국가에서는 소비자협동조합 시스템이 발전할 수 있다. 스코틀랜드 도매협동조합과 잉글랜드 도매협동조합이 그랬던 것처럼 남양주南洋洲, Australasia, 캐나다, 미국, 영국 간에 중앙기구가 설립될 수도 있다. 그러나 남양주에서는 다른 유형의 사회주의가 유행하고 있고, 개인 이익에 전념하는 미국인은 타락한 금권 정치가 지배하는 이름뿐인 민주주의 이외 다른 정치 형태에 대한 욕구도 능력도 없다. 한편 영국 협동조합 매장과 도매협동조합은 외국 상인과 수익성 있는 수출 거래를 대놓고 할 수도 있다. 혹은 이미 참여하고 있는 산업에서 대규모 생산을 통한 수익 증대를 위해 잉여 생산품을 수출할 수도 있다. 그러나 이렇게 되면 협동조합 운동의 통합과 번영을 위협하는 위험이 바로 드러나고, 소비자에 의한 생산 통제가 주는 모든 경제적 장점이 사라진다. 이제 협동조합인은 가격차-이윤이라는 산업의 금단 열매를 맛보게 된다. 자발적 소비자 결사체는 언제든 조합원 수를 제한할 수 있으므로 총수입에서 수출 거래 비중이 커지면 신규 조합원 가입을 막고 싶은 마음이 간절해질 것이다. 그렇게 되면 도매협동조합은 자본가의 이윤-수취 기계가 될 것이고, 해외 비조합원과의 거래 습성은 국내 비조합원과의 거래 관행으로 빠르게 확장될 것이다. 협동조합 매장과 도매협동조합 주식이 새로운 이사회 등장이나 국제전 루머 등에 의해 가치가 등락하는 주식시장에 상장되면서, 로치데일 시스템 전체 조직은 조합 간 내부 경쟁과 공동체 전체 이익에 반하는 담합으로 황폐해질 것이다.

완전히 발전한 산업민주주의 천년왕국을 믿는 사람은 수출 무역을 자본가 산업 운영의 마지막 피난처로 인식한다. 하지만 협동조합인의 자발적 결사체만으로는 수출 무역을 통제할 수 없다. 민주적 협동조합이 여기에 개입하면 개인 이익을 위한 가격차-이윤이 작동하는 개별주의 시스템으로 빠르게 되돌아갈 것이다. 수출 무역을 대의제 민주주의 통제로 가져오기 위해서는 전 국민의 공공적 조직 즉, 국가나 지방자치단체가 운영해야 한다. 이런 방식을 통해서만 외국과의 거래에서 발생하는 이윤이 전체 시민의 만족을 위해 배분되거나 그들의 이익을 위해 축적될 것이다.

이제 협동조합 국가의 경계가 모두 보인다. 자발적 소비자 결사체는 개인적 사용을 위한 특정 품목의 공급, 독점화되지 않는 영역에서의 생산, 강제되지 않으면서도 수요가 크고 꾸준한 품목 소비에 제한된다. 현재 사회시스템에서는 제한된 국민만이 사회의 민주주의를 누릴 수 있는데, 민주적 자치에 참여할 수 있는 너무 가난하지도 부유하지도 않은 중간 계층이 그들이다. 이제 영국 총소득과 관련된 통계 수치로 이러한 한계들을 확인해 보자. 여기서 사용하는 수치는 대략적인 추정치다. 현재와 미래 협동조합 운동의 가능성에 대해 정확하게 계산하려는 것이 아니라 대략적 수치를 편리하게 사용해서 특정 주장을 요약하려는 것이다.

입법을 통해 부유층 소득을 줄이는 것을 내켜 하지 않는 협동조합인이 저소득층 생활을 자발적 결사체 참여가 가능한 수준으로 높이기 위해 정치권력을 사용하기로 결심했다고 가정해 보자. 그리고 이런 시도가 성공해서 모든 노동자가 소비자협동조합에 가입했다고 치자. 그러면 소비자협동조합과 연합기관은 노동계급 소득 전체가 협동조합 매장에서 지출되는 상황을 기대할 수도 있을 것이다. 국민 전체 소득 11억 파운드 중에서 통계학자가 최대한 잡은 임금노동자 소득은 5억 파운드다. 여기서 1억 파운드는 임대료, 가스, 수도, 세금으로 공제된다. 이미 확인했듯이 이런 상품과 서비스는 협동조합 시스템 확장을 통해 제공할 수 있는 것이 아니다. 그리고 7천만 파운드는 술 소비에 사용되는데, 협동조합 매장에서 위스키와 맥주를 판매하려는 협동조합인은 없다. 이제 3~3.5억 파운드가 남게 되는데, 이것이 협동조합 거래 규모를 나타내는 총액일 것이다. 한편 노동계급의 소득, 그리고 특히 그 소득 중 협동조합 매장 지출 비중은 거의 무제한으로 늘어날 수 있다. 예를 들어,

모든 노동자가 민주적 자치를 높은 수준으로 발전시키면, '술값 계산서'는 적은 금액으로 줄어들 것이다. 그리고 사회주의적 수단에 의지하지 않아도, 노동계급 총소득은 상당히 늘어나게 될 것이다. 하지만 노동자의 지성이 높아지고 술을 멀리하는 문화가 형성된 상황이 자본가가 더 큰 소득을 얻을 수 있고 지주가 더 높은 임대료를 받을 수 있는 조건이 될 것이라고 가정할 수 있는 근거도 충분하다. 별다른 변화 없이 지금 상황이 유지된다면, 국민 전체 부가 아무리 늘어나도 국민총소득에 대한 노동자 소득의 비율은 그대로 유지될 것이다.

현재 사회적 상황에서도 노동계급의 협동조합 매장 거래가 지금의 3천5백만 파운드에서 노동계급이 가정용품 구매에 지출하는 3억5천만 파운드까지 늘어날 수도 있다. 하지만 협동조합 생산에는 한계가 있다. 노동계급에 필요한 물품 중 협동 산업시스템에서 생산될 수 있는 품목은 매우 적다. 그리고 수입 식품과 담배가 노동자 소비의 큰 부분을 차지한다. 부유층이 사용했던 중고품 구매에 노동자가 지출하는 부분도 빼야 한다. 협동조합에서 어떤 품목을 생산할 경우, 수익성이 있을 만큼 충분한 수요가 있는가 하는 문제도 있다. 즉, 단위 생산성unit of productivity이라는 경제적 한계에 직면하게 되는 것이다. 예를 들어 도매협동조합은 자신의 주요 시설이 대규모 면화 산업지에 인접해 있음에도 불구하고 면포 생산은 감당할 수 없다고 생각한다. 노동자가 구매하는 옥양목과 날염 면직물은 품질과 스타일이 매우 다양해서 그 수요 규모가 도매협동조합이 수익을 내기에는 너무 작다. 단위 생산성 한계는 협동조합인이 협동조합 생산의 실질적 장애물로 인식해 온 장벽이다. 이런 조건에서 협동조합 무역이 확대되면 협동조합 생산에 대한 압박은 더 심해질 것이다.

지금까지 대략적 추산을 요약해보면 현재 사회적 조건에서 협동조합 매출은 3~4억 파운드를 넘기 어렵다. 현재의 협동조합 자본에 대한 매출 비율이 유지된다면 추산된 매출이 이루어졌을 때 자본은 7천5백만 파운드에 불과하다. 현재 노동계급의 자금은 1억6천9백만 파운드로 추산되며, 협동조합 매장과 도매협동조합이 노동계급의 자금을 이용하는 데는 지금처럼 앞으로도 한계가 있을 것이다.[51]

협동조합인 민주주의 분파democratic school of Co-operators가 사용처를 찾지 못하면서 보유하고 있는 자본 규모가 엄청나기 때문에 마음대로 사용할 수 있는 자본이 넘칠 정도로 많다고 주장하는 협동조합인이 있다. 맞는 이야기지만 문제가 있다. 재정과 운영의 한계 때문에 자치 작업장 이념은 실현될 수 없다는 내 생각이

---

51) [옮긴이] 현재 노동계급의 자금이 1억6천9백만 파운드인데 협동조합 자본은 천2백만 파운드에 불과하므로, 미래에 노동계급의 자금이 늘어난다 해도 협동조합 자본으로 이용할 수 있는 규모는 제한적일 것이라는 의미다.

틀렸고, 협동조합인 개별주의 분파가 그들의 이념을 영국 노동계급이 믿도록 한다면, 그들은 노동계급 자본에서 나오는 대규모 수익을 마음대로 사용하려 할 것이 분명하다. 그러면 개별주의 분파는 자치 작업장에 자본을 투자해 부유층을 위한 상품 생산에 집중할 것이다. 왜냐하면 원하는 고품질상품에 고액을 지불하는 그리고 다가오는 사회주의를 두려워하면서 개별주의자 활동에 자선적 관심을 보이는 부유층은 자치 작업장의 주요한 고객층이 될 수 있기 때문이다. 그리고 수출업 전체는 전제적 자본가가 이윤-공유 시스템으로 운영하는 산업파트너쉽으로 이전될 것이다. 이렇게 되면 다양한 유형의 협동조합 간 경쟁은 끝나게 된다. 하지만 개별주의 분파가 재무적 한계를 극복하게 되었을 때, 자신의 적대자는 협동조합 매장 직원이나 도매협동조합 관리자가 아니라 노동조합임을 깨닫게 될 것이다.

민주적 협동조합에 반대하는 사람은 도매협동조합의 중앙집중 통치 방식이 협동조합 운영 능력에 대한 제약이 된다고 자주 언급하는데 나는 이를 인정하지 않는다. 첫째, 연합의 규약 구조는 대단히 탄력적이고 적응력이 뛰어나다. 둘째, 7천5백만 파운드 자본을 관리하고 3억5천만 파운드 판매를 조직하는 일은 힘들겠지만, 현재 협동조합 매장 시스템 능력을 벗어나지는 않을 것이다. 그런 역량을 가진 협동조합 매장에 의존하고 있는 연합의 규약은 그대로 두어도 된다.

지금까지 자발적 소비자 결사체가 가능한 영역의 외부 경계를 살펴보았다. 하지만 '일하지도 않는 자'가 노동자에게 부과하는 공물 전체를 협동조합 공동체가 흡수하는 꿈을 실현하는 데 내부 장애물도 있다. 국민에 대한 서비스에 지출되어야 할 공동체 수입 상당 부분이 자본가와 지주에게 지급되고 있다. 협동조합인도 그 부담을 지고 있다. 오언주의 공동체와 마찬가지로 협동조합 매장 조합원과 도매협동조합은 경쟁 산업시스템에 둘러싸여 자기 영역에서조차 임대료와 이자라는 공물에서 벗어날 수 없다. 협동조합 자본 천2백만 파운드에 대한 이자는 분명히 내부 동료에게 돌아간다. 전체 조합원의 소비 과정에 부과되어, 출자금에 따라 협동조합인에게 지급되는 것이다. 그러나 인위적으로 부과되는 임대료와 부동산 구매 비용에 대한 이자 등 토지 임대료는 대체로 외부인에게 지급된다. 예를 들어 베리협동조합매장Bury Store은 결코 더비Derby[52]의 임대료를 피할 수 없다. 조합이 부동산을 구매했다 해도 사정은 바뀌지 않는다. 조합은 여전히 부동산 구매 비용에 대한 이자를 부담해야 하고, 부동산을 팔면서 돈을 받은 더비는 결국 그 돈에 대한 이자를 노동자 공동체로부터 뽑아내는 꼴이 되는 것이다. 로버트 오언이 예상했던 산업

---

52) [옮긴이] 1850년대 영국 수상을 지낸 보수당 정치인이다. 귀족 집안 출신으로 랭카서 지역에 물려받은 땅이 상당한 규모였다고 한다.

혁명의 과제가 완수되는 협동 산업시스템은 이제 겨우 한 걸음 나아갔을 뿐이다. 협동조합 매장은 열린 민주주의를 통해 개별주의를 사회적 산업 운영시스템social administration of industry으로 대체했고, 기업의 이윤을 공동체 전체의 것으로 만들었다. 첫발을 떼는 게 가장 힘든 법이다. 민주적 산업 운영을 성취한 협동조합 운동은 능동적인 지적·도덕적 역량도 갖게 되었다. 이는 요양원과 보호시설 입주자들이 임대료와 이자를 받는 사람처럼 수동적인 것과 비교된다. 하지만 영국 협동조합 운동은 토지와 생계 수단을 협동조합 국가 안이든 바깥이든 아직도 개인적 소유에 맡겨두고 있다. 만일 영국 민주주의가 로버트 오언이 새로운 사회시스템에서 예언적으로 묘사했던 사회 변화를 완수하려면, (새로운 산업으로 발생한) 부의 사회적 생산과 (협동조합과 노동조합 운동에 의한) 공동 운영·통제를 넘어 토지·생산수단의 공동 소유까지 실현하려면, 정치 민주주의로 만들어낼 수 있는 수단을 계획적으로 사용해야만 한다. 불로 자산과 잉여 소득에 대해 모든 형태의 과세를 해야 하고, 민주적 운영을 위한 조건이 무르익은 국민적 자산을 반드시 무상無償 인수는 아니더라도 강제 인수해야 한다. 민주주의가 생산수단을 획득하고 통제하는 수단으로 과세와 개인적 보상을 활용한 선례는 매우 많다. 보수 정부는 최근 선술집 주인에게 보상하면서 퇴출을 유도하기 위해 주류세를 제안했다. 급진 정부는 지주로부터 토지를 인수하기 위해 토지세를 제안할 것이다. 그리고 장차 릿치Ritchie[53]가 보수 정부 재무장관이 되면 도로만이 아니라 주택을 점차 지방자치단체 소유로 하기 위해 부동산에 대한 누진 상속세를 부과할 것이다. 그러나 개혁 구빈법 세부 사항과 마찬가지로, 자산이 넘쳐나는 계급에 대한 보상 방법은 협동조합 운동과 산업민주주의에 관한 이 책의 범위를 넘어선다.

결론적으로 협동조합 국가의 사회적·운영적·경제적 경계선이 결코 협동조합인의 국민 생활에 대한 영향력의 한계를 의미하는 것은 아니라는 점을 다시 한번 강조한다. 노동계급 전체가 한편으로는 협동조합연합회, 다른 한편으로는 노동조합연합회Federation of Trade Unions에 결집된다면 실제로 노동자는 국가의 최고 주권자가 될 것이다. 소비자로서의 노동자 조직인 협동조합은 자본가와 지주가 수입 관세 입법과 가격 담합 트러스트·자본가 단합을 허용하는 정책에 대한 지지를 얻기 위해 임금 인상을 미끼로 노동계급을 매수하려는 시도를 효과적으로 막을 것이다. 그리고 소비와 생산의 원초적 이익을 대표하는 두 연합 조직의 간부들이 진지한 협약으로 단결한다면, 생산 없이 소비하는 모든 계급의 기생충을 공동체로부터 비교적 쉽게 제거할 수 있을 것이

---

53) [옮긴이] 찰스 톰슨 리치Charles Thomson Ritchie(1838~1906)는 영국의 사업가이면서 보수당 정치인이었다. 1874~1905 하원의원, 1900~1902 내무장관, 1902~1903 재무장관을 지냈다.

다. 그리고 충분한 자기 몫을 소비하지 못하면서 생산하는 사람은 더 높은 생활 수준으로 향상될 것이다. 강제적 결사체의 성과는 입법을 통하지 않으면 이러한 변화를 가져올 수 없음을 분명히 보여주고 있다. 하지만 민주주의가 완전히 발전하기 위해서는 국가 산업·상업·금융의 일정 부분에 협동조합인이 민주적 자치를 도입할 수 있도록 국민이 도덕적 자질을 갖추어야 한다. 협동조합인이 특별히 인류 진보의 선구자로서 자격을 인정받는 이유는 도덕적 개혁가이기 때문이다. 협동조합인은 자기 영역을 최대한 발전시키고 확장하면서, 협동조합 방법과 경험이 행정 교구, 지방자치단체, 주, 국가 운영에 도입되도록 의식적으로 노력해야 한다. 확실하지만 느린 민주적 자치 도입 과정을 통해 오언의 협동 산업시스템은 실현된다.

로버트 오언의 가르침에 따라 형성된 두 사회개혁 집단인 영국 협동조합인과 영국 사회주의자가 이런 식으로 급진적 개혁의 깃발 아래 산업민주주의의 열망으로 단결한다면, 위대한 민주주의자 존 브라이트John Bright의 고결한 말을 그들의 목적과 방법에 대한 충만하고 완전한 표현으로 받아들일 것이다.

"무지와 고통은 사라지고 우리 앞에 펼쳐진 황무지에서 아름다운 꽃과 풍성한 열매가 있는 낙원 Eden이 자라날 수 있다고 믿는다. 그러나 어떤

계급도 그 일을 해낼 수 없다. 여태까지 이 나라를 통치해 온 계급은 비참하게 실패했다. 그들은 권력과 부를 만끽하고 있지만 그들의 발치에는 방치된 다수가 미래의 끔찍한 위험으로 존재하고 있다. 계급이 실패했다면 이제는 국가를 시도해 보자. 그것이 우리의 신념이며 목적이고 호소다. 국가를 시도해 보자. 바로 이것이 변화를 요구하는 수많은 사람을 불러 모았다. 나는 이렇게 모여든 군중의 광대함과 결의에서 숭고함을 본다. 나는 시간의 언덕 위로 내가 사랑하는 나라와 민중의 행복하고 고귀한 날의 새벽이 밝아 오는 것을 본다."

부록

영국 협동조합 운동

부록 I. 생산자 결사체 분류표[i]

I 유형 - 경영위원회를 조합원 중에서 선발하며
　　　　조합원만 고용하는 노동자 결사체

조합명	등록	연매출	수익		
			자본	노동	거래
Leicester Manufacturing Boot and Shoe	1887	13,160	180	390	195
Kettering Manufacturing Boot and Shoe	1888	5,061	54	109	66
Coventry Watch Makers	1876	2,940	67	65	65
London Bookbinders	1885	667			
Dudley Nailmakers	1874	564			
Brighton Artizans	1888	176			
Bromsgrove Nail-forgers	1888	265			
Nelson Self-Help	1888	26,790			
합계	평균 연수	49,623			
평균	5년 9개월	6,202			

II 유형 - I 유형과 유사하지만 종신 이사장, 위원회 위원에
　　　　자발적으로 따르거나 혹은 따르도록 강제하는 결사체[ii]

조합명	등록	연매출	수익		
			자본	노동	거래
Co-operative Builders(Brixton)	1888	21,156	27	626	
Thomson & Sons	1886	24,418			
Scotch Tweed	1890				
Burnley Self-Help	1886	39,904	302		
합계	평균 연수	85,478			
평균	2년	28,492			

화폐단위 : 파운드

자본(대출 포함)		주주		종업원			위원회
종업원 출자	총자본	주주	주주 종업원	외부	내부	총 종업원	위원 중 종업원 수
870	4,040	708	170	40	130	170	10
446	1,891	271	79	55	24	79	7
671	1,600	102	52	대부분		52	6
5	419	83	9	0	7	7	2
41	41	12	12	7	5	12	전체
19	32	35	27	27	0	27	전체
263	263	170	16	15	1	16	2
2,180	2,190	76	75			120	8
4,494	10,476	1,457	440			483	
561	1,309	182	55			60	

자본(대출 포함)		주주		종업원			위원회
종업원 출자	총자본	주주	주주 종업원	외부	내부	총 종업원	위원 중 종업원 수
400	3,738	172	172 (전체)				8
433	4,045	161	62			130	3
1,868	9,809	299	31		90	90	1
2,975	6,803	286	130			257	전체
5,676	24,395	918	395			477	
1,419	6,098	229	98			159	

III유형 - 노동자 자치 결사체지만 비조합원을 고용[iii]
(실제로는 작은 고용주들의 결사체)

조합명	등록	연매출	수익		
			자본	노동	거래
Dunfermline Manufacturing	1872	959			
Manchester Wheelwrights	1888	629			
Atherston Hat	1890				
London Bass Dressers	1889	715	4	9	9
London Cigarette Makers	1887	7,868			
Leek Silk Twist	1874	6,978	115	55	
Paisley Manufacturing	1862	35,641	667	239	1,819
Leicester Elastic Web	1878	12,279	5		
Raunds Boot and Shoe	1887	6,588	40	200	
Northampton Boot & Shoe	1888				
Northamptonshire Boot & Shoe	1881	11,586	165	218	
Finedon Boot and Shoe	1886	14,004			
Tingdene Boot and Shoe	1888	4,706	15		
Norwitch Boot and Shoe	1885	1,788	12	26	78
Bristol Pioneers Boot and Shoe	1889	814			
Dudley Bucket and Fender	1888	3,009	55	28	
Midland Nail-makers	1882	1,111			
Walsall Padlock-makers	1873	11,737	63	479	
Midland Tin Plate	1887	2,281			
Sheffield Cutlery	1873	1,245	11	16	38
Walsall Cart and Gear	1887	116			
합계	평균 연수	124,054			
평균	7년 4개월	6,529			

자본(대출 포함)		주주		종업원			위원회
종업원 출자	총자본	주주	주주 종업원	외부	내부	총 종업원	위원 중 종업원 수
106	1,074	98	8		16	16	5
192	312	47	3		9	9	1
142	1,190	70	20	10	45	55	2
9	659	131	7		9	9	2
57	376	55	11		20	20	5
267	1,558	42	27	2	39	41	1
290	23,047	637	28	65	120	185	2
400	1,900	8	2		50	50	2
대부분	613	14	14	150	10	160	전체
	290	150	10	16	2	18	1
837	978	42	32	116	13	129	전체
1,318	1,538	28	28	대부분		134	전체
690	690	29	29	46	12	58	전체
23	363	202	8	10	5	15	1
120	500	65	30	22	11	33	5
335	625	8	3		30	30	3
192	327	8	5	15		15	5
610	2,086	42	36	20	163	183	전체
	906	79	5		30	32	0
200	634	58	20	10	30	40	4
6	83	24	4		8	8	4
5,794	39,749	1,837	330			1,240	
321	1,892	87	15			59	

IV유형 - 외부 주주와 협동조합 매장이 대부분을 출자하지만 노동자 지분 참여가 장려되거나 강제[iv]
(대체로 지분 참여 노동자는 경영위원회 활동 불가)
산업파트너쉽

조합명	등록	연매출	수익		
			자본	노동	거래
Hebden Bridge Fustian	1870	32,347	1,446	390	870
Leicester Hosiery	1876	15,146	317	56	209
Eccles Manufacturing(Cotton)	1860	19,407	706		
Airedale Manufacturing(Wollen)	1872	10,567	394	29	321
Macclesfield Silk	1888	188			
Newcastle Furnishing	1873	12,698			
Co-operative Sundries(Droylesden)	1885	3,387	42	14	34
Manchester Printing	1869	50,660	1,567	395	403
Edinburgh Printing	1873	9,270	688	216	
Needlewomen's Association	1887				
Lancashire and Yorkshire(Wollen)	1873	24,530			
Alcester Productive(Needles)	1888	189	9	2	2
Long Melford(Mats)	1887	1,110	14		
합계	평균 연수	179,499			
평균	13년	14,958			

자본(대출 포함)		주주		종업원			위원회
종업원 출자	총자본	주주	주주 종업원	외부	내부	총 종업원	위원 중 종업원 수
4,634	34,072	684	231		260	260	0
173	5,631	215	23	48	91	139	0
254	1,404	344	24			98	0
166	3,491	240	15		21	21	0
매우 소액	2,712	183	8	15	15	30	0
55	15,786	73	10	4	89	93	0
500	2,500	118	48	2	39	41	0
663	16,086	536	71			330	0
매우 소액	11,923	132	매우 적음		73	73	0
0	1,105		0		60	60	0
0	2,640	22	0			90	0
	477	118	13	6	14	20	0
45	406	85	12		19	19	0
6,490	98,233	2,750	455			1,274	
649	7,556	229	37			98	

V 유형 - 농업 결사체

조합명	등록	연매출	수익		
			자본	노동	거래
Assington	1883	1,372			
Radbourne	1884	1,514			
Ufton	1885	1,345			
North Seaton	1872	594	28		
Scottish Farming	1886	1,287			
합계	평균 연수	6,058			
평균	8년	1,211			

실제로는 주식회사가 되는 산업절약조합

조합명	자본	매출
Rochedale Manufacturing	150,002	206,490
Keighley Iron Works	2,160	3,543
North Shields Fishing	2,631	2,575
Co-operative Newspaper	2,750	8,768
Howley Park, Morley	11,950	13,766
Staveley Bobbin	2,530	4,107
합계	172,023	239,249

i) 조합원, 종업원, 총자본, 종업원 출자금에 관한 통계는 벤자민 존스를 통하거나 저자가 조합에 문의해서 확보했다. 연 매출과 수익은 1890년 협동조합연합회 중앙이사회 보고서를 참조했으며, 평균 연수는 1890년까지 계산한 것이다.

ii) 오크마운트자조조합Oak Mount Self-Help은 II유형의 극단적 사례다, 블롬리건축조합Bromley Builders도 II유형에 포함될 수 있다. 나는 이 두 조합에 관한 자료를 확보하지 못했다.

자본(대출 포함)		주주		종업원			위원회
종업원 출자	총자본	주주	주주 종업원	외부	내부	총 종업원	위원 중 종업원 수
10	2,309	281	5			10	1
0	2,800	9	0			8	3
0	2,650	9	0			8	3
10	110	95	5	3	2	5	0
10	2,503	222	1			17	0
30	10,372	616	11			48	
6	2,074	123	2			9	

분류에 포함되지 않은 조합들

조합명	자본	매출
Oxford House Decorating		
Hinckley Hosiery	239	750
Sheepshed Hosiery	190	64
Bozeat Manufacturing	805	4,422
London Productive	2,118	1,986
합계	3,352	7,222

iii) 5개 조합(Raunds Boot and Shoe, Northamptonshire Boot & Shoe, Finedon Boot and Shoe, Tingdene Boot and Shoe, Walsall Padlock-makers Shoe)은 중개인 또는 작은 고용주들에게 일거리를 넘긴다. 나는 5개 조합 이외에 III유형에 속한 다른 조합이 중개인이나 도급업체를 이용하는지는 묻지 않았다.

iv) 키슬리철공조합Keighley Iron-workers는 IV유형에 속할 수 있다. 규약에는 종업원 중 한 명을 경영위원회 위원으로 선출하도록 허용하고 있지만, 실제로는 참여하지 않고 있다.

부록 Ⅱ.
D.F. 슐로스Schloss의 편지 발췌

"나는 제화공들이 레스터부츠·신발생산협동조합Leicester Co-operative Boot and Shoe Manufacturing Society 공장에 고용된 것에 만족한다. 그들은 조합이 설립되기 전에 웨스트앤드West End에 있는 도매협동조합 공장에 다녔는데, 그곳에서 나온 이후에 다른 곳에서 똑같이 일을 해도 임금과 보너스를 합쳐 이전의 임금 정도밖에 되지 않았다. 베데스트리트공장Bede Street Factory이 가동된 이후 한동안은 보너스와 임금을 합쳐도 웨스트앤드공장에서 받던 임금보다 적었다. 내가 알기로 이유는 1) 베데스트리트공장의 가죽이 웨스트앤드공장보다 작업하기가 까다롭고 2) 웨스트앤드공장 '생산 라인' 규모가 베데스트리트공장보다 훨씬 크기 때문이다. 같은 종류 부츠를 다량으로 만들어내는 제화공은 숙달이 되므로, 다양한 종류 부츠를 바꿔가면서 작업할 때보다 같은 시간 동안 훨씬 많이 생산할 수 있다. 두 곳 다 완전히 성과급제로 임금이 지급되고 있다. 베데스트리트공장의 거래 규모는 계속 커지고 있으며, 지금은 베데스트리트공장 제화공이 받는 임금과 보너스를 합친 소득이 웨스트앤드공장에서 비슷한 작업을 하는 제화공의 임금과 비슷한 수준이다."

부록 III.
1889년 지역별 인구 100명당 협동조합 매출

화폐단위 : 파운드

ENGLAND

Bedfordshire 14.66
Berkshire
    Newbury Division 47.16
    Remainder... 3.30
Buckinghamshire
    Buckingham Division 36.84
    Remainder... 6.03
Cambridgeshire
    Chesterton Division 39.32
    Remainder... 5.20
Cheshire
    Hyde Division 217.72
    Crewe Division 339.65
    Altrincham Division.......................................140
    Macclesfield Division 132.72
    Northwich Division 191.37
    Remainder... 7.82
Cornwall 6.06
Cumberland
    Eskdale Division 215.66
    Egremont Division 307.04
    Penrith Division... 28.26
    Cockermouth Division 158

Derbyshire
- South Division 209.55
- Chesterfield Division.......................................103.63
- High Peak Division 396.22
- Remainder.. 23.50

Devonshire
- Totnes Division 153.54
- Remainder.. 8.22

Dorsetshire
- South Division 24.48
- Remainder.. 2.11

Durham
- Jarrow Division...164.16
- Houghton le Spring Division 166.66
- Chester le Street Division 841.60
- North-West Division.. 93.22
- Mid Division 735.17
- South-Eastern Division.................................... 94.27
- Bishop Auckland Division 458.33
- Barnard Castle Division................................... 89.65

Essex
- Maldon Division 72.54
- Romford, Walthamstow and South-Eastem Divisions
  .... 69.79
- Harwich Division.. 80
- Chelmsford Division 18.51
- Remainder.. 0

Gloucestershire.
- Tewkesbury Division.. 94.73
- Remainder... 15.92

Hampshire

Fareham Division... 19.02
　　Remainder...0.40
Herefordshire 4.92
Hertfordshire
　　Watford Division... 40
　　Remainder... 4.72
Huntingdonshire
　　Huntingdon Division...................................... 25.92
　　Remainder...0
Kent
　　Medway Division 59.68
　　Faversham Division 136.36
　　Remainder... 22.58
Lancashire
　　North Lonsdale Division 222.68
　　Lancaster Division 187.03
　　Blackpool Division 139.10
　　Chorley Division 64.40
　　Darwen Division 296.72
　　Clitheroe Division 325.58
　　Accrington Division 273.05
　　Rossendale Division 364.28
　　West Houghton Division.................................302.38
　　Heywood Division...489.62
　　Middleton Division 430.08
　　Radcliffe cum Farn worth Division
　　Eccles Division
　　Stretford Division   204.17
　　Gorton Division
　　Prestwich Division
　　Leigh Division

Southport Division 46.55
　　Ormskirk Division... 0
　　Bootle Division 1.56
　　Widnes Division...166.66
　　Newton Division 103.20
　　Ince Division 8.91
Leicestershire
　　Melton Division 0
　　Loughborough Division.................................104.04
　　Bosworth Division.. 92.15
　　South Harboro' Division.................................. 29.78
Lincolnshire
　　Gainsborough Division...................................194.31
　　Remainder... 12.30
Middlesex
　　London (out of three counties) 10.54
Monmouthshire
　　South Division 50
　　West Division.. 10.71
　　Remainder... 0
Norfolk
　　South-Western Division................................... 41.66
　　South Division 19.56
　　Remainder... 2.32
Northamptonshire
　　Mid Division.. 75.70
　　East Division...206
　　North Division 95.71
　　South Division 25
Northumberland
　　Wansbeck Division...454.87

    Hexham Division 51.85
    Tyneside Division 260.66
    Berwick Division.. 39.28
Nottinghamshire
    Mansfield Division 84.90
    Newark Division 21.56
    Bassetlaw Division 60
    Rushcliffe Division... 60.75
Oxfordshire
    Woodstock Division 36.89
    Banbury Division 166.66
    Henley Division 0
Shropshire 4.82
Somersetshire 17
Staffordshire 9.82
Suffolk
    Woodbridge Division...................................... 54.71
    Remainder.. 15.70
Surrey.. 6.74
Sussex
    Horsham Division.. 27.45
    Remainder... 5.01
Warwickshire
    Rugby Division 125
    Tamworth Division 7.08
    Nuneaton Division 50
    Stratford-on-Avon Division 65.95
Westmoreland
    Appleby Division.. 38.70
    Kendal Division 121.21

Wiltshire
- Cricklade Division 35.41
- Remainder 4.73

Worcestershire 37.10

Yorkshire
- Holderness Division 0
- Buckrose Division 2.40
- Howdenshire Division 7.84
- Thirsk&Malton Division 9.16
- Richmond Division 0
- Cleveland Division 137.12
- Whitby Division 37.28
- Skipton Division 217.54
- Keighley Division 366.66
- Shipley Division 218.97
- Sowerby Division 511.66
- Elland Division 196.99
- Morley Division 424.03
- Normanton Division 221.64
- Colne Valley Division 535
- Holmfirth Division 60.93
- Barnsley Division 529.03
- Hallamshire Division 39.01
- Rotherham Division 146.15
- Doncaster Division 131.74
- Ripon Division 21.15
- Otley Division 177.19
- Barkston Ash Division 10.20
- Osgoldcross Division 66.17
- Pudsey Division 220
- Spen Valley Division 874.07

WALES

Carnarvonshire 3.36
Denbighshire
    East Division 11.90
    Remainder 0
Flintshire 5
Glamorganshire
    East Division 179.78
    Remainder 10.42
Merionethshire 23.63
Montgomeryshire 10.60
Pembrokeshire 6.52

SCOTLAND

Aberdeenshire
    East Division 13.25
    Remainder 0
Argyllshire 5.26
Ayrshire
    North Division 171.32
    South Division 50
Banffshire 19.04
Berwickshire 5.71
Buteshire 11.11
Caithnessshire 56.41
Clackmannan and Kinross 543.75
Dumbartonshire 281.33
Dumfriesshire 63.15
Edinburghshire 166.83

Fifeshire
- West Division 296.29
- East Division 169.01

Forfarshire 139.47

Haddingtonshire 157.89

Invernessshire 2.22

Kincardineshire 14.70

Lanarkshire
- North-West Division 72.70
- North-East Division 282.08
- Mid Division 146.55
- South Division 126.78

Linlithgowshire 413.95

Peebles and Selkirk 364.10

Perthshire
- East Division 152.56
- West Division 47.91

Renfrewshire
- East Division 231.48
- West Division 202.28

Roxburghshire 38.40

Stirlingshire 368.75

지역별 실패

1870~1889년 잉글랜드, 웨일즈에 지금은 존재하지 않는 844개 소비자결사체가 등록되었다. 지역별로는 다음과 같다.

Beds 5	Leicester.............. 17
Berks...................... 5	Lincoln 16
Brecknock............... 4	Middlesex 99
Bucks 11	Monmouth............ 17
Cambs 3	Montgomery 1
Carmarthen............. 4	Norfolk................. 12
Carnarvon 4	Northampton........ 34
Chester 10	Northumberland .. 12
Cornwall............... 10	Nottingham 14
Cumberland 14	Oxford..................... 7
Denbigh................... 5	Pembroke 2
Derby 21	Radnor..................... 1
Devon................... 10	Shropshire 13
Dorset 9	Somerset 10
Durham 44	Southampton........ 11
Essex 13	Stafford................ 39
Flint 2	Suffolk.................. 10
Glamorgan 40	Surrey 46
Glowcester 13	Susssex 11
Hereford 10	Warwick............... 20
Hertford............... 10	Westmoreland 3
Hunts....................... 1	Wilts 11
Kent 36	Worcester............... 6
Lancs.................... 69	Yorks.................... 79

부록 IV. 협동조합 운동 비교 발전

1871~1880년

				1871	1872	1873
인구		잉글랜드와 웨일즈		22,760	23,067	23,356
		스코틀랜드		3,366	3,399	3,430
		영국		26,126	26,467	26,787
협동조합매장	잉글랜드와 웨일즈	자본	출자금	1,993	2,457	2,939
			대출	105	143	160
			합계	2,098	2,600	3,099
		매출		6,273	8,291	9,773
		수익		658	748	878
		매장수(단위: 개)		902	756	786
		조합원수		248	271	311
		인구1인당 매출액 (단위: 파운드/실링)		5/6	7/2	8/4
		인구대비 협동조합인 비율(%)		1.08	1.17	1.33
	스코틀랜드	자본	출자금		170	202
			대출		24	29
			합계		194	231
		매출			1,283	1,498
		수익			120	140
		매장수(단위: 개)			171	176
		조합원수			37	44
		인구1인당 매출액 (단위: 파운드/실링)			7/6	8/8
		인구대비 협동조합인 비율(%)			1.08	1.28

(단위: 천명, 천파운드)

1874	1875	1876	1877	1878	1879	1880
23,648	23,944	24,370	24,699	25,033	25,371	25,714
3,462	3,495	3,552	3,590	3,628	3,665	3,705
27,111	27,439	27,922	28,289	28,661	29,036	29,420
3,295	3,890	4,384	4,527	4,819	4,674	5,044
228	214	278	360	425	460	485
3,523	4,104	4,662	4,887	5,244	5,134	5,529
10,427	11,492	12,337	13,175	12,862	12,027	13,438
975	1,137	1,364	1,473	1,432	1,444	1,044
888	1,056	952	971	940	964	923
332	382	411	430	457	463	488
8/9	9/7	10/1	10/8	10/3	9/5	10/5
1.40	1.59	1.68	1.74	1.82	1.82	1.89
207	250	277	306	329	318	362
43	58	65	74	79	71	102
250	308	342	380	408	389	464
1,542	1,726	1,695	1,926	1,906	1,742	2,074
114	163	188	219	235	239	244
201	210	222	234	202	216	209
51	55	58	62	64	63	71
8/10	9/10	9/6	10/8	10/6	9/6	11/2
1.44	1.57	1.63	1.72	1.76	1.71	1.91

				1871	1872	1873
협동조합 매장	영국	자본	출자금		2,727	3,141
			대출		166	189
			합계		2,893	3,330
		매출			9,573	11,271
		수익			868	1,018
		매장수(단위: 개)			927	962
		조합원수			308	355
		인구1인당 매출액 (단위: 파운드/실링)			7/2	8/4
		인구대비 협동조합인 비율(%)			1.16	1.32
도매 협동 조합	잉글랜드	자본	출자금	24	31	48
			대출	26	113	148
			합계	50	144	196
		매출		786	1,153	1,637
		수익		8	11	14
		조합원수		115	134	169
	스코틀랜드	자본	출자금	4	8	9
			대출	8	12	18
			합계	12	20	27
		매출		163	263	384
		수익		4	5	7
		조합원수		15	19	21
소득세에 대한 내국세 과세		세율표 A		139,612	140,938	142,702
		세율표 B. C. D. E.		302,577	317,013	346,207
저축은행		예금 잔고		52,879	55,951	58,676
		국채 투자				

1874	1875	1876	1877	1878	1879	1880
3,503	4,140	4,661	4,833	5,149	4,991	5,406
271	272	343	434	504	531	587
3,774	4,412	5,004	5,267	5,653	5,522	5,993
11,969	13,218	14,032	15,102	14,768	13,769	15,512
1,119	1,300	1,553	1,692	1,667	1,683	1,288
1,089	1,266	1,174	1,205	1,142	1,180	1,132
382	437	469	492	521	525	559
8/9	9/7	10/-	10/8	10/3	9/5	10/6
1.40	1.59	1.67	1.73	1.81	1.80	1.90
61	78	95	103	118	131	146
194	287	299	288	292	322	362
255	365	394	391	410	453	508
1,965	2,247	2,697	2,827	2,706	2,645	3,340
21	27	37	29	35	43	42
199	250	277	275	305	322	362
11	12	13	15	17	17	19
16	24	32	38	53	59	68
27	36	45	53	70	76	87
410	430	458	589	601	630	845
8	8	9	11	12	15	22
25	27	29	32	35	36	42
147,297	149,437	151,804	161,114	164,055	166,916	172,136
370,069	389,198	395,021	377,575	381,274	377,940	371,652
61,733	64,311	66,978	69,251	71,160	72,260	74,055
						128

		1871	1872	1873
기펜Giffen의 추산	국부National wealth	6,114,063 (1865년)		
	1인당 국부	204파운드 (1865년)		
	국민소득	900,000 (1867년)		
	1인당 국민소득	29파운드 (1867년)		
지방 요금 연간 수입액 Annual Amount raised by Local Rates*				20,302
지방공공단체 채무액 Amount of Debt of Local Public Bodies				
상무부 통계	수입액	331,015	354,693	371,287
	수출액	283,574	314,588	311,004
	선적(단위:천톤)	35,502	37,154	37,934

1874	1875	1876	1877	1878	1879	1880
	8,548,120					
	260파운드					
						25,115
						168,934
370,082	373,939	375,154	394,419	368,770	362,991	411,229
397,650	281,612	256,776	252,346	245,483	248,783	286,414
38,834	39,453	42,537	43,326	42,899	43,948	49,678

* 스코틀랜드 수치이며 가스와 수도사업 수입금 포함

1881~1889년

				1881	1882	1883
인구		잉글랜드와 웨일즈		26,061	26,413	26,770
		스코틀랜드		3,745	3,785	3,825
		영국		29,807	30,199	30,596
협동조합매장	잉글랜드와 웨일즈	자본	출자금	4,980	5,777	5,879
			대출	529	562	548
			합계	5,509	6,339	6,427
		매출		13,141	15,231	15,637
		수익		1,201	1,636	1,780
		매장수(단위: 개)		908	903	963
		조합원수		475	529	544
		인구1인당 매출액 (단위: 파운드/실링)		10／1	11／6	11／8
		인구대비 협동조합인 비율(%)		1.82	2.00	2.03
	스코틀랜드	자본	출자금	399	406	521
			대출	125	142	188
			합계	524	548	709
		매출		2,258	2,346	2,896
		수익		263	280	336
		매장수(단위: 개)		205	246	248
		조합원수		72	75	89
		인구1인당 매출액 (단위: 파운드/실링)		12／-	12／4	15／1
		인구대비 협동조합인 비율(%)		1.92	1.98	2.32

1884	1885	1886	1887	1888	1889
27,132	27,499	27,870	28,247	28,628	29,015
3,866	3,907	3,949	3,991	4,034	4,077
30,998	31,406	31,819	32,238	32,602	33,092
6,067	6,857	7,185	7,767	8,026	8,638
631	600	669	636	731	690
6,698	7,457	7,854	8,403	8,757	9,328
16,509	16,577	16,911	17,707	19,233	21,239
2,024	2,187	2,220	2,294	2,468	2,735
918	948	935	973	1,006	1,098
604	644	664	717	742	805
12/2	12/-	12/1	12/6	13/5	14/7
2.22	2.34	2.38	2.53	2.59	2.77
586	652	735	799	882	1,029
210	233	294	277	302	358
796	885	1,029	1,076	1,184	1,387
3,055	3,290	3,498	3,667	4,744	4,812
410	446	482	513	564	683
260	265	276	281	286	291
98	105	117	123	131	156
15/9	16/10	17/8	18/4	23/6	23/7
2.53	2.68	2.96	3.08	3.24	3.82

				1881	1882	1883
협동조합 매장	영국	자본	출자금	5,379	6,183	6,400
			대출	654	703	737
			합계	6,033	6,886	7,137
		매출		15,399	17,577	18,533
		수익		1,464	1,917	2,116
		매장수(단위: 개)		1,113	1,149	1,211
		조합원수		548	603	632
		인구1인당 매출액 (단위: 파운드/실링)		10／3	11／7	12／1
		인구대비 협동조합인 비율(%)		1.83	1.99	2.06
도매 협동 조합	잉글랜드	자본	출자금	156	172	187
			대출	387	417	456
			합계	543	589	643
		매출		3,574	4,038	4,547
		수익		47	50	48
		조합원수		368	404	433
	스코틀랜드	자본	출자금	22	25	28
			대출	90	121	141
			합계	112	146	169
		매출		987	1,101	1,253
		수익		24	23	28
		조합원수		49	54	60
소득세에 대한 내국세 과세		세율표 A		174,308	177,194	178,119
		세율표 B. C. D. E.		377,881	391,174	401,448
저축은행		예금 잔고		76,333	79,643	82,621
		국채 투자		739	1,144	1,520

1884	1885	1886	1887	1888	1889
6,654	7,509	7,920	8,366	8,907	9,668
641	834	962	913	1,033	1,048
7,295	8,343	8,882	9,479	9,940	10,716
19,564	19,867	20,409	21,373	23,977	26,051
2,435	2,633	2,703	2,806	3,032	3,418
1,178	1,213	1,211	1,254	1,292	1,389
702	749	780	840	873	961
12／7	12／7	12／9	13／3	14／8	15／8
2.26	2.38	2.45	2.60	2.67	2.90
207	234	271	301	319	342
495	525	568	590	648	722
702	759	839	891	967	1,064
4,675	4,793	5,223	5,713	6,200	7,029
54	78	83	65	82	102
460	508	558	605	634	679
31	34	56	62	69	76
184	220	238	256	290	347
215	254	294	318	359	423
1,300	1,438	1,857	1,810	1,964	2,274
29	40	50	47	54	62
65	70	80	87	97	107
179,912	180,907	182,132	183,142	183,430	183,095
414,997	416,815	414,105	412,970	419,363	428,525
86,271	89,597	92,985	96,221	99,680	102,587
1,916	2,452	2,897	3,345	3,786	4,175

		1881	1882	1883
기펜Giffen의 추산	국부National wealth			
	1인당 국부			
	국민소득			1,270,000
	1인당 국민소득			35파운드
지방 요금 연간 수입액 Annual Amount raised by Local Rates*		26,291	27,409	27,921
지방공공단체 채무액 Amount of Debt of Local Public Bodies		177,203	185,704	194,255
상무부 통계	수입액	397,022	413,019	426,891
	수출액	297,082	306,660	305,437
	선적(단위:천톤)	49,561	52,513	55,683

1884	1885	1886	1887	1888	1889
	10,079,579				
	279파운드				
28,978	29,613	30,138	30,656	31,272	
200,847	210,208	219,489	225,822	232,222	
390,018	370,967	349,863	362,227	387,635	427,637
295,967	271,403	268,667	280,763	297,885	314,705
53,970	54,982	53,790	56,170	58,741	61,566

* 스코틀랜드 수치이며 가스와 수도사업 수입금 포함

옮긴이의 글

세계협동조합연맹의 협동조합 원칙은 로치데일 협동조합에서 나왔다. 로치데일 협동조합 운동에 대한 이해는 협동조합 운동 방향을 세우는 데 기초가 된다. 로치데일 협동조합을 중심으로 전개된 영국 협동조합 운동사는 G.D.H. 콜의 『영국 협동조합의 한 세기』를 통해 소개되었다.

콜은 로치데일 협동조합 운동 100년(1844~1944)을 생활필수품 소매 사업을 기반으로 하는 소비자 운동으로 평가하면서 로치데일 선구자들의 이념과 목적에서 벗어났다고 했다. 선구자들의 이상은 협동 생산을 기반으로 하는 '협동마을'이었고, 이는 로버트 오언이 이끌었던 공동체 운동을 계승한 것이었다. 그리고 생산자 자치를 기초로 하는 길드 운동을 협동조합 운동의 본질에 충실했다고 평가하면서, 소비자 운동으로 변질된 소비자협동조합이 길드 운동의 이념을 반대했다고 비판한다.

콜이 서술한 영국 협동조합 역사에는 생산자 자치를

산업민주주의 기초로 인식하는 관점이 녹아있다. 하지만 콜의 관점은 영국 협동조합 운동을 조망하는 중요한 하나의 시각일 뿐이다. 생산자협동조합 중심의 길드 운동 이념과 논쟁하면서 로치데일 운동을 다른 시각으로 평가한 담론이 있었다. 비어트리스 웹의 협동조합 운동론이다.

비어트리스는 생산자 집단을 공동체의 보편적 이해관계를 실현할 수 없는 개별적 집단으로 보았다. 생산자협동조합 운동이 대부분 실패했고, 일부 조합은 주식회사와 다름없는 '작은 자본가들'을 위한 기업으로 전락했다는 것이다. 생산자 집단은 분절적 특성으로 인해 민주적 산업시스템으로 나아갈 수 없으며, 전체 공동체에 열려있는 소비자의 통제만이 산업민주주의를 담보할 수 있다고 주장했다.

로치데일 협동조합 운동을 분석하면서 비어트리스는 소비자협동조합 운동이야말로 협동조합 운동의 고유한 본질을 실현했다고 평가한다. 이용실적배당으로 이윤을 제거했으며, 누구나 참여할 수 있는 열린 민주주의로 공동체 전체의 지배를 가능하게 했다는 것이다. 연합이라는 민주주의 원리에 기초해 형성된 도매협동조합은 소비자 전체가 생산을 통제할 수 있도록 했고, 이는 곧 공동체 전체를 위한 생산을 의미했다.

로버트 오언이 주창했던 '협동 산업시스템'의 발전을 위해서는 민주주의가 필요했지만, 오언은 민주주의를 이해하지 못했다. 로치데일 협동조합은 민주주의 원리에 기초해서 오언주의를 실현했고, 공동체 전체에 열려있는 민주주의는 협동조합 운동 발전의 동력이 되었다. 생산 영역에서 소비자 통제를 실현한 협동조합 운동은 노동조합과 긴밀하게 결합하면서 생산자와 함께 산업민주주의를 실현한다.

비어트리스는 영국 노동당의 이념을 이끌었고, 영국 복지국가의 기초를 세웠다. 그녀가 이해한 소비자는 공동체 전체 구성원 즉, 시민이었다. 협동조합을 자발적 소비자 결사체, 지방자치단체와 국가를 강제적 소비자 결사체로 그 본질에서 동일한 소비자 결사체로 이해했다. 이런 맥락에서 비어트리스의 협동조합론과 복지국가론은 연속성을 갖는다. 자발적 결사체 운동은 강제적 결사체의 정치 민주주의와 공진화하면서, 모든 시민의 복리가 보장되고 모두가 기회의 평등을 누리며 공동체에 봉사하는 사회로 나아간다.

비어트리스는 1891년 『영국 협동조합 운동』을 썼고, 1921년 시드니 웹과 함께 『소비자협동조합 운동』을 출간했다. 『소비자협동조합 운동』도 번역되길 기대한다. 그동안 잘 알려지지 않았던 비어트리스의 협동조합 운동론을 통해 협동조합 운동에 대한 이해가 좀 더 풍부해지길 바란다.

옮긴이 박성희

영국 협동조합 운동

초판 1쇄 발행 2022년 10월 27일

지은이 비어트리스 웹
옮긴이 박성희

펴낸이 김푸르매
펴낸곳 삶의출판 코알라

등록 2016년 11월 9일 제2016-000332호
주소 서울시 강남구 테헤란로2길 8, 4층

전화 02-555-1363
이메일 koala@seconomy.co.kr

ISBN 979-11-960436-0-5(03300)

* 잘못 만들어진 책은 구입처에서 교환해 드립니다.
* 가격은 뒤표지에 있습니다.